고구려는 어떻게 역사가 되었는가

고구려는 어떻게 역사가 되었는가

1판 1쇄 펴낸날 2019년 9월 20일

지은이 오순제

펴낸이 서채윤 펴낸곳 채륜서
책만듦이 김승민 책꾸밈이 이한희·이민현

등록 2011년 9월 5일(제2011-43호)
주소 서울시 광진구 자양로 214, 2층(구의동)
대표전화 1811.1488 팩스 02.6442.9442
E-mail book@chaeryun.com Homepage www.chaeryun.com

책값은 뒤표지에 있습니다.
ISBN 979-11-85401-44-7 03910

이 도서의 국립중앙도서관 출판예정도서목록(CIP)은 서지정보유통지원시스템 홈페이지(http://seoji.nl.go.kr)와 국가
자료공동목록시스템(http://www.nl.go.kr/kolisnet)에서 이용하실 수 있습니다. (CIP제어번호 : CIP2019033253)

채륜, 채륜서, 앤길, 띠움은 한 울타리에서 성장합니다.
물과 햇빛이 되어주시면 편하게 쉴 수 있는 그늘을 만들어 드리겠습니다.

고구려는
어떻게
역사가
되었는가

오순제

채륜서

일러두기

본문에 쓰인 모든 인용문은 『삼국사기』에서 발췌하였다.

필자는 서울공고에서 국사를 가르치셨고 나중에 명지대학교 박사과정의 지도교수님이 되신 신천식 교수님을 만난 덕분에 역사에 흥미를 가지게 되었고 공부를 열심히 했다. 그러나 한양공대로 진학하면서 약간 소원해졌다. 졸업 후 국방과학기술연구소에 발령을 받았으나 대전으로 이전하는 관계로 사표를 쓰고 신진공고에서 교편을 잡게 되었다.

그곳에 있으면서 시간과 경제적인 여유가 생기자 국내유적을 돌아다니면서 다시 역사 공부에 전념하게 되었고 1985년부터 한밝회, 다물학회, 맥이민족회 등을 만들어 제자들을 키우고 대중강좌를 열었다. 이 과정에서 국사찾기협의회의 안호상 박사, 박창암 장군, 임승국 교수, 이유립 선생님 등을 만나 뵙게 되었다. 그리고 제정구 국회의원과 제자, 후배들과 함께 민족혼이 살아있는 파고다공원 앞에서 대중적 서명운동을 펼침으로 황국신민화정책으로 생겨난 '국민학교'라는 이름을 '초등학교'로 바꾸고, 친일파 이완용 손자들이 일제에게 받은 토지를 찾는 것을 저지하였다. 그리고 국사교과서의 고조선 등 잘못된 부분의 개정을 촉구하고 중국의 동북공정을 알리는 등 대중적 역사민족운동을 전개하게 되었다.

1991년에는 한국고대사연구소를 설립하여 방학 때마다 뜻있는 대중들을 모아 국내답사를 하면서 그 자료들을 모아 1994년에 형설출판사에서 《한국역사기행》을 출판하였다. 그리고 중국을 비롯하여 일본, 티벳, 시베리아, 몽골, 인도, 파키스탄, 대만, 베트남, 태국, 크메르 등을 돌아다니며 고구려유적 답사, 발해유적 답사, 불교성지 답사, 실크로드 유적 답사,

황하문명 대탐사, 일본 속의 우리문화 답사, 인더스문명과 간다라문명 답사, 바이칼과 시원문화 답사, 몽골의 돌궐 흉노 위그루 유적 학술답사, 홍산문화 답사, 티벳 답사, 앙코르왓트 답사 등을 하게 되었다.

이 과정에서 연세대학교의 손보기 교수님의 권유로 연세대학교 교육대학원 역사교육학과에서 1993년에 석사학위를 하고, 고등학교 시절의 은사이신 신천식 교수님이 계시던 명지대학교 대학원 사학과에서 2001년에 박사를 취득하게 되었다. 박사 과정에서 이화여대의 신형식 교수님의 지도를 받게 된 것은 행운이었다. 왜냐하면 선생님께서는 신라사를 하셨으면서도 말년에는 고구려사에 전념을 하시면서 많은 저서들을 저술하셨기에 친구인 동국대학의 윤명철 교수와 함께 많은 공감대를 형성할 수 있었기 때문이다. 필자는 윤교수와 함께 두 사람이 찍은 고구려답사 사진들을 대중들에게 제공하기 위하여 www.koguryo.pe.kr(고구려 가상유적답사)를 개설하였다가 해킹 당하기도 했다. 그리고 은사이신 신형식 교수님, 국사편찬위원회의 최근영 실장님, 친구인 윤명철 교수와 후배인 연변대학교의 서일범 교수 등이 공동으로 2000년에 《고구려산성과 해양방어체제 연구》를 쓰게 되었고 집필 과정에서 필자는 그동안 연구해온 남한지역의 해안방어성들을 윤교수에게 소개하고 함께 답사, 조사하였다.

필자는 명지대학교 문화예술대학원 문화재보존관리학과의 겸임교수를 거쳐서 지금은 디지털서울문화예술대학교에서 외래교수로 재직하면서 한국사와 유라시아문명사 등을 강의해오고 있다. 특히 상생문화연구소와 경기문화재단의 초청으로 그동안의 답사를 통해서 얻은 성과를 '북방유목민족사(우리역사의 잃어버린 고리)'라는 제목으로 흉노, 선비, 돌궐, 거란, 여진, 만주족 등 6번에 걸친 강좌를 열기도 하였다.

동북공정이 시작되자 그것에 대처하고자 필자는 한양대학의 김용범 교수의 도움으로 대중서인《우리 고구려 찾아가기》를 국내에서 최초로 맞대응하는 책으로 출판하였다. 그러나 15년이란 오랜 시간이 지났기에 친구인 김교수의 권유를 받아 그동안의 축적한 연구 성과들을 모아 고구려에 대한 새로운 책을 쓰게되어 매우 기쁘게 생각한다. 늘 고구려, 발해, 실크로드 등에 남다른 애정을 가지고 있는 내 평생의 동지인 김교수에게 감사를 드린다.

그리고 사진자료를 제공해주신 연변대학교의 서일범 교수, 몽골학회의 박원길 교수, 땅이름학회의 이형석 회장, 사진작가이신 전성영 작가, 경주의 정형진 선생들께 감사를 드리며 흔쾌히 출판을 허락해 주신 채륜출판사의 서채윤 대표님과 어려운 글들을 꼼꼼하게 편집을 해주신 김승민 과장님 그리고 깔끔하게 그림을 처리해주신 이한희, 이민현 디자이너에게도 감사를 드린다. 끝으로 늘 곁에서 묵묵히 지켜주는 아내에게도 감사를 드린다.

暲江　吳舜濟

차례

1장

고구려는
어떻게 만들어졌는가

1. 신화에서 역사로

1) 환웅신화
· · · · ·

바이칼의 부르칸 바위

    우리 민족의 역사는 환웅이 하늘나라에서 환인桓因으로부터 천부인
天符印을 받고 풍백, 우사, 운사와 3,000여 명의 무리들을 이끌고 백두
산白頭山 신단수로 내려와 신시神市를 베풀었다는 개천開天으로 시작하
고 있다. 우리는 10월 3일에 개천절을 기념하면서 단군을 거론하고 있는
데 이날의 주인공은 단군이 아니라 환웅桓雄이다. 왜냐하면 단군왕검檀君
王儉은 고조선을 개국開國한 분이지 신시개천을 하셨던 분이 아니다. 필자
와 몽골학회 박원길이 환웅의 출발지를 추적해본 결과, 바이칼호수 동쪽
바르코진의 쿠룸칸 평원으로 백두산不咸山과 몽골제국 부르칸칼돈의 원
형인 바르한언더르Barkhanunder산이 존재하고 있음을 밝혀냈다. 또 브리야
트 공화국의 에벤키 몽골족에는 환웅신화와 같은 아바이 게세르 신화가
있으며 우리와 같은 석관묘, 솟대, 장승, 성황당, 소도, 샤머니즘, 천신사상

몽골제국 징기스칸의 성산 부르칸칼돈

등이 존재하고 있음을 확인했다.

즉 환웅족은 바이칼호수의 구석기 최종말기 말타 유적에서 시작된 세석기문화細石器文化를 가지고 출발하여 BC 10000년 전의 내몽고자치구 호륜패이시呼倫貝爾市의 찰뢰락이扎賚諾爾유적을 거쳐 만주로 들어와 흑룡강성 치치하얼齊齊哈爾의 앙앙계昻昻溪 유적을 거쳤고 백두산白頭山 언저리 만주 벌판에 살며 곰을 믿던 웅족과 호랑이를 믿던 호족들에게 하느님 사상天神崇拜思想을 가르쳐주고 개화시켜 나갔다. 순종적으로 융화된 웅족 추장의 딸 웅녀熊女와 마지막 환웅 사이에 혼인이 이루어져 단군왕검이 탄생하였으며 그가 조선朝鮮을 개국하게 된 것이다. 필자가 몽골의 부르칸칼돈에 갔을 때에 그곳의 곰들이 좋아하는 풀을 보았는데 잎은 쑥이고 뿌리는 마늘이었다. 이것을 보면 환웅이 웅녀에게 쑥과 마늘을 따로 준 것이 아니고 쑥마늘을 준 것으로 보인다.

부르칸칼돈의 쑥마늘　　　부르칸칼돈 입구의 곰상

2) 역사의 말살

　　신화란 단순한 말장난이 아니고 역사의 거울이다. 『삼국유사』 고조선조에 나오는 '환인→환웅→단군왕검' 흐름의 환웅신화에서 환인의 나라는 바로 바이칼에 존재하고 있었던 환국桓國이다. 그런데 일제하 조선총독부에서 우리민족이 간직하고 있었던 여러 역사책들을 빼앗아 불태워 버렸다. 더구나 한국의 역사를 조작하기 위해 만든 조선사편수회의 위원으로 있던 이마니시 류今西龍라는 자는 『삼국유사』 고조선조에 "옛날에 환국이 있었는데昔有桓国"라고 되어있던 첫 머리글을 "옛날에 환인이 있었는데昔有桓因"로 바꾸어 버렸다. 이것은 나라이름國名을 사람이름人名으로 바꾼 것으로 그에 의해 역사가 신화로 조작된 것이다. 그는 이런 조작을 바탕으로 「단군고檀君告」라는 논문을 써서 '단군신화檀君神話'라는 것을 창작해냈다. 우리 민족 전체가 이것에 속고 있는 것이다. 해방 후 황의돈이 숨겨 훼손되지 않은 정덕본 『삼국유사』가 세상에 나옴으로 그가 조작한 사실이 증명되었다.

사실 우리 민족은 조선시대에 이르기까지 단 한 번도 단군을 신화라고 생각한 적이 없었으며 특히 조선 초기의 관찬사서인 『동국통감東國通鑑』에서는 "1천 48년이라고 한 것은 여러 명의 단씨檀氏들이 여러 대에 걸쳐 이어져 내려온 햇수이며 단군 한사람의 수명을 말하는 것은 아니다 千四十八年者, 檀氏傳世歷年之數, 非檀君之壽也"라고 말한다. 그러나 이마니시가 만든 단군신화가 지금까지도 우리민족 전체를 세뇌하고 있다. 이것은 그의 제자격인 이병도가 해방 후 사학계를 장악했기 때문이다.

3) 요하문명과 홍산문화
· · · · ·

현재 내몽골의 적봉, 오한기와 요녕성 조양 등에는 환웅시기에 해당하는 여러 유적들이 나타나고 있다. 이곳은 요하의 서쪽 상류지역으로, 요하문명遼河文明이라고 통칭한다. 그중에서도 BC 4000~BC 3500년에 해당하는 홍산문화는 옥을 중심으로 한 옥기문화玉器文化로 석기시대와 청동기시대를 연결하는 중간시점이다. 중국인들이 가장 좋아하는 옥은 이곳에서 나타나는 8000년 전의 사해문화査海文化에서 처음으로 드러난다. 우리의 역사에서는 환웅 시대의 배달국倍達國 또는 청구국靑丘國에 해당되는 것으로 본다. 더구나 홍산문화의 우하량 유적에서는 원형(○)의 천단天壇, 네모형(□)의 지단地壇, 여신단女神壇 등 천지인天地人을 받드는 제단과 거대한 계단식 피라미드 구조의 적석총積石塚과 석관묘 등이 나오고 있다. 이러한 것들은 중국문화에서는 전혀 나오지 않는 것이다. 특히 적석총은 고조선, 부여, 고구려, 맥국, 백제 등으로 면면히 이어져온 우리의 전통적인 묘제이며, 3개의 제단은 천지인을 상징하는 것으로 우리의 태극이 삼태극三太極 형상을 하는 것과 같다. 그리고 삼태극의 문양이 신라 미추왕능에서 출토된 보검에서도 잘 나타나 있다.

특히 BC 6000~BC 5000년 전의 요녕성 사해査海 문화에서는 돌로

홍산문화 우하량유적의 천단   지단

만든 가장 오래된 용龍이 나타나고 있고, BC 5000~4400년 전의 조보구趙寶溝 문화에서는 중국 최초의 봉황鳳凰이 나오고 있다. 현재는 우리나라는 봉황, 중국은 용을 상징하고 있다고 하지만, 이 두개의 상서로운 동물인 용과 봉황을 모두 우리민족이 만들어 낸 것이다. 이러한 전통은 백제의 용봉대향로龍鳳大香爐와 무녕왕능에서 나온 용봉문환두대도를 비롯하여 신라와 가야의 용봉환두대도龍鳳環頭大刀 등을 거쳐서 고종황제가 섰던 용봉문이 새겨진 투구 등에 이르기까지 면면히 이어져 내려오고 있으며, 일본에서도 백제 의자왕의 후손인 백제왕경복을 모신 대판 매방시의 대총신사大塚神社에서도 나타나고 있다.

4) 동이족과 황하문화

• • • • •

중국의 지형을 자세히 보면 중국中國이라는 말의 원천이 되는 중원中原 지방으로 동쪽 해안의 드넓은 평야지대가 아니라, 섬서성의 산으로 둘러싸인 관중평원關中平原이라 불리던 분지 속의 장안성長安城을 말하는 것이다. 이곳은 서안西安 지역으로 BC 6000년 전의 반파문화가 나오고 있는데 이들은 중국인의 조상인 화하족華夏族으로 이곳에서 일어난 주周나라, 진秦나라와 함께 중국인들의 원류가 되고 있다.

한편 진시황이 쌓은 만리장성의 동쪽 끝인 산해관 부근에는 요서회랑遼西回廊이라고 부르는 곳이 있다. 의무려산맥, 연산산맥 등과 바다 사이

환웅신화가 새겨진 산동성 제녕현의 무씨사당

에 형성된 좁은 평야지대로 만주에서 중국으로 오가는 중요한 통로 역할을 한다. 우리민족은 요서와 내몽골 지역에 자리를 잡아 홍산문화를 꽃피웠고 만리장성이 없던 시절에 자연통로인 요서회랑을 따라 내려가 상해지역까지 드넓게 펼쳐진 화북, 화중, 화남의 평야지대로 퍼져 나갔다. 특히 산동山東 지역에서는 대문구문화와 용산문화를 꽃피웠다. 그 뒤를 이어 동이족의 은殷나라는 황하 문명을 꽃피웠으나 서쪽에서 밀고 들어오는 화하족의 주나라에게 멸망당하고 말았다.

주나라가 중국을 차지했던 시대에도 중국의 동쪽 황하黃河와 회하淮河를 중심으로 한 산동성, 강소성 지역에는 동이족東夷族이라는 우리 피붙이들이 살고 있었는데 중국인들은 이들을 회이淮夷, 우이嵎夷, 서이徐夷, 내이萊夷 등으로 불렀다. 특히 춘추시대에 서이의 서언왕徐偃王은 고주몽처럼 알에서 태어났다고 하며 그곳 일대의 36개 나라를 평정하기도 했다. 산동성山東省의 치박·영성·문등과 절강성浙江省의 서안·평양·창남·선거와 호남성湖南省의 영주 등에는 고인돌이 있으며 산동성 서하현栖霞縣에서 비파형 동검이 출토되기도 한다. 그러므로 춘추전국시대에 활동한

오, 월, 초, 중산국 등은 이들 동이족의 후예들인 것이다. 특히 삼황오제라고 말하는 복희, 신농, 치우, 소호씨 등은 동이족이며 중국인들이 조상으로 여기고 있는 황제 또한 동이족의 한 갈래라고 한다.

특히 산동성 제녕현에서 발견된 한나라 때의 무씨사당 화상석에는 환웅신화가 새겨져 있어 춘추전국시대까지 이곳에 살았던 동이족의 흔적이 뚜렷하게 남아있다. 그리고 산동성의 대문구大汶口 유적에서 나오는 토기에는 은나라 갑골문자보다 더 오래된 회화문자繪畵文字들이 그려져 있다. 그중에서도 산山 위에 해(○)가 떠오르는 모양이 그려져 있는데, 이것은 태산의 일출을 말하는 것으로 우리말로는 '해가 뜨는 곳'을 말하는 아사달阿斯達, 조선朝鮮, 양곡暘谷 등을 그림으로 표현한 것이다.

5) 우리민족의 역사적 터전
••••••

만주滿洲와 내몽고內蒙古를 나누는 거대한 대흥안령산맥大興安岭山脈을 중심으로 서쪽에는 해발고도가 1,000m정도의 거대한 초원이 펼쳐져 있으며 그 동쪽에는 해발고도가 낮은 평원이 있다. 서쪽 초원의 제일 북쪽에는 호륜호, 보이른호라는 두 개의 거대한 호수가 자리 잡고 있으며 남쪽으로 하늘과 땅이 맞닿은 호륜패이 초원呼倫貝爾 草原이 드넓게 펼쳐져 있다. 특히 보이른 호수는 고리족의 원향으로 주목해야 하는 곳으로, 이곳이 바로 장수왕이 지두우를 점령한 곳이기도 하다. 그 아래쪽으로도 연이어서 또 하나의 거대한 석림곽륵 초원錫林郭勒 草原이 있으며 그 중간의 동오주목심東烏珠穆沁에는 거대한 고금호수인 길료이額吉淖爾 호가 자리잡고 있다. 이곳이 바로 광개토대왕이 차지했던 염수鹽水인 것이다.

대흥안령 동쪽에는 산맥과 나란히 북에서 남쪽 방향으로 눈강嫩江이 흐르고 있으며 그 주위에 조성된 평원지역에서 우리민족의 요람으로 농안지역을 중심으로 북부여가 태동하였다. 눈강은 백두산에서 흘러내려오는

호륜패이 초원(呼倫貝爾 草原, 박원길 제공)

남쪽의 송화강을 만나 동쪽으로 꺾이어 하르빈 방향으로 흐르는데 이 지역에 조성된 평야지대를 송눈평원松嫩平原이라 부른다. 이곳 또한 남쪽에 연이어서 요동지역에서 가장 큰 강인 요하遼河 주변에 펼쳐진 요하평원遼河平原을 이루고 있다. 흔히 송눈평원과 요하평원을 합하여 동북평원東北平原이라고 부른다. 그리고 서요하 상류지역에서는 대흥안령 남쪽 아래를 나란히 동에서 서로 흐르는 서자목륜하, 노합하 유역의 유역에 펼쳐진 과이심 초원科爾沁 草原과 연이어진다. 이곳에서 우리민족은 9000년 전부터 요하문명이라고 불리는 흥륭와, 사해, 홍산, 하가점문화 등을 꽃피웠을 뿐만 아니라 졸본부여를 세운 동명이 떠난 고리국高離國이 자리 잡은 곳이다. 이곳은 북쪽으로 드넓은 석림곽륵의 대초원으로 이어지고 있다.

　　동북평원에 자리 잡은 것이 고조선古朝鮮, 고구려, 발해였다. 이곳 남쪽 끝인 금주에서 만리장성의 동쪽 끝인 산해관까지 이어지는 해안가의 좁은 통로를 따라 중국과 이어지는데, 이곳은 요서회랑이라고 부르는 목줄기로 군사적 요충지였다. 왜냐하면 중국이 수·당나라처럼 통일국가를 이루면 이곳을 통해서 만주를 쳤고 고조선·고구려·발해·금·요·청나라처럼

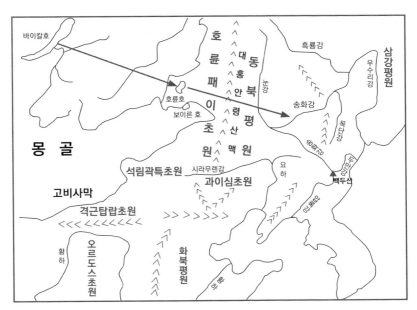

우리민족과 관련된 동북아의 지형

만주가 통일되면 이곳을 통해서 중국을 쳐들어갔던 것이다. 그래서 중국인들은 만주와 몽골에서 쳐들어오는 것을 막기 위하여 만리장성을 만들었다. 박지원의 『열하일기』에서 "천하의 편안하고 위태로움이 항상 이 요동평야에 달려 있었다. 이 요야遼野가 조용해지면 천하의 풍진이 잠잠하고, 요야가 시끄러워지면 천하의 군마가 움직이니 이는 무슨 까닭인가? 평편한 들판이 눈이 모자라게 넓어서 지키자니 힘이 모자라고, 버리자니 오랑캐가 중원을 쳐들어 올 것인데 본래부터 이것을 방비할 시설이 없는 지라 중국은 이곳을 기어코 차지하고 있어야 하기 때문이다. 중국에서는 비록 천하의 힘을 다 기울여서라도 이곳을 지켜야만 천하가 편안할 수 있는 것이다."는 요동벌과 만리장성의 역학관계를 잘 보여준다.

　송화강松花江은 동으로 계속 흐르다가 목단강을 만난 후 흑룡강으로 흘러 들어간다. 이 3개의 강 주변에 펼쳐진 드넓은 평원이 삼강평원三江平

原이다. 이 평원에는 거대한 흥개호興凱湖라는 호수가 자리 잡고 있다. 특히 목단강의 아름다운 경박호鏡泊湖 주변에 자리 잡았던 나라가 발해이다. 우리가 흔히 만주滿洲 벌판이라고 칭하는 것은 동북평원과 삼강평원을 합한 것을 말하며 우리민족은 대흥안령산맥을 중심으로 그 동쪽의 평원과 서쪽의 초원에서 말을 타고 거침없이 오가던 민족이었다. 민족의 성품은 지형에 좌우된다. 우리 민족이 말을 타고 대초원과 대평원의 하늘과 땅이 맞닿은 끝도 없이 펼쳐진 드넓은 벌판을 내달릴 때에는 호쾌하고 넉넉한 가슴을 가졌었지만 한반도 안쪽으로 찌그러진 다음부터는 서로 헐뜯고 남을 짓밟는 옹졸한 성품으로 일그러져 버렸던 것이다. 그러나 필자는 땅은 잃어 버렸지만 역사와 꿈마저 잃어서는 안되기에 이 글을 쓰는 것이다.

2. 고조선의 역사

1) 고조선사의 복원
• • • • •

우리 민족의 첫 국가였던 고조선의 중심지를 알기 위해서는 문헌학적 연구와 역사 유적의 분포 상태를 파악하는 것이 가장 중요하다. 역사학자들은 고조선의 강역이었던 위만조선과 그 후의 한사군漢四郡의 위치를 연구하여 고조선의 중심지를 파악해 왔다. 이런 연구에 의해 현재 고조선의 중심지에 대해서는 만주중심설, 대동강중심설, 중심이동설이라는 세 가지 견해가 있다. 만주 중심설은 고려시대부터 견해가 있었다. 『응제시주』에는 한사군의 하나였던 낙랑군樂浪郡을 압록강 북쪽으로 보았으며 홍여하, 신경준, 이익, 박지원 등의 실학자들도 고조선의 중심을 요동으로 비정하고 있다. 『문헌비고』에서도 "당나라 이후로부터 모두가 대동강을 패수라 하나 실은 한나라의 군현의 패수가 아니다"라고 반박하였다.

이러한 견해는 일제하에서 독립운동에 앞장섰던 신채호, 정인보, 박은식 등의 민족사학자들에 의해 민족사관民族史觀으로 정립되었고 안재홍, 홍이섭 등으로 이어져 내려오다가 이들 대부분이 납북 당하여 맥이 끊어지고 말았다. 그 후 70년대 후반에 '국사찾기협의회'가 결성되고 안호상, 이유립, 임승국, 문정창, 박형표, 박시인, 최인 등의 재야사학자들이 등장하면서 본격적으로 주장되었다. 이들은 민족사학자들의 전통을 이어 위만조선의 도읍지가 요녕성의 북진현 부근에 있었다고 말한다. 그리고 고조선의 전통은 '고조선→부여→고구려→발해'로 이어져 왔다는 만주를 중심으로 한 대륙사관을 부르짖었다.

특히 윤내현은 『고조선 연구』를 통해 고조선과 기자조선은 요동지역에 존재했음을 심도있게 연구하였으며 북한에서는 이지린, 임건상, 이상호 등이 동일한 주장을 하고 있다. 특히 이지린은 『고조선 연구』에서 패수는 대능하, 왕검성은 개평, 패수는 요하 동쪽 해성海城부근의 어니하로 배정하였다. 특히 러시아의 유엠푸진에 의해서도 진행되어 『고조선』이라는 책자로 발간되었다. 한편 대동강大同江 중심설은 『삼국유사』를 비롯하여 『동국통감』, 『동국여지승람』, 『동국지리지』, 『동사강목』 등에서는 고조선의 중심이 대동강에 있다고 보았으며 정약용, 한치윤 등의 실학자들도 그 중심지가 한반도 안에 있었다고 보았다.

일제하의 식민사학자植民史學者들은 특히 이 문제에 많은 노력을 기울였다. 대표적인 학자가 『만선사연구』를 쓴 이케우치池內宏이다. 조선총독부에서는 대동 강연안의 유적을 대대적으로 발굴하여 한漢나라의 낙랑군 유적으로 조작하였다. 특히 조선총독부 조선사편수회의 위원이며 경성제국대학교 교수였던 이마니시今西龍는 『삼국유사』 정덕본의 고조선사 부분을 조작하여 「단군고檀君考」라는 논문을 써서 고조선은 신화로 조작한 후 우리역사에서 말살해 버린 후 기자조선·위만조선·한사군으로 이어지는 중국세력이 평양을 중심으로 북한지역을 다스렸고 일본이 남한의 가야지역을 점령하여 다스렸다는 임나일본부설의 논리를 펼쳐 식민사관植民史觀을 만들어 나갔다.

즉 조선은 예로부터 중국의 식민지로부터 역사가 출발했기 때문에 다시 일본의 식민지가 되는 건 역사의 필연이라는 논리를 주장하려는 의도였다. 이병도는 일제하에 『청구학총靑丘學總』 13호에 「패수고浿水考」라는 논문에서 패수를 청천강, 열수를 대동강, 만번한을 박천에 비정하였다. 해방이 된 이후 그를 중심으로 학계를 주도해온 실증사학實證史學은 고조선의 수도는 평양이었다고 보는 그의 학설을 학계의 정설로 고정시켜 버렸다. 그러나 만주와 북한지역에 비파형 동검이 넓게 분포되어 있었던 것이 밝혀지면서 최근의 학계에서는 이러한 평양중심설보다는 중심이동설 쪽으로 변화하고 있다.

북한에서는 도유호, 박시형 등이 이러한 주장을 펼쳐 왔었는데 소련이 붕괴된 이후 북한은 주체사관으로 선회하면서 대동강을 고조선의 중심지로 정설화 시키고 있다. 특히 단군릉을 발굴하여 성역화 하는 동시에 평양지역에 수백기의 고인돌과 고조선시기의 토성 등을 대대적으로 발굴하였는데 그 중에서도 황대성토성은 토성위에 고인돌이 축조 되어있어서 고조선시대의 것으로 보고 있다. 북한은 평양을 4대문명의 발생지에 버금가는 지역으로 주장하는 '대동강문화론'을 설정하고 있다. 그러나 여러 사서들을 종합해 보면 고조선 이전의 환웅시대에는 풍백, 우사, 운사라는 3사가 있고 그 아래에 각각 마가, 우가, 저가, 구가, 양가(계가) 등 5가가 있어 3사5가三師五加 제도를 가지고 있었다. 이것은 우리 민족의 전통사상인 천부경을 근간으로 이루어진 것으로 고조선 시대에도 진한, 마한, 변한의 3한三韓이 있었고 그 아래에 5가가 존재하고 있었다.

즉 진한은 만주지역을 다스렸던 최고의 수장으로 단군왕검의 뒤를 이은 자들이 다스렸고 그 아래의 부왕인 마한은 한반도, 변한은 요동지역을 다스렸던 것이다. 신채호의 『조선상고사』에서는 이것을 전삼한前三韓으로 보며 후일에 정치적 분립이 일어나면서 진한은 신조선辰朝鮮, 변한은 불조선番朝鮮, 마한은 말조선莫朝鮮으로 분립이 일어나게 되었다고 보고 있다. 그 후 만주지역의 진조선은 북부여에게 멸망당하였고, 요서지역의 번조선은 기자의 후손들에 의해 장악이 되었다가 위만에게 멸망당하였고 그들 또한 한무제에게 멸망당하면서 한사군이 설치되게 된 것으로 보았다. 이들이 멸망당하자 평양에 있었던 막조선은 위협을 느껴 한강 이남의 목지국으로 천도하게 된다.

2) 고조선의 비파형동검 문화
· · · · ·

(1) 비파형동검

비파형동검은 중국 요녕성·길림성·한반도에 나타나는 청동기시대의 대표적인 유물로 그 모양이 비파와 같다고 하여 비파형 동검, 요녕 지역에 많이 나타난다고 하여 요녕식동검, 또는 칼날이 곡선을 이루며 굽어져 있다고 하여 곡인식曲刃式동검이라고도 한다. 비파형 동검은 길이가 30cm 안팎의 짧은 무기로 육박전에서도 오직 적과 몸을 맞대는 근거리에서만 사용할 수 있다. 몸을 적에게 맞대는 것은 매우 불리하므로 이것을 보완하기 위해 긴 대의 끝에 비파형동과을 끼워서 먼 거리에서 사용하였는데, 창은 대가 길기 때문에 단검보다는 휴대하기가 불편한 단점도 있었다.

비파형동검琵琶刑銅劍은 검몸·검자루·검자루 맞추개 등 세 부분을 따로 만들어서 조립하게 되어 있는데, 검몸 한가운데에 세로 등대가 두드러지게 나와 있는 것이 특징이다. 비파형동검 유적의 분포범위는 북은 송화강 유역에서 남으로는 한반도 남부, 서쪽은 내몽고와의 경계선 부근인 하북성, 동쪽은 목단강 상류유역 등이다. 이러한 비파형 동검은 요서의 대능하 유역에 집중적으로 분포되어 있으며 만주에는 요동반도와 요하 하류의 심양, 무순 등과 송화강 중류에는 길림, 장춘 등이 있다. 한반도에서는 평양, 평남, 황해도, 충남, 전북, 전남에 주로 출토되고 있다. 비파형동검과 같이 나온 것은 청동도끼銅斧인데 이것은 요동, 요서, 길림, 장춘, 한반도 서북지방에서 나오며 그 형태는 부채모양에 날부분의 양쪽 끝이 버선코모양으로 생겼다.

중국의 양호와 곽대순은 홍산문화의 우하량무덤에서 나온 작은 구리
고리와 오한기의 서태지주거지에서 나온 흙거푸을 들어 금속기문화의 시
작을 홍산문화 후기로 보고 있다. 그리고 순구리Cu로 만든 유물은 BC
2000년경의 하북성 당산시 대성산 유적에서 나오고 있으며 초기청동기는
대능하, 서요하 유역의 BC 20~15세기의 하가점하층문화夏家店下層文化에
서 칼, 꺽창, 동모, 장신구 등의 청동기가 나오고 있다. 특히 내몽고 적봉시
임서林西에서는 지금으로부터 2900~2700년 전의 하가점상층문화夏家店
上層文化 당시 구리를 채굴하였던 총길이 102m의 대정고동광大井古銅廣
유적과 제련한 용광로, 송풍관, 슬래그 등이 발견되어 고조선 시대에 이
곳에서 채광, 선광, 야금, 주조 등이 이루어졌음을 보여주고 있다.

복기대는 하가점하층문화에 뒤를 이어서 노노아호산을 중심으로 북
쪽은 하가점상층문화으로 남쪽은 위영자魏營子文化로 분화되었으며, 위
영자문화는 능하문화凌河文化로 이어진다고 보았다. 조양朝陽의 십이대영
자, 금서錦西의 오금당 등의 유적에서 전형적인 비파형동검이 많이 나오고
있고 Z자무늬의 다뉴조문경多紐粗紋鏡이 동반되어 나오고 있어서 요서
지역이 비파형동검의 중심지로 추정되고 있다. 특히 하가점상층에서 나오
는 청동단검의 특징은 날부분이 안으로 휘인 칼, 자루에 짐승을 형상화한
손칼 등의 북방계 청동문화의 검이 나오는데 이것은 BC 7~BC 3세기에
흥했던 오르도스Ordos 문화와의 교류를 나타내는 산물이다.

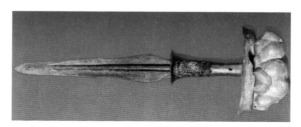

비파형동검

북방식동검

중국의 검

그리고 북경 남쪽의 탁현, 신성현, 망도현 등에서는 비파형 동검, 세형동검과 함께 과, 월 등의 중국계의 동주식단검문화東周式短劍文化의 것이 나오고 있는데 이것은 중국과의 교류를 나타내는 것이다. 길림吉林, 장춘長春지역의 비파형단검 문화는 영길현 성성초, 길창 소서산 유적이 초기에 속하는 것으로 BC 12세기경의 것이다. 요양의 이도하자 유적은 BC 1000년, 대련의 강상 유적은 BC 9~BC 8세기, 심양의 정가와자유적은 BC 7~BC 6세기, 대련의 누상유적은 BC 6~BC 5세기의 비파형 단검문화이다.

중국과 일본의 학자들은 만리장성萬里長城의 산해관 동쪽에서 요하遼河 서쪽 사이에 있는 대능하大凌河유역을 비파형 동검문화의 기원지, 중심지로 보고 이곳에서 요동, 한반도로 퍼져갔다고 보고 있다. 그러면서 이 지역에 살고 있던 족속을 고조선으로 보기보다는 산융山戎 또는 동호東胡로 보아 고조선과는 무관한 지역으로 설정하고 있다. 이것은 동호에서 나온 선비가 전연, 후연, 북연, 북위, 동위, 서위, 북제, 북주, 요 더 나아가 수, 당과 연결되어있기 때문에 이들의 역사를 고조선의 역사와 분리시키고자 하는 동시에 요하의 서쪽은 선비, 오환의 선조인 동호로 보아 고조선

시기에 중국의 역사적 강역을 요하지역까지 확보하겠다는 계산에서 나온 것으로 현재 남한의 역사학, 고고학계도 이 논리에 빠져들고 있다.

근래에는 평양 고조선설을 고수하기 위하여 고조선이 연나라 진개의 공격에 의해 2,000리를 빼앗겨 청천강 이북을 상실하여 요동에서 평양지역으로 옮겨졌다는 중심 이동설을 주장하고 있다. 그 증거로 연燕나라의 화폐인 명도전明刀錢의 분포를 들고 있다. 그러나 박선미는 요하의 동쪽에서 한반도 서북부에 나오는 명도전, 반량전 등의 화폐유적은 고조선의 주민들이 남긴 것으로 보고 있어 이것 또한 허구임이 드러나고 있다.

한편 남한에서는 청동기문화의 원류를 예니세이강 중상류 시베리아 초원지역의 미누신스크 청동기문화와 깊은 관련이 있다고 한다. 카라스크 Karasuk문화는 BC 1200~BC 700년의 몽골계 농경문화로 청동단검, 청동단추 등의 청동기가 대표적이며 무덤은 돌널무덤이다. 타가르Tagar문화는 BC 700~BC 200년으로 돌로 덮은 나무곽무덤을 이용하였는데 이 청동문화가 BC 7세기경에 이르기까지 수원绥远, Ordos 청동문화에 강력한 영향을 미치고 있다. 요녕지방에는 일찍이 카라카스문화의 영향을 받아 비파형 동검문화가 싹트는데 대표적인 유적은 BC 9~BC 8세기의 남산근 유적이라고 보고 있다. 오강원은 BC 3000년 후반에서 BC 8세기까지 시베리아의 조립식동검의 전통을 가진 집단이 하가점상층문화 지역을 거쳐 요서 북부에 결집되어 비파형동검문화가 형성되었다고 보고 있다.

북한의 박진욱은 가장 오래된 단검은 쌍방무덤에서 나온 것으로 이것은 전형적인 비파형 단검 이전의 것으로 보았다. 쌍방유적은 성성초, 우가촌, 쌍마석유적과 더불어 BC 12세기, 이도하자는 BC 1000년, 강상·남산근유적은 BC 9~BC 8세기, 십이대영자·오금당유적은 BC 8~BC 7세기, 정가와자유적은 BC 7~BC 6세기, 누상유적은 BC 6~BC 5세기에 해당된다고 보았다. 그러므로 비파형동검은 쌍방, 성성초→이도하자→강상, 남산근→십이대영자, 오금당→정가와자→누상 등으로 변화되고 있다고 보았다. 필자는 석관묘의 기원은 요서지역에서 나타나고 있는 홍산문화이며 이것의 뒤를 이은 하가점하층문화, 하가점상층, 위영자 등의 문화는 고조선의 문화로 그중에서도 북방 유목적인 문유물이 나타나고 있는 하가점상층문화는 고조선에 속했던 동호東胡의 문화로 보고자 한다.

(2) 석성石城의 출현

우리나라는 2,000여 개나 되는 성을 가진 성곽의 나라이다. 성城에는 토성, 벽돌성, 석성 등이 있다. 그런데 중국은 황토로 이루어져 있기 때문에 흙으로 만든 토성이나 흙을 구워서 만든 벽돌성이 많다. 심지어는 만리장성까지 벽돌로 되어있고 필자가 서쪽 끝인 가욕관과 돈황의 옥문관 등을 조사하여 보니 한나라 때에 만들어진 것은 판축으로 된 토성으로 되어 있기도 했다. 그들은 무덤, 탑, 집까지도 모두가 벽돌로 만든다.

그런데 우리나라는 성, 고분, 탑 모두가 돌로 만들어 석성, 석탑, 적석총, 석관묘, 고인돌들이 남아있으며 그 중에서도 세계에서 가장 많은 고인돌을 가진 나라이다. 특히 고구려의 성은 고로봉식栲栳峰式이라고 하여 앞에 강을 두고 삼면의 절벽에 돌로 견고한 성을 쌓는 것으로 유명하였다. 돌무덤인 적석총과 석관묘가 BC 4000~BC 3500년의 홍산문화에서 출발했듯이 이러한 고구려의 석성 또한 홍산문화의 우하량牛河梁 유적의 돌로 쌓은 석퇴石堆에서부터 시작하고 있음을 볼 수 있다. 필자는 복기대의 안내로 우하량 유적의 석퇴를 비롯하여 지가영자성, 삼좌점석성, 대전자성 등을 답사하였다.

내몽고 적봉赤峰 지역에서는 BC 2200~1500년의 하가점하층 문화에 속하는 성들이 영금하英金河, 음하陰河의 강줄기를 따라 100㎞에 걸쳐 37개 정도가 분포하고 있다. 이 성들은 큰 성들을 중심으로 작은 성들이 분포되어 있다. 가장 큰 것은 지가영자성遲家營子城이고 대부분이 중형급으로 윤가점 석성, 삼좌점 석성 등이 있다. 삼좌점석성三座店石城의 경우에는 고구려성에서 나타나는 치雉의 원형이 뚜렷하게 나타나고 있다. 가장 큰 지가영자성은 10만㎡의 성 안에서는 600개의 집들이 조사되었다.

내몽고 적봉의 삼좌점석성

복기대는 이 성 안의 인구를 1,200명 정도로 추산하고 있다. 중국의 학자들은 이 지역에 대성大城→중성中城→소성小城 등의 누층적 구조를 가지고 있는 '방국方國'이 존재하였을 것으로 보고 있다. 박선주는 이러한 하가점하층문화의 주인공들이 오늘날의 한국 사람과 체질인류학적으로 가장 닮은 특징을 가지고 있음을 밝혔다.

(3) 동호와 고리국 및 기자족의 문제

동호는 흉노匈奴의 동쪽에 있었던 족속으로 초기에는 흉노를 제압해왔으나 후기에는 패하여 선비산으로 달아난 선비鮮卑와 오환산으로 달아난 오환烏丸이 되었다. 후일 선비는 흉노가 역사에서 사라진 이후 단석괴檀石槐가 중국의 북방을 장악하여 선비제국을 건국하고 중부, 서부, 동부로 나누어 다스렸다. 그러나 그가 죽은 후에는 해체되어 모용慕容, 우문宇文, 탁발拓拔, 단段 등으로 나누어지게 된다.

복기대는 하가점하층 문화이후 노노아호산努魯兒虎山을 중심으로 북쪽에는 하가점 상층문화가 나타나고 그 남쪽에는 위영자 문화가 나누어지는데 위영자문화는 능하문화로 이어진다고 보았다. 이 능하문화의 비파형동검은 요동 쪽에서 전래된 것으로 보고 있다. 특히 적봉, 오한기 등을 중심으로한 홍산문화의 뒤를 이은 하가점하층 문화는 농경문화였는데 기후가 변하면서 조양 지역으로 이동하였고 초원으로 변한 이 지역에 유목민들이 찾아들은 것이 하가점상층 문화라고 하였다.

중국 임운林澐은 하가점상층문화를 요동지역의 고태산문화高台山文化의 주민들이 서쪽으로 이동하여 시라무렌강으로부터 요하 유역을 점거하면서 형성된 것으로 보고 있다. 그리고 진산陳山은 하가점상층문화의 용두산유적의 주민들이 요동의 고태산문화의 순산둔 유적에서 수습된 인골과 가장 밀접한 것을 밝혔다. 필자는 하가점상하층, 위영자, 능하문화 등을 고조선의 문화로 보고 있는데 그 중에서 하가점상층 문화를 동호東胡의 문화로 보고 있다. 이들은 대초원을 통해서 흉노와 접촉하면서 그들의 오르도스문화의 영향을 받아 비파형동검의 손잡이에 동물문양이 나타나고 있어 고조선문화 중에서 가장 유목적 초원문화를 가지고 있기 때문이다.

이지린의 견해에 따르면 동호는 현재 서요하 상류지역에 있었을 것으로 추정되며, 맥족貊族의 하나인 고리국槀離國을 세운 종족이라고 하였다. 이러한 사실은 『삼국유사』 고조선조에 "당나라 배구전에서 말하기를 고구려는 본래 고죽국이다唐裴矩傳云 高麗本孤竹國"라고 하여 그들이 고이高夷, 고리라고 불렸던 고죽국에서 출발하였음을 보여주고 있다. 중국의 손진기도 동호는 서요하 상류의 시라무렌西拉木倫 강에 있었으며 하가점상층문화가 그들의 문화라고 하였다. 윤내현은 요서지역의 하가점하층의 풍하문화(BC 2400~BC 1700년)는 초기 청동기문화로, 고조선의 개시년대인 BC 2333년과 일치된다고 보았다. 그리고 이 지역에 나타나는 '기후箕侯'라는 명문이 새겨진 은나라시대의 방정方鼎에 대해 윤내현은 주나라에게 멸망당한 은나라의 기자족箕子族이 이동해 온 것으로 보았다. 그것은 그들이 정착한 고죽국孤竹國을 나타내는 '고죽뢰孤竹罍'가 이 지역에서 출토

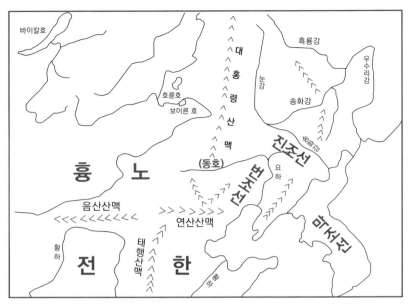

고조선과 번조선 흉노, 동호, 한

되었기 때문이다.

이로 볼 때 요서지역은 홍산문화→소하연문화→풍하문화(하가점하층)로 흘러오다가 기후가 바뀌면서 이들이 조양지역으로 남천하면서 유목적인 하가점 상층문화가 나타나는데 이것이 동호 또는 고리국 등으로 설정됨을 알 수 있다. 그리고 노노아호산 아래의 조양지역의 유영자문화가 전형적인 비파형동검 문화를 가진 고조선 문화를 나타내고 있다. 그러나 노노아호산 북쪽 또한 고조선족의 활동 지역이었기에 내몽고 동부지역, 요서, 만주, 한반도를 포함한 고조선 문화권을 설정할 수 있고 그 대표적인 유물로는 돌문화, 비파형 동검, 구리거울 등을 들 수가 있다.

초기 청동기시기인 BC 24~BC 12세기를 고조선의 초기(BC 2333~BC 1286년)로 보며 본격적인 비파형 동검문화인 BC 12~BC 5세기를 고조선의 중기(BC 1285~BC 426년)로 추정하는데, 그것은 은나라의 멸망과 더불어 동북아시아가 전체적으로 정치적 변동을 겪은 시기와 일치하기 때문이다. 그리고 BC 5~BC 4세기에 이르면 세형동검으로 변화되는데, 만주지역에는 초기에서 말기의 것이 다 있으나 한반도의 서북지역에서는 중기의 것만이 있다. 이러한 세형동검 시기는 고조선의 말기시대(BC 425년~BC 232년)시대로 추정한다. 이 시기는 중국에도 약육강식의 전국시대가 도래하듯이 고조선 지역도 철기鐵器 문명으로 전환되는 중대한 역사적 전환점에 들어섰다고 보기 때문이다. 이 당시 고조선은 생산력의 증대와 무기의 발달로 지방 세력의 발호로 그 기틀이 흔들리고 있음을 알 수 있다. 이것은 부여, 농안 지역의 발달된 철기문명의 주인공으로 추정되는 북부여北 夫餘의 해모수가 등장하는 시기와 일치하고 있다.

3) 돌무덤의 주인공들
······

우리나라는 돌의 문화로 대변되는데 탑塔의 예를 들면 중국은 벽돌탑塼塔, 한국은 돌탑石塔, 일본은 나무탑木塔이다. 성곽도 중국은 토성, 벽돌성塼城인데 비해 한국은 돌성石城이다. 무덤도 중국은 흙무덤, 벽돌무덤인데 한국은 돌무덤이다. 무덤이란 가장 변하지 않는 문화적 요소로써 최근 중국이 '동북공정東北工程'을 통해 고구려가 자기나라라고 주장하지만 고구려의 대표적 묘제인 적석총의 연원은 중국이 아니라 고조선과 맥족인 졸본부여의 묘제였음을 밝히고자 한다.

(1) 돌무덤의 기원지과 연대
한국인은 언제부터 돌무덤을 썼을까? 구석기 시대인들은 동굴에서 생활하였는데 그 가족 중에 한사람이 죽으면 동굴 안의 방바닥을 파고 흙을 덮은 뒤에 돌을 주워 모아 주검을 덮었다. 그 후 신석기 중기(BC 5000~BC 4000년)가 되면서 주검을 견고한 돌로 둘러쌓아 만든 무덤이 생겼고 이러한 돌무덤은 신석기에서 청동기에 이르기까지 오랫동안 만주와 한반도에서 크게 유행하였으며, 남쪽으로는 일본의 구주까지 분포하고 있다.

오대양은 가장 오래된 돌무덤은 돌널무덤에 돌무지를 덮은 BC 6200~BC 5400년의 홍륭화문화興隆窪文化의 백음장한유적이라고 보았으며 BC 4000~BC 3000년경의 신석기시대에 해당하는 홍산문화紅山文化문화로 이어지는데 우하량유적에서는 6개 지점에서 발굴된 돌무지무덤과 15기의 돌널무덤이다. 이곳에서 발견된 돌무지무덤은 바깥지름이 22m에 이른다. 한반도에서 시기가 가장 빠른 돌무덤은 경기도 시도에서 발견된 돌무지무덤으로 탄소 방사성 측정연대가 BC 1500~BC 1000년이 된다. 현 사회계에서는 한국의 돌무덤이 BC 700년경의 청동기 시대에 북방 시베리아에서 만주, 몽고를 통해 전래되어 왔다고 보고 있지만, 시베리아에서 가장 빠른 돌무덤은 BC 2000년경의 알타이지방의 페시체르킨 로크의 원형돌무지이다. 대능하의 우하량 돌무덤이 이보다 2000년이나 시기가 빨라 발해연안이 동북 아세아 돌무덤의 기원지임을 이형구李亨求는 『고대문화의 기원』에서 밝히고 있다.

(2) 돌무덤의 종류와 분포

우리민족은 만주, 한반도 및 산동반도의 발해연안에 널리 퍼져 살던 동방민족으로 늘 중국민족과 대치하고 있었다. 이들은 돌무덤을 사용하였는데 돌무지무덤積石塚, 돌널무덤石棺墓, 고인돌支石墓, 돌덧널무덤石槨墓, 돌방무덤石室墓 등이 있다. 여기서는 연대가 올라가는 3가지의 돌무덤에 대해서만 논해보기로 한다.

① 돌무지무덤

요녕성 우하량에는 4기의 돌무지무덤이 있는데 이것은 BC 3000년경에 해당되는 홍산문화이다. 돌무지무덤은 요동반도 남단에 주로 분포하는데 요동반도 남단 여순의 노철산, 장군산, 사평산, 석선산 등에도 40여

돌무지무덤

기의 돌무지무덤이 있다. 이중에 장군산, 노철산, 사평산의 돌무지무덤은 2000년기 전반기이며 여순 우가촌 돌무덤은 BC 13세기에 해당되는 고조선시기의 문화이다. 특히 여순 후목성의 강상돌무지무덤은 크기가 동서로 34m, 남북으로 24m로 23개의 무덤구덩墓室이 있는데 BC 8세기경에 해당된다. 금현 와룡천 무덤은 BC 7~BC 6세기이다. 여순 후목성 누상돌무지무덤은 강상의 동남쪽 약 450m의 작은 언덕에 있는데 동서 28m, 남북 20m 안에 23기의 무덤구멍이 있고 이는 BC 6~BC 5세기에 해당되며 강상무덤과 더불어 고조선시기에 순장이 행해졌음을 보여주는 중요한 유적이다.

우가촌과 강상무덤은 장법葬法에서 공통성이 있고, 미송리형 토기가 나오고 있고 특히 우가촌의 타두무덤에서 나온 것은 미송리토기의 전신이다. 초기 비파형동검(BC 12~BC 9세기)은 모두 미송리토기와 함께 나오고 있는데 이것은 돌무지무덤이 요동지방에서 BC 2000년 전반기부터 면면히 발전하여 BC 2000년 말기에 비파형동검 시기로 넘어가고 있음을 알 수 있다. 요녕성 관전현 조가보무덤, 사평가무덤은 돌무지아래 돌관을 만든 돌무지무덤인데 집안현 오도령구문 무덤과 같은 유형으로 BC 4~BC 3세기로 추정된다. 한반도에서는 평북일대에 분포되어 있으며 그 밖에 강원도 춘성군 율문리, 충북 청원군 강내면 석화리 등과 서울의 석촌동에는 고구려의 영향을 받은 계단식적석총이 남아있다.

② 돌널무덤

돌널무덤에는 땅을 파고 지하에 판자와 같이 넙적한 돌板石을 상자모양으로 널棺을 만든 무덤과 깬돌割石이나 냇돌로 네벽을 쌓고 뚜껑을 덮은 무덤의 두 종류가 있다. 이것은 신석기시대부터 청동기시대에 이르기까지 만주와 한반도에 크게 유행하였으며 남쪽으로는 일본의 구주와 유구열도에까지 분포되어 있다.

현재 가장 오래된 돌널무덤은 중국의 요녕성 우하량에서 발견된 15기의 석관묘石棺墓이다. 이것은 BC 4000~BC 3000년경의 신석기에 해당되는 것으로 석관묘의 시원으로 추정된다. 석관묘는 지금까지 가장 넓은 분포와 가장 많은 수가 발견되고 있는데 하북성에는 당산, 편천과 내몽고와 요녕성 서부의 적봉, 영성, 건평, 능원, 객좌, 조양, 금서에 분포되었다. 이중에 부신현의 호두구 석관묘는 홍산문화에 속하며 영성의 남산근 석관묘는 하가점상층 문화의 표준유적으로 BC 9~BC 8세기로 추정되며, 요녕성 조양의 십이대영자 석관묘는 춘추 말기와 전국(BC 771~BC 221년)시대로 추정된다. 적봉의 홍산후 석관묘의 구조는 한반도의 대전 괴정동, 아산 남성리유적과 서로 통하며 하가점하층 문화로 동주東周에서 춘추시대春秋時代에 해당한다. 한반도의 부여 송국리 석관묘에서는 비파형 동검이 나오고 있는데 BC 8세기경으로 추정된다.

이종수는 요동 지역 석관묘의 기원은 본계本溪 일대의 BC 20~BC 11세기의 마성자문화馬城子文化로 이것이 길림의 BC 9~BC 5세기의 서단산 문화로 영향을 끼치고 나아가 송화강 중류의 파언巴彦 일대로 전파되었다고 보고 있다. 요녕성 동부지역은 안산, 요양, 무순, 청원, 본계에 있는데 청원현의 돌널무덤에서 출토된 흑도, 마제석검, 석부, 비파형 동검, 동모 등은 그 양상이 한반도의 것과 동일하다. 요양시 이도하자 석관묘에서는 초기 비파형 단검이 나오는데 그 부근의 접관청유적은 초기비파형 단검이 나온 것보다 이른 것이 나오고 있다. 신금현 쌍방, 청원현, 개원현 비파형 단검이 나온 것도 있고 그 이전 것도 있다.

길림성에는 길림, 구태, 영길, 반석, 무송 등에 있는데 길림에 가장 많이 밀집되어 있다. 길림시 연길현 성성초무덤은 BC 11세기에 해당한다. 이 중에서 길림의 서단산 석관묘가 가장 대표적인 유적으로 이것은 두만강유역의 연길 소영자나 압록강유역의 강계 공위리 석관묘와 구조, 형식이 직접 연결되어 한반도의 남부지역까지도 관계가 있을 것으로 보인다. 한반도에는 두만강유역에서 남해안지방까지 전역에 광범위하게 나타나는데 강계시 풍룡리, 봉산군 덕암리, 단양 안동리 등의 석관묘가 확대되고, 지상화해서 전형고인돌이 되고 한편으로는 변형고인돌의 지하구조로 되면서 영남지방에서는 석관묘로 발전하여 삼국시대의 기본적인 분묘형식으로 자리 잡았다.

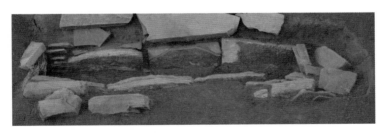

우하량유적의 석관묘(우하량박물관)

③ 고인돌

고인돌은 요동지방과 한반도 전역에 분포되어 있는데 요녕성 지역은 1885년부터 조사가 되었으며 주로 요동반도에 밀집되어 있다. 근래에는 길림성 서남의 통화, 유하, 영길, 화전 등에서도 수기가 확인되고 있다. 특히 중국의 산동성에는 전형고인돌, 절강성에는 변형고인돌이 분포되어 있다. 작은 고인돌인 석붕石棚은 추암현·개현·신빈현·장하현·무순현, 중간 것은 개원현·금현에 있는데 낮은 대지나 평지에 분포되어있다. 큰 고인돌인 대개석묘大蓋石墓는 해상현·영구현·추암현·복현·장하현·신금현·길림성 해룡현 등에 있는데 높은 대지 위나 산꼭대지에 대부분 단독으로 있다.

큰고인돌인 대개석묘에서 나온 유물 중에서 관심을 끄는 것은 미송리 토기와 비파형 동검이다. 미송리 토기가 나오는 것은 신금현 벽류하와 쌍방, 봉성현 동산 대개석묘로 한반도의 개천 묵방리 고인돌에서도 미송리 토기가 나오고 있어 양자가 연관됨을 알 수 있다. 비파형 동검은 개현 패방촌 남단산, 신금현 쌍방, 추암현 태노분의 전형고인돌인 대개석묘에서 나왔는데 이것은 최근 한반도 남부의 여수, 여천지역에서 발견된 고인돌과 그 형식이 비슷하여 주목되고 있다.

고인돌에서는 갈색간그릇, 가락바퀴, 돌단검, 반달칼, 돌활촉, 돌도끼 등이 나온 것을 보면 비파형 단검을 쓰기 시작한 시기보다 좀 더 이른 시기부터 고인돌을 썼을 것으로 추정된다. 특히 쌍방유적은 상마석, 우가촌 유적과 관련이 있어 BC 16~BC 14세기로 추정되고 있으며 전형고인돌인 대개석묘는 춘추시대(BC 771~BC 453년)로 한반도의 부여 송국리 석관묘, 대구 대봉동 지석묘, 영산강에 있는 많은 변형고인돌과 같은 형식으로 추정된다.

고인돌은 함경북도 일부만 제외하고는 우리나라 전역에 분포, 1만여 개에 달하며 형식상 두 가지로 분류된다. 즉 전형고인돌은 요동지방과 한반도 중부지방이며 적석총형식의 변형고인돌은 평안북도를 제외한 한반도의 서북으로부터 남해안까지이다. 또한 전형고인돌의 분포지는 미송리 토기가 나오는 범위와 일치하고 있다. 고인돌이 가장 많이 발견된 곳은 고창, 화순 등 전라도 지방으로 수 백기가 확인되었으며 북한의 대동강 유역에도 많으며 황해도 황주에는 100기 이상의 고인돌이 떼지어있다.

변형고인돌은 한반도의 황주군 심촌리, 춘성군 천정리, 춘천시 중도, 대구 대봉동 등에서 발견되었는데 이것은 전형고인돌보다 앞서는 형식이다. 북한 지역의 고인돌은 BC 3세기경까지는 소멸하였으며 남한의 변형고인돌은 서력기원 개시전후까지 축조되었다고 본다. 중국본토의 전 지역에는 고인돌이 존재하고 있지 않는 것이 사실이지만 유독 산동성의 치박·영성·문등과 절강성의 서안·평양·창남·선거와 호남성의 영주 등에는 고인돌이 분포되어 있어 추후 심도 있는 동이족에 대한 연구가 요망되고 있다.

요동반도의 고인돌

(3) 돌무덤의 주인공

현재 학계에서는 돌무덤이 BC 700년경 시베리아에서 우리나라로 전래되어 왔다고 보고 있었는데, 근래 중국의 요동지방인 대능하 유역에서 BC 3500년경의 돌무덤이 나타남으로 발해 연안이 돌무덤의 시원지임이 밝혀지게 되었다. 이곳의 유적은 고조선 이전의 역사를 보여주는 것으로 대능하 주변에 있었다고 전해지는 환웅시대 청구국靑丘國의 유산으로 보인다. 이들의 전통은 고조선시기에도 계승되어 적석총, 석관묘 등으로 나타나는 것에 이어서 고인돌이 그 뒤를 쫓는데 한반도에는 전세계에서 가장 많은 수의 고인돌이 분포되어 있어 고인돌의 기원지로 추정되어 진다.

적석총積石塚은 홍산문화에서 시작하여 고조선을 거쳐 압록강 유역에 있던 졸본부여로 이어진 후 고구려로 계승되어 계단식돌무지무덤인 집안의 장군총과 같이 정형화되어 한강유역의 백제 석촌동고분에까지 영향을 미치게 된다. 석관묘는 고조선시대 이전 홍산문화에서부터 시작하여 길림지역에서는 부여시대 이전의 서단산西團山 문화 당시 가장 많이 사용되었으며 한반도 북부로도 전파되었다. 그 돌널이 확대, 지상화해서 전형고인돌로 되고 한편으로는 변형고인돌의 지하구조로 되면서 영남지방에서는 석곽묘로 발전하여 삼국시대의 기본적인 분묘형식으로 자리 잡았다.

4) 한사군의 진실
· · · · ·

임둔태수의 봉니가 나온 요서지역 호로도시의 태집둔성

일제 강점기 식민사학자들은 고조선→기자조선→위만조선→한사군이라는 하나의 틀을 만든 후 고조선을 신화라고 하여 말살 시켰다. 그렇게 되면 기자, 위만, 한 등은 중국인들이기 때문에 우리 민족의 시작이 중국의 식민지로부터 출발하게 된다. 이와 더불어 이들이 한 세트인 것을 이용

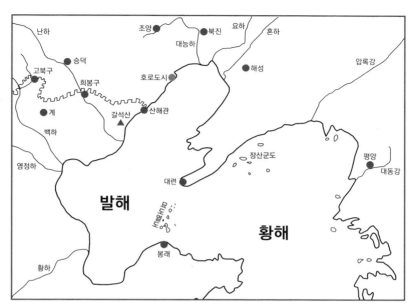

묘도열도로 나누어진 발해와 황해

하여 요동에서 평양지역으로 이동을 시켜 우리 민족의 역사를 만주와 요동 지역에서 한반도로 축소시켜 버렸다. 더구나 일본고대사에서 신공황후가 신라를 정벌했다는 이야기를 확대 해석하여 임나일본부설任那日本府說을 만들어 내어 일본인들이 가야지역을 다스렸다고 주장하게 되었다. 이렇게 되면서 한반도의 북부에는 한漢나라의 낙랑군, 대방군, 임둔군, 진번군 등 있고 남쪽에는 임나일본부가 있어 우리의 역사가 중국과 일본의 식민지로 전락하고 말았다.

　해방이 된 지금에도 한사군설은 더욱더 공고해지고 있는데 최근에 복기대가 발굴에 참여한 요녕성 호로도시葫芦岛市 태집둔邰集屯 고성에서 '임둔태수장臨屯太守章'이라는 봉니가 나옴으로 이들의 주장이 거짓임이 드러나고 있다. 필자는 그의 안내로 태집둔성을 답사하였는데 판축으로 된 매우 큰 성으로 하가점문화의 유물부터 한나라 시대의 유물들이 나오

산동반도의 황해, 발해의 분계선　　　　　　요동반도의 황해, 발해의 분계선

고 있었다.

　더구나 평안남도 용강군에 있는 '점제현신사비秥蟬縣神祠碑'라는 것도 북한의 학자들이 석질을 분석한 결과 이 지역의 돌과는 다른 것으로 요동 지역에서 옮겨온 것으로 밝혀졌다. 일본인들이 얼마나 조직적으로 우리의 역사를 말살하고 있는지를 보여주고 있다. 왜냐하면 『사기史記』 조선전에 누선 장군이 수군을 이끌고 제齊나라가 있었던 산동반도에서 출발하여 발해를 건넜다고 하였다. 그런데 중국인들은 황하강黃河江을 '하河', 양자 강揚子江을 '강江', 그들이 볼 때 동해東海인 황해 바다를 '해海'라고 부른다. 그런데 이 기록에서는 해海가 아니라 발해渤海라고 한 것이다. 지금도 발해란 천진을 중심으로 요동반도와 산동반도로 둘러싼 매우 얕고 작은 바다를 칭하는 것이다. 그러하기에 대조영이 세운 대진국을 발해라고 비하하여 부르고 있는 것이다.

　필자가 당나라 때에 수군기지인 수성水城이 있는 봉래蓬萊와 요동반도 남부의 여순旅順을 가보니 두 마리의 용이 머리를 맞대고 있는데 "황해·발해 분계선"이라고 되어있는 것이다. 이것은 고대로부터 현재까지도 중국인들은 물이 깊고 넓은 '황해' 바다와 물이 얕고 작은 '발해'를 완전히 구분하여 사용하고 있는 것이다. 그런데 『사기』 조선전에서는 한무제漢武帝가 보낸 수군이 산동반도에서 북쪽에 있는 '발해渤海'를 건넜다는 것은 요서 지역에 위만조선이 있었다는 것을 중국인들이 스스로 증명해 주고 있는데 유독 한국의 사학계만 동쪽에 먼 바다에 있는 '평양'을 고집하고 있는 것이다.

더구나 진시황은 전국을 순행하였는데 그 중에 만리장성의 동쪽 끝인 요동에도 왔다. 그런데 산해관 바로 앞에 강녀묘에 바다 속 바위가 나와 있는 갈석 부근에서 진시황秦始皇 당시의 행궁지인 '갈석궁碣石宮'이 발굴되었다. 그러니 이곳이 진시황이 쌓았다는 만리장성의 동쪽 끝인 '갈석'이고 '요동遼東'이었음을 중국인들 스스로 증명해주고 있는 것이다. 위만이 바로 앞에 존재했던 진나라 당시의 조선과의 완충지대였던 곳秦故空地에서 연, 제 등에서 피난 온 유민들을 규합하여 대릉하 유역에 있는 번조선의 기준을 쳐서 차지하게 된 것이다.

사마천이 논하기를 "공로를 다툰 순체는 공손수와 함께 주살 당하니 누선장군과 좌장군 모두가 욕됨을 입어서 그 중 아무도 열후의 반열에 서지 못한 것이다."고 평하였다. 이것은 정벌에 나선 육군을 이끌었던 순체와 수군을 이끌었던 누선장군 양복이 서로 공을 다투어 정복하지 못하자 제남태수 공손수를 파견하였으나 실패함으로 한무제가 공손수를 죽였다. 그리고 순제는 기시형에 처해지고 양복은 폐서인이 되어 아무도 후侯에 봉해진 자가 하나도 없었다는 말이다.

그런데 도리어 투항한 위만조선의 대신들은 『한서漢書』 권17, 표에 보면 니계상 삼은 홰청후澅淸侯, 한음은 적저후狄苴侯, 왕협은 평저후平州侯, 장은 기후幾侯, 죽은 로인의 아들인 최는 온향후溫陽侯 등 후에 봉해졌다. 이 전쟁은 사마천의 말대로라면 위만조선도 한나라도 진정한 승리가 아니라는 이상한 전쟁이 되고 만다. 투항한 조선의 대신들이 후에 봉해진 지역은 하북성과 산동성 지역인데 이들 중에서는 '조선朝鮮'과 내통하다가 죽은 자들이 있다. 어떻게 망한 나라가 다시 나타날 수 있는 것일까.

이것은 또 다른 조선이 만주, 한반도 지역에 존재하고 있다는 것을 반고班固가 스스로 증명해 주고 있는 것이다. 이 당시는 만주에는 북부여가 있었으며 조선이라고 불리던 나라는 유일하게 평양에 수도를 두고 있었던 막조선莫朝鮮이 있어 이들과 내통하였음을 알 수 있다.

『삼국사기』 고구려본기 영양왕 23년조에 수隋나라가 고구려를 쳐들어온 기록을 보면 그들의 군사를 좌군左軍 12군과 우군右軍 12군으로 나누었는데 그 중에 우군 12군은 점제, 함자, 임둔, 후성, 제해, 답돈, 갈석, 동이, 대방, 양평도로 진군했고, 좌군 12군은 조선, 누방, 장잠, 해명, 개마, 건안, 남소, 현도, 부여, 조선, 옥저, 낙랑도를 거쳐서 압록수鴨綠水 서편에 모여 요양遼陽에 있던 요동성遼東城을 쳤다고 한다. 이것들은 중에서 ① 함자·대방·동이·장잠·제해·점제·누방·해명·수성·증지·낙랑은 낙랑군 ② 후성·양평·요동은 요동군 ③ 개마·옥저·현도는 현도군 ④ 대방은 대방군 ⑤ 임둔은 임둔군 에 속하였던 현들의 이름으로써 낙랑군, 요동군, 현도군 모두가 서압록西鴨綠으로 불리던 요하遼河 서쪽에 있었다는 것을 스스로 증명해 주고 있다.

특히 조선은 위만조선의 수도가 있었던 곳이고, 양평은 공손탁의 수도가 있었던 곳이었는데 수양제가 한 말에는 "고구려가 발해渤海와 갈석碣石 사이에 거하여 요동, 예맥의 땅을 잠식했다."고 한 것을 보면 이것 모두가 만리장성과 요하 사이에 존재한다는 사실이다. 그러나 이병도가 만리장성의 동쪽 끝에 있다는 낙랑군 수성현遂城縣을 황해도 수안으로 비정하자 중국학자가 만리장성을 한반도 안쪽까지 그려 넣었고 더구나 중국은 동북공정을 하면서 압록강변의 고구려산성인 호산산성을 명나라 장성으로 둔갑시키고 있다. 이러한 수성현이 위에서 언급했듯이 요하遼河의 서쪽에 있으니 얼마나 허황된 것인지를 극명하게 보여주고 있다.

박지원은 『열하일기』에서 "아! 후세 사람이 지역의 경계를 자세히 밝히지 않고 망령되게 한사군漢四郡의 땅을 가져다가 압록강 안쪽에 끌어넣어 억지로 구차하게 사실을 만들고 다시 패수를 그 안에서 찾으려고 대동강을 패수浿水라 한다. 이리하여 고조선의 옛 땅을 싸우지도 않고 스스로 축소 시켰다. 그러므로 고조선과 고구려의 옛 강역을 알려면 우선 여진을 우리 경계 안에 넣고, 다음에 패수를 요동遼東에서 찾아야 한다. 이것이 확정된 다음에야 강역이 분명해지고, 강역이 분명해진 다음에야 고금의 사실이 들어맞는 것이다."라고 개탄하였다.

3. 부여의 역사

1) 북부여, 동부여 역사의 복원
•••••

현재 고조선→위만조선→한사군→삼국시대로 짜인 틀을 다시 해체 복원해 본다면 고조선→열국시대(북부여, 졸본부여, 동부여)→삼국시대가 된다. 이 중에서 고조선이 머리에 해당된다면 부여사는 고조선과 삼국을 연결해 주는 것으로 우리 몸의 목줄기에 해당되는 중요한 역사이다. 왜냐하면 고구려, 백제, 신라, 가야 등을 세운 고주몽, 온조, 박혁거세, 김수로 등이 부여에서 나온 줄기들이기 때문이다. 그러나 부여사는 고조선과 함께 말살되어 우리 민족은 뿌리도 근본도 없는 민족으로 전락해 버리고 말았다. 환웅은 하늘에서 내려왔고 단군은 그의 아들이지만 부여를 세운 해모수, 해부루는 그 성을 태양을 상징하는 '해解'로 삼았다. 그리고 동명, 고주몽, 박혁거세, 김수로 등은 하늘로 날아갈 수 있는 새가 낳은 알에서 태어났다고 하여 천손天孫임을 강조하고 있다.

(1) 북부여
북부여北扶餘는 해모수解慕漱에 의해 건국된 나라로 당시 고조선의 맹주 진한辰韓이 다스리고 있었던 진조선眞朝鮮을 멸망시키고 그 뒤를 이어 만주지역의 맹주 역할을 하였던 국가이다. 이러한 부여는 BC 5~BC 4세

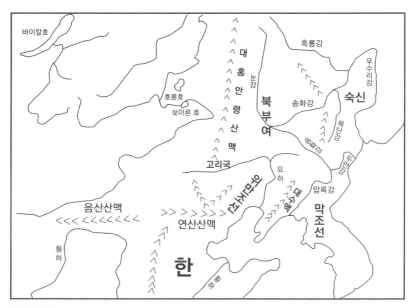

북부여시대

기에 만들어진 『산해경』에 나오는 불여不與라는 명칭으로 처음으로 등장
하였다. BC 3세기 말에는 연나라의 북쪽에는 오환과 부여가 있었다고 하
였다. 중국학자들은 눈강 유역의 농안의 전가타자문화와 대안의 한서상층
문화를 부여 초기의 문화로 보았다. 특히 손진기는 눈강 유역의 '백금보
문화'가 요서지역 '하가점상층 문화'와 매우 밀접한 관계를 가지고 있다고
보았다. 더구나 이 지역의 문화는 길림지역의 부여夫餘의 문화와 같은 토
광목곽묘土壙木槨墓를 사용하고 있는데, 이것은 부여족이 고구려와 같은
맥족이 사용하였던 적석총을 사용하지 않고 예족濊族으로 토광목곽묘라
는 다른 묘제를 사용하고 있음이 밝혀졌고 그 시원은 송눈평원에 자리 잡
은 농안農安의 좌가산左家山문화이다.

　더구나 두막루국豆莫婁國이라는 나라는 북부여의 후예로 부여가 멸망
할 때에 북부여가 있었던 지역으로 북상하여 나하那河라고 불리던 눈강의

동쪽에 자리 잡고 5세기 중엽부터 726년까지 300여 년간을 존속하였다. 이들은 연해주지역 말갈의 북쪽에 있었다고 하며 망명부여가 멸망당할 때에 그 일부가 자기의 본향인 북부여 지역으로 되돌아가 두막루국을 건설한 것이다. 북류 송화강과 눈강이 합류하는 지역 일대인 조원肇源의 백금보白今寶문화나 대안大安의 한서漢書문화와 농안의 좌가산유적 등과 빈현濱縣의 경화고성慶華古城 등이 북부여의 유적으로 추정되고 있다. 특히 초기 철기시대의 한서 2기漢書二期에 해당하는 118기나 되는 대규모의 평양고분平洋古墳이 치치하얼의 태래泰來현에서 발굴되었는데 2,500여 점의 유물들이 출토되었다.

(2) 동부여

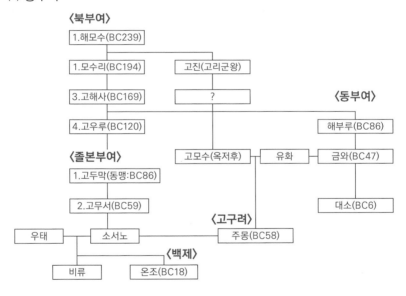

부여의 계통도(범장(范樟)의 〈북부여기(北夫餘紀)〉 참조)

동부여는 북부여가 졸본부여의 동명에 의해 멸망당하자 왕제인 해부루解夫婁가 그 잔존세력을 모아 동쪽의 가섭원迦葉原으로 이동하여 만든 나라이다. 그는 자식이 없어 산천에 제사를 드렸는데 말이 곤연에 이르러 큰 돌을 보고 눈물을 흘리자 괴이 여겨 그 바위를 굴리자 금개구리의 형상을 한 아기가 있었다. 그가 바로 금와왕金蛙王으로 유리 방랑하던 주몽의 어미인 유화를 거두어 들였던 것이다. 그러나 주몽은 금와왕의 아들 대소帶素의 핍박으로 이곳을 떠나 졸본부여 지역으로 달아나게 되었던 것이다.

중국의 학자들은 3세기 전반기까지 부여국의 중심지는 현재 길림시 지역으로 보았다. 이 지역은 청동기시대 이래의 이른바 서단산문화의 유적이 가장 밀도 높게 분포된 지역이다. 길림시 일원의 동단산 서단산 남성자 등의 유적과 지형은 『삼국지』 부여전에 전하는 부여국 왕성의 면모와 부합되고 있다고 보고 있다. 이 지역을 중심으로 북으로 송화강, 동으로 장광재령을 사이에 두고 목단강 유역의 읍루와 접하며, 서로는 이통하 부근 일대에서 선비와 대하고, 남으로는 아마도 휘발하와 훈하 사이의 분수령인 용강산 일대에서 고구려와 이웃하였던 것으로 추정된다.

길림시 동쪽 교외의 송화강 유역의 동단산성과 그 동남쪽으로 연이어 펼쳐진 남성자토성이라는 원형의 토성이 발견되었는데 중국의 고고학자인 왕국훈王國勛은 이 토성을 '전기부여의 왕성'이라고 하였다. 이 지역의 용담산, 동단산, 서단산, 모아산, 포대산 등에서 전기부여시기의 유적과 유물이 나왔다.

이종수는 부여 초기의 유적으로 요녕성 서풍현西豊縣의 서차구西岔溝 고분군이 있는데 500여기의 장병형 토광목곽묘로 동검, 동모, 촉각식 동병철검, 원주식 동병철검, 목병검, 환두철검, 화살촉, 마구, 토기, 동복, 동경, 대구, 동포, 괭이 자귀, 도끼, 호미 등 13,850점의 유물이 출토되었다고 한다. 중기의 대표적인 유적으로는 길림성 유수현楡樹縣에 있는 노하심老河深 유적으로 이 유적의 하층에서는 송화강 유역의 선부여 문화 단계로 석관묘를 쓰던 청동기시대의 서단산 문화의 유적이 발견되었고, 그 위층에서는 부여시기의 장방형 토광목곽묘 129기가 발굴되었는데 그곳에서는 토기를 비롯하여 금동제 패식, 동제 거마구, 철제무기, 갑주, 농기구, 금은제 귀고리, 마노구슬, 유리제구슬, 금은제 팔찌, 반지 등의 장식품이 출토되었다고 한다. 특히 서차구고분과 노하심고분들은 눈강하류 일대의 한서2기의 평양고분과 같은 양식으로 부여의 건국세력은 평양고분을 사용한 북부여 세력의 남하에 의해 이루어졌음을 밝혀주고 있다.

2) 동부여의 왕성
· · · · ·

동부여의 판도는 동으로는 장광재령의 산맥으로 하고 서로는 서요하와 송화강을 중심한 평원지대로 그 중심은 길림시다. 부여 시대 이전에 이미 존재한 서단산문화를 바탕으로 발전하였다.

(1) 길림시의 동단산성과 남성자성

동부여의 왕성은 『삼국지』 부여전에 "성책을 만드는데 모두 둥글게 하여 감옥과 비슷하다"라고 하였다. 부여의 왕성인 길림성 길림시의 동단산성과 남성자성은 송화강 변에 있는데 동단산성東團山城은 산성으로 유사시 사용한 산성으로 3겹의 토성으로 둘러싸여 있으며 남성자성南城子城은 평상시에 왕이 거주하던 평지성으로 『삼국지』의 기록과 같이 남성자성은 둥근 형태를 띠고 있다. 전체 길이는 1,300m로 대부분 훼손되어 잔존높이는 5~6m정도이다. 문은 남, 북쪽에 2개가 있었으며 남문 부근에는 남북 150m, 동서 73m, 높이 1.5m의 토대가 남아있는데 이곳에서 '장락미앙長樂未央' 등의 명문와편과 오수전, 화살촉, 토기편 등이 있어 궁궐터로 보고 있다. 필자가 답사하여 보니 동단산성 송화강에 붙어 있는 작은 야산으로 지금도 토성의 흔적이 그대로 남아있고 평지성인 남성자성은 넓은 옥수수 밭으로 변해 버렸다. 그 북쪽에 있는 용담산성龍潭山城은 이들의 피난성으로 쓰였을 산성으로 고구려시대에도 요충지였다.

(2) 주작산의 개구리바위

동부여의 왕성인 동단산성과 남성자성의 남쪽 송화 강변에 있는 주작산朱雀山의 정상부에서 정형진, 우실하의 공동조사에 의해 개구리바위가 발견되어 금와왕의 신화가 사실로 밝혀지게 되었으며 여기서 곤연鯤淵이 이 산 바로 아래 흐르는 송화강이 호수처럼 잔잔히 휘돌아 나가는 것을 지칭하는 것이었음을 알게 되었다.

주작산의 개구리바위(정형진 제공)

(3) 모아산고분군과 유수의 노하심고분군

모아산帽儿山유적은 부여의 왕성인 남성자성의 동남쪽 1km에 떨어져 있다. 『삼국지三國志』 부여조에 "여인이 투기하면 죽여 그 시체를 국國의 남南쪽에 버린다"는 기록과 같이 이곳에는 토광목곽묘군이 발견되었는데 이유적의 면적은 8,000㎡로 칠을 한 관의 잔편, 금식, 철기, 토기 등이 나와 부여시대의 고분지대였음을 알 수 있다. 길림성 유수현 노하심 중층유적에서도 BC 1세기 초에서 AD 1세기 중반에 걸친 부여시대의 토광목곽묘에서 금대구, 금귀걸이, 투구, 갑옷, 철검, 동경, 토기 등이 발굴되었다.

길림시 송화강변의 동단산성과 남성자성

(4) 동부여의 방어체제

　　이종수는 부여의 영역 내에 남아있는 부여의 성터는 40여 곳으로 부여의 왕성이었던 동단산성, 남성자성을 비롯하여 용담산성, 신가고성, 복래동고성, 휘발성, 경화고성, 이룡호고성, 상하만진 보루군 등이 있다고 하였다. 대흑산 산맥을 중심으로 서쪽지역에는 평지성이 주로 분포되어 있고, 동쪽지역에는 평지성과 산성이 혼재되어 나타나고 있다. 부여의 방어

부여왕성의 피난성인 동단산성

체제는 도성을 중심으로 원심형을 이루고 있긴 하지만 각각의 지역이 자체의 방어를 위한 독자적인 시스템을 갖추어 산성과 평지성가 한조를 이루고 있다. 특히 도성인 길림시의 남성자성 부근에는 산성이 3기, 평지성이 2기가 배치되어 있고 이들이 유기적으로 결합되어있어 도성을 방어할 수 있으며 그 방어 방향은 서남쪽으로 고구려의 공격에 대비하고 있음을 알 수 있다.

3) 부여의 문화
· · · · ·

『삼국지』 부여전에 보면 "그 나라는 육축을 관명으로 삼는데, 마가馬加, 우가牛家, 저가猪加, 구가狗加가 있으며 돼지우리와 마구간도 있다"는 기록을 통해 목축과 수렵이 광범위하게 이루어졌음을 알 수 있다. 이에 대한 증거로는 서풍 서차구문화와 유수 노하심문화의 무덤에서 출토된 말머리 뼈와 여러 가지 마구류, 여러 장식 중에 나타나는 두 마리 말문양, 두 마리 소문양, 두 마리 뱀문양, 개, 사슴, 호랑이 문양에서 확인된다.

또한 『후한서』 부여전에 보면 "부여에는 오곡이 잘 난다" 하였으며 "적이 쳐들어오면 스스로 나가 싸우는데 하호들이 식량을 지어 나른다"고 하였다. 즉 부여는 이 시기에 이미 농경을 통해 식량을 확보하고 있음을 알 수 있다. 유수의 노하심 문화에서는 이를 실증하는 다량의 낫, 삽, 가래와 같은 철제농기구가 출토되었다. 이를 통해 볼 때에 부여는 목축과 수렵, 농경을 기반으로 하는 생산구조를 가졌음을 알 수 있다.

부여는 농경과 전투를 위해 일찍이 철기를 이용하였는데 『후한서』 부여전에 보면 "부여는 활, 화살촉, 외날칼, 양날칼, 창을 병기로 삼는다"고 하였으며 "집집마다 모두 방패와 무기를 갖추고 있다"고 하여 광범위하게 철기문화가 퍼져있음을 알 수 있는데 서풍 서차구문화와 석역 채풍문화에서 다량의 철제 농기구와 병기가 나와 이미 부여가 철기문화에 진입하

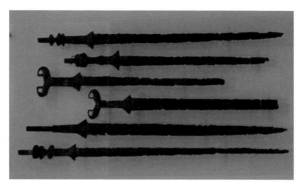
동부여 시대의 철검(요녕성박물관)

였음을 나타내주고 있다. 즉 부여족은 바로 이 철기문명과 농경, 목축의
생산구조를 기반으로 고조선의 뒤를 이어 만주의 패자가 되었으며, 훗날
이 세력에서 고구려와 백제가 일어나는 기본적인 토대를 갖추었다.

부여족의 장례풍속에 대해서는 『삼국지』 부여전에 "사람이 죽으면 여
름에는 모두 얼음을 쓰고, 사람을 죽여 순장하는데 많게는 백 명에 이른
다. 후하게 장례를 지내며 곽은 있고 관은 없다"고 하였으며 주註에 인용
된 『위략』에는 "그 풍속에 죽은 자를 장례지낼 때 남녀 모두 흰 옷을 입고
부인은 천으로 얼굴을 덮고 폐물을 몸에서 뗀다"고 하였다. 그런데 1980
년에 길림 모아산에서 발굴된 3세기의 부여귀족 무덤은 기록처럼 곽은 있
고 관이 없는 형태였다. 또한 두 개의 무덤에서 순장을 확인하였다. 부여
의 혼인 풍속은 고구려나 흉노처럼 형사취수兄死娶嫂라는 풍속이 있었는
데 이것은 형이 죽으면 형수를 아내로 삼는 것으로 유목민들에게 있었던
제도이다. 투기하는 부인은 죽여서 시체를 산 위에 버렸다고 한다. 이로 볼
때 부여는 일부다처제의 사회였음을 확인할 수 있다.

한편 부여인은 고조선의 문화를 이어받아 상당한 수준의 문화생활을
하였다. 부여인은 음식을 그릇에 담아 먹었으며, 흰 옷을 즐겨 입었다. 주
로 베로 옷을 해 입었고 종류는 바지, 저고리, 외투가 있었으며, 가죽신을

신었다. 외국에 나갈 때는 비단으로 수놓은 옷을 입었으며, 대인大人의 경우에는 여우털, 여우가죽, 잘가죽으로 목도리나 외투를 해서 입었으며 금, 은으로 장식된 모자를 썼다. 부여인의 신앙은 고조선의 전통을 계승하였다. 부여는 은정월殷正月에 하늘에 제사를 지냈으며, 많은 사람들이 국도에 모여 먹고 마시고 노래하고 춤추었다. 이를 영고迎鼓라고 하였는데 고구려의 동맹, 동예의 무천, 삼한의 오월제는 이러한 부여문화의 영향이다.

특히 제천 때와 전쟁에 나갈 때 소를 잡아 굽의 갈라진 모양을 보고 길흉을 점쳤다고 한다. 이런 점뼈卜骨의 풍습은 발해를 중심으로 한 산동, 요동, 몽고, 만주, 한반도, 일본 등의 지역에 살았던 동이족의 전통으로 중국에서는 산동지역의 신석기문화인 대문구문화와 용산문화를 거쳐 은나라까지 전해지고 있다. 이와 같이 부여는 고조선과 고구려와 백제를 이어주는 연결고리의 역할을 담당하고 있으면서 만주지역에 선진적인 문화를 남긴 우리의 조상이었던 것은 매우 역사적인 의의가 있는 일이라 하겠다.

4. 졸본부여의 동명과 고구려의 주몽

1) 동명과 주몽의 관계
· · · · ·

(1) 동명

『논형』 길험편과 『후한서』 부여조에 "북이 색리국왕이 출타 중에 하녀 하나가 임신을 하자 그녀를 죽이려 하였다. 그 시녀는 하늘에서 달걀만한 기가 하늘로부터 내려와 임신하게 되었다. 그녀를 옥에 가두었는데 사내아이를 낳으니 돼지우리와 마구간에 버렸으나 짐승들이 보호하였다. 그래서 하늘이 준 아이라고 생각해 어미에게 주었다. 그는 마소를 맡아 기르게 하였는데 그가 활을 매우 잘 쏘자 위협을 느낀 왕이 죽이려 하였다. 이에 그는 달아나 남쪽으로 달아나 엄체수에 이르러 활로 물을 치자 물고기와 자라가 올라와 다리를 놓아 건너게 되었다. 부여에 이르러 왕이 되었는데 그가 바로 동명東明이었다."고 한다. 『삼국유사』에서는 졸본부여를 세운 동명이 북부여의 마지막 왕에게 위협을 하자 해부루가 재상인 아난불의 건의를 받아들여 동쪽의 가섭원으로 옮겨 나라를 세우니 이것을 동부여라고 하였다.

(2) 고리국

고리국槀離國이란 동명이 출발한 곳으로 북이北夷라고 불렸다. 그는 그곳을 출발하여 부여에 이르렀으며 졸본부여를 세웠다. 고리는 고이高夷, 구려句麗 등과 통하는 말로 그들은 고구려와 같은 맥족이었다. 고주몽이 떠난 곳은 동부여였으므로 출발지 자체가 다르다. 그러므로 『흠정만주원류고』 부여조에는 "고구려는 부여에서 나왔고 부여는 색리에서 나왔는데, 부여는 고구려의 북쪽에 있고 색리 또한 부여의 북쪽에 있었으므로, 동명은 남쪽으로 달아나 부여에 이르렀고 주몽 역시 남쪽으로 달아나 고구려

고구려의 첫수도 졸본인 요녕성 환인 지역

에 이르렀다"고 하였다.

(3) 졸본부여

『삼국유사』 고구려조에서 "동명제東明帝는 졸본부여의 왕을 말한다" 고 하였고 동부여조에는 "천제가 내려와 말하기를 장차 나의 자손으로 이곳에 나라를 세우려 하니 너는 이곳을 피하라"라고 하였고 그 주석에 "동명이 장차 왕이 될 조짐을 이름이다"라고 하였다. 북부여조에는 동명제가 "북부여에 이어 일어나 도읍을 졸본천에 정하여 졸본부여가 되었으니 곧 고구려의 시조이다."라고 하였다. 『태백일사』 북부여기에서는 동명은 고두막高豆莫이라고도 불렸고 서요하 상류의 시라무렌강 유역에 자리 잡고 있었는데 그 남쪽의 위만조선이 한무제에게 멸망당하자 의병을 일으켜 한나라를 공격하고 동쪽 환인 지역으로 이동하여 졸본부여를 건설하였다고 한다.

(4) 주몽

주몽의 어머니인 유화부인은 사냥을 하러 나온 북부여의 왕자 고모수와 압록강가에서 만나 야합함으로 임신을 하자 그 아비인 하백에게 쫓겨났다. 그녀가 방황하던 중 동부여 2대왕인 금와왕에게 발견되어 왕실로 들어가 알을 낳았다. 그 알을 돼지우리와 마구간에 버렸으나 짐승들이 도리어 보호하는 것을 기이하게 여겨 그 어미에게 주자 주몽이 태어났다. 『태백일사』 북부여기에 고모수高慕漱는 해모수의 둘째 아들인 고진高辰의 손자라고 하였다. 그러하기에 주몽이 그 성을 '고씨高氏'로 국호도 구려에 자기의 성을 붙여서 '고구려高句麗'라고 한 것이다. 그는 마구간에서 말을 기르는 일을 맡았으며 활을 매우 잘 쏘았는데 부여에서는 활을 잘 쏘는 자를 '주몽'이라 불렀다. 그 당시 동부여 금와왕의 적자인 대소의 위협을 받자 그 어미는 그를 달아나게 하였다. 그는 오이, 마려, 협부 등을 거느리고 엄리대수인 송화강에 이르러 거북과 자라의 도움을 받아 강을 건너 졸본에 이르렀다.

(5) 동명과 주몽

동명은 고리국에서 부여에 이르러 졸본부여卒本扶餘를 세웠다. 주몽은 동부여에서 출발하여 졸본부여에 이르러 고구려를 세웠다. 즉 고리국 이전에 부여가 이미 존재했고, 고구려 이전에 이미 졸본부여가 있었음을 알 수 있다. 『삼국사기』 고구려본기, 시조 동명왕조에는 주몽朱蒙으로 되어있지만 〈광개토대왕비〉와 〈모두루묘지〉에는 추모鄒牟로 되어있으며 『삼국사기』 신라본기, 문무왕조에는 중모中牟 등으로 불렸다.

『해동역사』 고구려조에 "동명이 빛나는 왕업을 열었고 주몽이 그 여파를 계승하였다."라고 하였으며 연개소문의 아들로 당나라에서 죽은 〈천남산 묘지명〉에는 "옛날에 동명이 기를 느끼고 사천을 넘어 나라를 열었고, 주몽은 해를 품고 패수에 임해 수도를 열었다"라고 하여 고구려인들 스스로가 동명과 주몽이 전혀 다른 인물이었음을 증명해주고 있으며, 뒤이어 "동명의 후예가 진실로 조선을 세워 호胡를 제압하였으며 서주徐州와 통하고 연燕을 막았도다"라고 하여 고구려가 동명의 후예임을 자처하였다.

이러한 동명東明은 고구려인들의 시조로 받들어졌을 뿐만 아니라 백제百濟의 시조로도 받들어졌다. 『위서』 백제국조에 동성왕이 북위에 보낸 국서에서 "백제는 고구려와 함께 부여에서 근원이 되었다"라고 천명하고 있다. 『북사』 백제전에는 "백제국은 모두 마한에 속했던 땅인데 색리국索離國으로부터 나왔다."고 하였다. 일본의 정사인 『속일본기續日本紀』 환무천황 연력 9년 7월조에는 "대저 백제의 태조 도모都慕대왕은 일신日神이 강녕하여 문득 부여扶餘를 개국하였는데, 천제의 비기를 받아 제한을 거느리고 왕을 칭하였다"라고 하여 그들의 백제의 시조가 도모 즉 졸본부여를 세운 동명임을 정확히 말해주고 있다. 환무천황은 의자왕의 아들로 추정되는 천지천황의 아들인 시기황자의 후손인 광인천황의 아들이며 그의 어머니인 고야신립희는 무녕왕의 아들인 순타태자의 후예인 화사사을계의 딸이다. 특히 그의 비인 교법녀는 의자왕의 아들인 선광의 후예였던 백제왕 경복의 손자인 준철의 딸이다. 이러한 배경에서 볼 때 백제의 시조가 동명이었음을 정확히 전해줄 수 있었던 것이다.

특히 『삼국사기』 백제본기에 의하면 온조왕溫祚王이 동명왕묘東明王廟를 세운 이후 다루왕, 구수왕, 책계왕, 분서왕, 비류왕, 아신왕, 전지왕 등이 왕위에 오른 후 이곳을 찾아 제사를 지냈다. 이러한 동명묘 제사유적을 백제문화연구회의 한종섭이 1992년에 백제의 도성이 있었던 하남시 고골의 동쪽에 자리 잡은 검단산에서 찾아냈다. 그곳은 정상으로부터 남쪽으로 4번째 봉우리에는 있는데 잔돌을 이용해 폭 281m, 길이 704m의 직사각형으로 축조 되어있다. 이곳에서는 검단산의 정상이 북쪽으로 바라다 보이며 이 제단의 끝부분에는 제물을 진설하였던 것으로 보이는 넓은 바위가 남아있는데 옆에서 보면 새머리 모양으로 그들의 정성이 하늘로 오르기를 염원했던 것이다.

(6) 고리국의 위치와 병아리 바위

동명이 출발한 고리국의 위치는 『요사 지리지』에 "봉주鳳州는 고리국稾離國의 옛 땅이다"라고 하였다. 『중국고금지명대사전』에서 이곳은 현

내몽고 파림좌기의 병아리바위(정형진 제공)

재 요녕성 창도현昌圖縣에서 서북쪽으로 200리 지점으로, 내몽고자치구의 동부에 있는 과이심좌우익후기科爾沁左翼后旗의 길리알랑吉爾嘎朗이라고 하였다. 북한의 이지린은 고리국의 위치를 소능하 이북 대능하와 서요하 상류지역으로 보고 있다. 그런데 정형진의 조사에 의하면 동명신화에서 나오는 '닭알'과 같이 내몽고 파림좌기巴林左旗 간합달소목干哈達蘇木의 진적지사真寂之寺에는 병아리를 닮은 계자鷄子바위가 남아있어 이 지역이 동명이 태어난 고리국이 있었던 지역이였음이 밝혀졌다. 필자와 박원길이 고리족의 자취를 추적한 결과 바이칼호수→보이른호수→파림좌기→길리알랑→졸본 등으로 이동하고 있음을 알 수 있었다.

(7) 고구려와 몽골

박원길은 『몽골비사』에서 몽골의 시조인 보돈차르의 어머니이며 몽골의 여조상이었던 알랑고아의 아버지 메르겐은 코리Khori부족이라고 했다. 그녀는 빛이 몸에 비추어 보돈차르를 낳았다. 즉 몽골족은 코리부족의 외손이 되는데 코리부족은 바이칼호의 중서부에 있는 올혼섬을 탄생지로 하고 있다. 필자가 이 지역을 조사하여 보니 올혼섬은 바이칼 호수 중에서 가장 큰 섬으로 이 섬의 하지르 마을에 부르칸 바위가 남아있는데 이곳은

몽골 동부 보이르 호수의 동명왕 석상(박원길 제공)

시베리아의 모든 신들이 모이는 곳으로 시베리아 샤머니즘 최대의 성소로 소도, 통천문이라는 동굴, 장승 등이 남아 있었다.

알랑고아의 신화는 동명과 같이 일광감생의 요소가 등장하고 있어 몽골의 시조인 코리족과 동명의 고리高離족은 같은 종족이었을 것으로 보인다. 필자가 몽골의 동쪽 끝에 도르노드 아이막 할힌골솜을 답사하여 보니 보이르Buir 호수의 남쪽 언덕에 고리Kori 왕이라고 불리는 석상이 남아있는데 주변의 석상들은 목이 잘려 있지만 유독 이 석상만은 온전한 형상을 하고 있고 그 주변에 토성, 농경지 등이 남아있었다. 몽골 사람들은 우리 민족을 솔롱고스라고 부르는데 이곳에서만 '고리'족이라고 부르며 몽골족과 함께 살았다고 하여 동명족의 원향이었음을 알 수 있게 되었다.

2) 맥족의 종류와 유적
· · · · ·

(1) 고이와 맥족

『상서』나 『일주서』 등을 보면 동이東夷족 중에서 요서 지역에는 고이高夷라고 불리던 족속이 있었다고 한다. 당서唐書의 배구전裴矩傳에 "고구려는 본래 고죽국孤竹國이다"라고 하였다. 그런데 요서지역의 객좌喀左에서 '고죽뢰孤竹罍'라는 유물이 발견되어 이곳이 고죽국의 옛 땅이었음이 밝혀졌다. 이것은 고구려의 원시종족인 고이 또는 고죽국이 존재했음을 밝혀주는 유물이다. 북한 이지린의 견해에 따르면 동호는 현재 서요하 상류지역에 있었을 것으로 추정되며, 맥족의 하나인 고리국을 세운 종족이라고 한다. 이 지역의 홍산문화에서는 이미 맥족의 전통적인 묘제인 적석총이 나타나고 있다.

(2) 맥족의 종류

맥족은 대수맥, 소수맥, 양맥, 맥국 등으로 나누어진다. 대수맥大水貊

은 압록강 유역에 자리 잡고 있던 종족이다. 소수맥小水貊은 혼강 유역에 살던 종족이다. 양맥梁貊은 태자하 부근에 있던 종족이다. 맥국貊國은 현재의 춘천지역에 있던 종족이다. 이것은 맥족이 이동하는 과정에서 여러 갈래로 나누어지게 되었으며 가장 멀리 이동한 것은 춘천의 맥국으로 이 지역에는 현재 맥족의 전통적인 묘제인 적석총이 나타나고 있다.

(3) 구려

맥족인 구려의 유적으로는 세형동검 등이 있는데 현재 고구려 영토의 한 가운데에 해당하는 집안集安 북쪽 태평의 오도령五道嶺 부근의 무기단식 적석총에서 발견되어 BC 5~BC 4세기의 것으로 알려져 있다. 최근 왕면후에 의하면 통화通化의 만발발자萬發拔子 유적 또한 고구려 이전의 청동기 문화층과 BC 3세기의 철기시대 문화층에서는 석관묘, 석곽묘, 적석

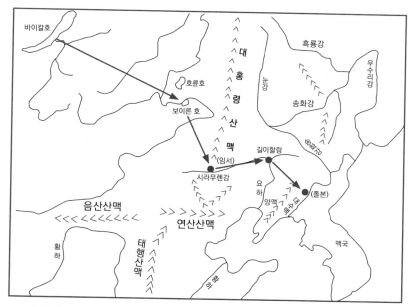

맥족의 이동경로

총에 청동단검, 동포, 동부 등의 유물이 나오고 있으며 높은 대지 위에 자리 잡은 환호주거지로 이 적석총들은 고구려의 것과 매우 유사하여 구려의 유적으로 보고 있다. 이를 통해 홍산문화의 적석총이 고조선의 강상, 누상적석총을 거쳐 구려국으로 이어져 내려옴을 알 수 있다.

(4) 구려와 졸본부여

졸본부여는 졸본인 현재의 요녕성 환인현에 있던 맥족에 속한 나라로 그들의 시조인 동명이 '고리족' 출신이기 때문에 '구려'라고도 불렸을 것으로 보이며 후일에 주몽은 자기의 성을 붙여서 '고구려'라고 바꾼 것이다. 현재 환인 지역에는 고구려 이전의 무기단 적석총인 고력묘자 고분이 남아있으며, 집안의 국내성 성벽을 발굴한 결과 고구려의 석성 안쪽에 고구려 이전의 토성이 발견되었다. 이 토성에서는 여러 가지의 석기가 발견되었는데 이것은 BC 5세기의 장사산 유적에서 나온 것과 비슷하여 고구려 이

졸본부여시대

전에 다른 세력이 존재했음을 알 수 있다.

졸본부여의 세력은 유물의 분포로 보아 혼강을 중심으로 압록강 중상류, 태자하 상류, 혼하 상류, 이통하 상류지역을 포괄하는 요녕성의 환인현, 신빈현, 청원현과 길림성의 유화현, 통화현, 임강현, 북한의 자강도를 포함하는 지역이다. 필자는 압록강 중하류의 초산군 운평리, 심귀리와 자성군 송암리 등에서 나타나고 있는 전방후원분식 적석총은 일본 천황들의 무덤인 전방후원분의 시원으로 졸본부여의 유적으로 추정한다. 이곳에서 출발하여 한강유역에 나라를 세운 백제는 임진강변에 횡산리, 우정리, 동이리, 삼곶리, 학곡리 등에 이와 같은 형태의 전방후원분식의 적석총을 보여주고 있다. 강동구 상일동과 하남시 풍산동의 능골, 민둥산, 황산 등에서 흙으로 된 거대한 전방후원이 나타나고 있어 이것이 일본으로 전파된 것이었음을 보여주고 있다.

2장

고구려는
어떻게 커졌는가

1. 초기의 정복 활동

1) 고구려의 명칭
· · · · ·

고구려란 국호는 고주몽이 이전에 내려오던 '구려句麗'라는 명칭에 자기의 성인 '고高'를 붙여지었다는 것은 명백하다. 여기서 '고'는 높음, 신성함 등을 의미한다. 그리고 구려란 '구루'로 고을, 골 등을 의미하는 말로 고구려란 '높은 나라, 신성한 나라'의 뜻을 나타낸다.

계곡이나 하천유역에 자리 잡은 마을들이 모여 여러 집단을 형성되었는데, 이러한 지역집단 내에 중심이 되는 마을의 규모가 점차 커져서 큰 촌락인 고을을 형성하게 되었다. 이들은 타 집단과의 전투에서 방어를 위해 자기 고을 뒷산에 성을 쌓았다. 즉 구루란 여러 지역집단 중에서는 그들을 통합한 가장 크고 중심 역할을 하였던 집단을 지칭해 '큰 고을' 또는 '높은 성'이라 불렀던 데서 비롯되었던 것이다. 이것은 〈광개토대왕비〉에서도 "추모왕鄒牟王이 비류곡沸流谷 홀본忽本의 서쪽 산상山上에 성城을

오녀산성의 원경

쌓고 도읍을 세웠다"는 기록과 일치한다. 그러므로 졸본은 현재 환인현에 있는 하고성자성이며 그곳은 서쪽 산위에 있는 성은 오녀산성으로 그곳이 고구려의 첫 수도였던 것이다.

2) 주몽과 소서노
. . . . .

『태백일사』 고구려국본기에 고주몽이 동부여에서 대소의 추격을 피해 송화강을 건너 졸본으로 왔을 당시에 졸본부여의 마지막 왕은 아들이 없었고 이 당시 이웃 나라인 비류국에 출가하였다가 과부가 되어 아들을 데리고 친정으로 돌아와 있던 소서노라는 딸이 있었다. 소서노召西奴는 주몽의 인물됨에 반해 혼인을 한 후 그 아비가 죽자 여왕이 될 것을 포기하고 주몽으로 왕위에 오르게 하였다. 주몽은 왕이 되자 국호를 고구려라 바꾸고 그 건국자가 되었다.

3) 유리와 비류, 온조
. . . . .

『삼국사기』와 『삼국유사』에는 주몽은 동부여에서 이미 결혼한 예씨 부인이 임신을 한 것을 보고 아들을 낳으면 그 징표를 가지고 자기에게 보내라고 하였다. 유리는 동부여에서 부러진 칼의 징표를 가지고 졸본에 있던 아버지 주몽을 찾아가 만나 태자가 되었다. 비류와 온조는 태자에게 받아들여지지 않을 것을 두려워하여 오간, 마려 등 10명의 신하들과 남쪽으로 떠났는데 따르는 백성이 많았다. 비류는 바닷가인 미추홀, 온조는 한강 유역에 백제를 세웠는데 후일에 비류가 그에게 흡수되었다고 한다.

백제의 국호를 『수서』 백제전에는 "100家가 바다를 건너왔다百家齊海"고 하기에 붙여진 것으로 보고 있다. 『태백일사』 고구려국본기에는 이 당시 주몽을 도와 고구려를 건국한 소서노로서는 큰 아들인 비류의 왕위 계승이 물거품이 되어버렸다. 이에 두 아들인 비류, 온조와 그녀를 따르는 오간, 마려 등 100가의 무리들을 데리고 졸본을 떠나 요동반도 끝인 대련으로 이동하여 중국과 한반도를 오가는 뱃사람들에게 정보를 얻어 한강 이남의 마한 땅인 남쪽으로 이동하여 백제를 세우게 된다. 보통 1가를 5명 정도로 본다면 500여 명을 넘는 큰 집단으로 『삼국사기』 백제본기 온조왕 24년조에 마한왕이 "왕이 처음에 강을 건너왔을 때에 발을 디딜 곳이 없어서, 내가 동북의 1백 리 땅을 내주어 편하게 살게 하였다."고 말하고 있는 것으로 보아 그 당시 마한은 북쪽의 낙랑국에게 끊임없는 공격을 피하기 위하여 온조에게 낙랑국과 마한 사이 한강유역의 땅 100여 리를 주었던 것을 알 수 있다.

4) 비류국
· · · · ·

졸본부여의 옆에 있던 비류국은 전일에 소서노가 시집을 가서 비류를 낳았을 것으로 추정되는 나라로 그 왕인 송양은 BC 36년에 주몽에게 투항을 하게 된다. 현재 그 곳은 비류수沸流水로 불리던 혼강渾江의 상류에 있는 둘레 1,355m의 전수호산성輾水湖山城과 흑구산성黑溝山城으로 추정되는데 이곳은 혼강의 상류로 가다가 그 지류인 부이강富爾江을 따라 올라가다보면 두성이 마주보고 있는 들판이 있는데 이곳이 바로 비류국의 고지로 추정된다.

흑구산성은 신빈현新賓縣 홍묘자향紅廟子鄉 흑구촌의 부이강과 취류하聚流河가 만나는 서쪽에 자리하고 있는 해발 700m에 산위에 자리 잡은 산성으로 둘레는 1,493m으로 직사각형 모양이다. 전수호산성은 신빈현 향수하자향響水河子鄉 전수호촌의 북쪽에 위치한 해발 609m의 산위에 자리 잡은 둘레는 1,355m의 산성으로 좁고 길게 뻗은 절벽 위에 축조

되어 있다. 서쪽에는 부이강이 흐르고 있으며 남쪽으로 전수호의 벌판이 펼쳐져 있으며 8km 지점에는 흑구산성이 자리 잡고 있다.

5) 주몽왕의 비류국, 북옥저의 정복
·····

주몽왕 2년(BC 36년) 비류국沸流國 송양왕의 항복을 받아 그곳을 다물도多勿都라 칭하고 송양을 우두머리로 삼았다. 다물이란 '되무르다'라는 말로 고조선의 옛 강역을 다시 되찾자는 것이다.

> 주몽왕 6년(BC 32)에는 오이와 부분노를 보내 백두산白頭山 동
> 남쪽 의 행인국荇人國을 정벌하였다.
> 주몽왕 10년(BC 28)에는 부위염을 시켜 북옥저北沃沮를 쳐서
> 그 지역을 성읍으로 삼았다.

고구려의 주몽은 백두산 부근의 행인국을 정복한 후 더 나아가 그 동쪽에 자리 잡은 북옥저까지 차지하게 된 것이다. 북옥저는 치구루置溝婁라고도 불렸으며 『길림통지吉林通誌』에서는 북옥저가 훈춘琿春, 연길延吉 일대지역이라고 보고 있어 두만강 하류에서부터 흑룡강 중하류에 자리 잡은 읍루 바로 아래의 연해주 지역까지 분포한 것으로 보인다.

특히 연해주 철기시대의 크로우노브카 문화를 북옥저로 보고 있는데 최근에 불로치카 유적의 집터에서 온돌 9기가 발굴되었으며 토기를 비롯하여 도끼, 어망추, 옥 등이 출토되었다. 이 문화에서 나오는 토기는 한반도 동북지역과 한강권의 중도문화와 동일한 계통으로 북옥저의 문화를 잘 보여주고 있다. 윤병모는 『동아시아의 산성과 평지성』에서 흑룡강성 목단강시牧丹江市 목릉진穆棱鎭 복록향福祿鄕에 있는 소사방산성小四方山城을 북옥저의 성으로 보고 있는데 이것은 둘레 880m의 돌로 만든 산성과

둘레 1,342m의 흙으로 만든 평지성으로 구성되어 있다.

6) 유리왕의 국내성 천도
. . . . .

> 유리왕 21년(AD 2) 유리왕은 하늘에 제사를 드릴 제물인 돼지
> 를 놓쳐 그것을 쫓아가니 큰 강가에 넓은 벌판이 나타났다. 이
> 에 그곳으로 도읍을 옮기니 그곳이 바로 국내성이다.

국내성國內城은 압록강의 수운을 이용하여 물자의 운송이 편리하고 북으로는 큰 산이 가로 막혀있어 추위를 막아 주어 소강남小江南이라고 불렸으며 외적을 막아내기가 쉽다. 그리고 넓은 들판을 가지고 있어 농사 짓기 좋고 물산이 풍부한 곳이었기 때문에 천도를 하였던 것이다.

길림성 집안시 우산(禹山) 정상에서 내려다 본 국내성 지역

유리왕이 천도를 단행한 이유 중에 하나는 그곳에 자리 잡고 있던 졸본부여의 세력들이 소서노의 이탈로 제어하기가 어렵기 때문에 새로운 터로 이전한 것이다. 이러한 사실은 고주몽을 도와 고구려 개국 공신이었던 협부陜父가 이탈되어 나간 것에서도 확인되고 있다. 『태백일사』고구려국 본기에서는 협부가 이동하여 일본 구주의 웅본熊本지역에 자리 잡은 안나인安羅人들로 후일에 광개토대왕이 대마도와 구주지역을 점령하여 임나연정을 했을 때 술병戌兵 노릇을 하게 되었다고 한다. 그런데 〈광개토대왕비〉에 임나가야를 쳐들어간 기록에 '안나인 술병'이 나오고 있다.

7) 유리왕의 선비, 양맥의 정복과 신新과의 첫 충돌
· · · · ·

유리왕 11년(BC 9)에 선비鮮卑를 쳐서 속국으로 삼았다.

선비족은 고조선에 속했던 동호東胡라는 맥족이 흉노의 공격을 받아 선비산과 오환산으로 달아나 선비와 오환으로 불렸다. 동호란 중국인들이 흉노의 '동쪽에 있는 되놈'이라고 하대하던 말로 중국음인 'Dong Hú'에서 '퉁구스Tungus' 라는 말이 생겨난 것으로 보인다. 오환은 주로 서요하 상류의 시라무렌강에 살았으며 선비족은 흥안령산맥 주변에 살고 있었는데 내몽고 철리목맹哲里木盟에서 사근舍根문화유적, 호윤패이맹呼倫貝爾盟의 완공完工유적과 신파이호우기新巴爾虎右旗 찰락이札諾爾고분군, 길림성 백성시白城市 통유현通楡縣 흥륭산興隆山유적 등의 선비족의 유적들이 발굴되었다. 이 당시 고구려가 서북쪽으로 팽창하면서 길림성 통유 지역에 있는 선비족과 마주쳐 이들을 정복했음을 보여주고 있다.

유리왕 14년(BC 6) 동부여東扶餘의 대소왕이 군사 5만으로 쳐

신민의 거류하

들어왔다가 큰 눈이 내리자 물러갔다.

유리왕 31년(AD 12)조에 엄우嚴尤라는 인물은 고구려와는 전혀 별개로 고구려현高句麗縣에서 일시적으로 독립적인 세력을 가지고 있었던 것으로 신제국 왕망王莽의 말을 듣지 않자 요서대윤遼西大尹 전담田譚을 보내 공격하였으나 그를 죽여 버렸다. 왕망이 엄우를 하구려후下句麗候로 하고 그에게 고구려를 칠 것을 명하자 그가 고구려高句麗의 장수 연비延丕를 죽여 그 목을 장안으로 보냈다. 이에 고구려가 신의 변경을 쳐들어오는 것이 심해졌다.

이것은 전한前漢이 망하고 신新나라로 교체하던 혼란기에 현도군玄菟郡에 속했던 고구려현高句麗縣에서 독립적인 세력을 구축했던 엄우가 고구려후라고 칭할 정도의 독립적인 세력을 형성하였으나, 마침내 신제국에 굴복하여 고구려를 친 것을 알 수 있는 것이다. 그곳은 요하 중류의 서쪽에 있는 거류하라는 곳으로 『만주원류고滿洲源流考』 산천조에 요하를 구려하句驪河 또는 거류하巨流河라고 불렸다고 하여, 이 지역에 고구려현이 있었음을 보여주고 있는데 현재의 신민新民이다.

이 당시 신新나라를 세운 왕망은 한나라가 쓰던 관제를 고쳐서 낙랑군樂浪君의 이름도 '낙선樂鮮'으로 바꾸었고 군의 태수를 '대윤大尹'으로 고쳤기 때문에, 이 기록에서 요서대윤遼西大尹이 나타난다. 그런데 평양지방에서는 '낙랑대윤장樂浪大尹章'이라는 봉니가 나오는데, 이 당시는 태수가 대윤으로 바뀌었으니 '낙선대윤장樂鮮大尹章'이라고 해야 정확하다. 정인보는 『정무론』에서 이것은 일제하에 매우 조잡하게 만든 것으로 식민사학자들이 이러한 유물들을 제시하여 평양지역을 낙랑군으로 조작하고 있음을 밝혀 주고있다.

> 유리왕 32년(AD 13) 동부여가 쳐들어오자 태자 무휼로 나가 학
> 반령에서 대파하였다.
> 유리왕 33년(AD 14)에는 오이와 마리로 2만을 거느리고 양맥梁
> 貊을 치고 나아가 신新(AD 8~23)의 고구려현高句麗縣을 습격하
> 여 빼앗은 것이다.

동부여는 고구려의 북쪽인 현재 길림시에 자리 잡고 있었으며, 양맥은 현재의 태자하太子河 부근에 있었던 맥족의 한 갈래로 『만주원류고』 산천조에 태자하는 '대량수大梁水'라고도 불렸다고도 한 것을 보면 이곳에 사는 맥족이라 하여 양맥梁貊이라고 불렸음을 알 수 있다. 양맥의 서쪽에 AD 8년에 왕망이 한을 멸망시키고 세운 신新나라는 AD 12년에 현도군의 고구려현에 있었던 엄우를 복속하였었다. 그러자 고구려가 그곳을 공격해 빼앗음으로 고구려와 중국이 역사상 처음으로 충돌하게 됐다. 현도군의 고구려현은 현재 심양의 서쪽인 요하 건너 신민시新民市의 거루하巨流河로 현재 이곳에는 '고려성高麗城'이라는 옛성이 남아있으며 고구려 시대의 유적이라고 한다. 박진원의 『열하일기』에도 신민 바로 전에 거류하와 거류하보巨流河堡가 있다고 하였는데 이 성을 말하는 것이다.

8) 대무신왕의 낙랑국, 동부여의 정복과 후한後漢의 침입
· · · · ·

대무신왕 5년(22)에 동부여東扶餘를 치자 대소왕이 살해당하고
그의 종제가 1만 명을 이끌고 투항해 오니 그를 왕으로 봉하여
연나부掾那部에 있게 하였다. 그의 등에 낙絡 무늬가 있다 하여
낙씨絡氏라는 성을 내려주었다. 동부여가 멸망할 당시 대소의
막냇동생이 100여 명을 이끌고 압록곡鴨淥谷에 이르러 사냥 나
온 해두국海頭國왕을 죽이고 그의 백성을 빼앗고 갈사수에 도
읍을 정하여 갈사국曷思國을 세웠다.

동부여는 현재 길림지역에 있었던 나라로 맥족인 동명이 졸본부여를
건국하면서 이들에게 멸망당한 북부여의 잔존세력인 해부루가 동쪽으
로 옮겨가 세운 나라로 그 위치는 현재의 길림시 동단산성으로 본다. 이러
한 동부여가 멸망당하자 그 유민들이 두만강 하구의 길림성 훈춘琿春으로
달아나 세운 나라가 갈사국이다.

대무신왕 9년(26)에 개마국蓋馬國을 정벌하여 군현으로 삼자
구다국句茶國의 왕이 스스로 항복하여 왔다.

개마국은 개마고원 부근에 있었던 나라로 구다국 또한 그 인근에 존재
하였던 나라로 함경북도 부근이었음을 알 수 있다.

대무신왕 11년(28) 후한後漢의 요동태수遼東太守가 쳐들어오자
위나암성으로 들어가 농성을 하며 버티자 물러갔다.

후한(AD 25~220)제국은 광무제가 AD 25년에 왕망의 신을 멸망시키

고 한을 다시 세운 것으로 이 당시 중국을 통일한 후한이 처음으로 고구려를 쳐들어온 것이다. 그들이 쳐들어온 고구려의 위나암성이란 국내성의 피난성인 환도산성이다. 현재 길림성 집안현의 산성자산성山城子山城으로 남쪽에는 통구하가 흐르며 동, 서, 북쪽은 산으로 둘러싸여 있는 고로봉식의 산성이며 전체둘레는 6,951m이다. 성안에는 점장대, 음마지라는 연못, 궁전지 등이 남아있다.

대무신왕 20년(37) 왕이 낙랑국樂浪國을 쳐서 멸망시켰다.

낙랑국樂浪國이란 평양 지역에 있었던 최리崔理의 나라로 현재는 낙랑군으로 조작되어 있다. 왜냐하면 그 당시 낙랑군 태수에 있었던 자들을 『후한서』 광무제기나 왕경 열전을 통해서 살펴보면 AD 30년 당시 낙랑군 태수는 유헌劉憲, 왕조王調, 왕준王遵 등이 있다. 그 당시 전한에서 후한으로 넘어가던 매우 혼란한 틈을 타서 낙랑군에서는 왕조라는 자가 낙랑태수 유헌을 죽이고 스스로 대장군 낙랑군 태수라고 칭하자 광무제에게 대항하였다. 광무제(AD 25~57)는 30년에 왕준을 그곳에 파견하여 왕조를 쳐서 죽이고 낙랑태수에 임명하였다고 기록하였기 때문이다. 『환단고기』 북부여기 상에 요서 지역에서 위만의 세력이 강해지자 위협을 느낀 최숭崔崇이 BC 195년에 낙랑산에서 재물을 모아 한반도의 평양으로 이동하여 낙랑국을 세웠는데 그의 후예가 최리라고 하여 낙랑국은 최씨崔氏의 왕조였음을 알 수 있다.

『삼국사기』 고구려본기에서는 최리가 사냥을 하다가 고구려의 호동왕자를 만났을 때 "북국 신왕의 아들北國神王之子"이라고 말한 것으로 보아 그 당시 한반도의 맹주였던 낙랑국을 남국, 북방의 강자였던 고구려를 북국으로 인식하였음을 알 수 있다. 현재 평양지역에서는 중국의 황제만이 쓸 수 있는 '승여乘輿'라는 글자가 새겨진 그릇들이 나오고 있는데, 이것은 전한 나라의 수도였던 장안과 후한의 수도였던 낙양에서만이 나오고

낙랑국의 '천추만세' 명문 와당(국립중앙박물관 소장)

있는 것으로 귀양을 보낼 정도로 궁벽한 낙랑군의 태수로서는 감히 넘볼 수도 없는 물건인데도 다량으로 출토되고 있다. 이것은 낙랑국의 왕들이 진귀한 보물을 주고 사들였던 것으로 보인다. 더구나 낙랑국의 왕성인 낙랑토성에서 출토되고 있는 명문기와에는 '천추만세千秋萬歲'와 같이 중국의 황제만이 쓸 수 있는 '만세'라는 명문이 새겨져 있어 한반도 북부의 맹주로의 위용을 엿볼 수 있다.

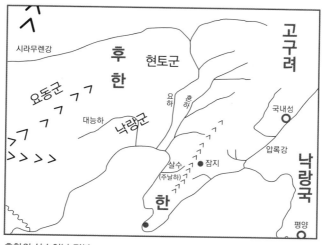

후한의 살수이남 정복

낙랑국은 현재 평양지역에 있었던 나라이다. 그 왕은 최리로 낙랑공주와 고구려의 호동왕자의 사랑은 유명한 이야기이다. 이곳을 한사군의 낙랑군으로 보는 것은 일제하 식민사관에 의해 조작된 사실이다. 왜냐하면 『삼국사기』에 낙랑국왕은 고구려를 '북쪽 나라北國'라고 칭하였고 백제에게는 '일가一家'라고 칭한 것을 볼 때 그들은 중국인들이 아니라 고조선의 같은 후예로 인식하고 있기 때문이다.

　　대무신왕 27년(44) 후한의 광무제가 군사를 보내 바다를 건너
　　낙랑樂浪을 쳐서 살수薩水 이남을 군현을 삼았다.

여기서 말하는 살수는 현재 청천강을 말하는 것이 아니다. 왜냐하면 고구려가 차지한 지역을 후한이 쳐들어왔는데도 서로 충돌한 기록이 전무하다. 최동은 『조선 상고 민족사』에서 요동반도 중간의 주남하洲南河로 보고 있으며 살하수薩賀水로도 불렸다고 한다. 당시 이 지역의 염사국廉斯國이 후한에 투항하자 후한의 군사가 바다를 건너 점령해온 것을 말하는 것으로 보아, 염사치가 있었던 곳은 현재의 요동반도 남쪽 끝의 금주金州지역으로 추정된다. 왜냐하면 삼택준성三宅俊成이 쓴 『동북아시아 고고학의 연구東北アジア考古學の 硏究』를 보면 후한시대의 고분들이 요동반도 남부에 분포 되어있었음을 보여주고 있다. 특히 『삼국사기』 백제본기 온조왕 43년(AD 25)에는 남옥저의 구파해가 10여가를 이끌고 귀순해왔다고 하는데, 이 당시 남옥저는 해성지역으로 요동반도의 주남하 이북이었는데 고구려에 의해 점령당하면서 백제로 투항해온 것이다. 즉 고구려가 AD 14년에 양맥을 점령한 후에 AD 25년경에 그 아래에 있는 남옥저를 점령한 것으로 볼 수 있다.

9) 민중왕, 모본왕의 후한과의 쟁투
· · · · ·

민중왕 4년(47) 잠지蠶支부락의 대가 재승이 1만가를 이끌고 낙
랑군으로 가서 후한에 투항하였다.

이것은 후한이 바다를 건너 요동반도 남부지역을 차지하게 되자 그 부
근에 있던 잠지부락이 고구려를 배반하여 후한으로 투항한 것이다. 이들
은 유리왕이 태자하 부근의 양맥을 점령할 당시에 고구려에 들어간 세력
으로 불만을 가지고 있다가 이탈되어 나간 것이다. 이들의 우두머리가 대
가大加였고 그 무리가 1만 정도 되는 큰 세력이었음을 보여주고 있다.

모본왕 2년(49) 왕이 장수를 보내 후한의 우북평, 어양, 상곡,
태원을 쳐들어갔다. 이 당시 선비鮮卑와 부여扶餘가 후한에 사
신을 보냈다.

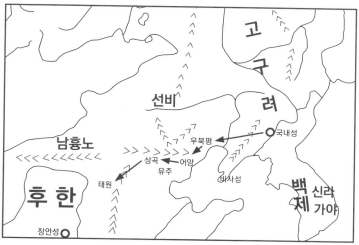

고구려의 태원 공격

우북평은 난하 서쪽의 풍윤, 어양은 북경 부근의 밀운, 상곡은 북경의 서북쪽의 회래이며 태원은 태행산 서쪽의 산서성으로 고구려의 기병이 급습하여 만리장성을 넘어서 풍윤豐潤→밀운密雲→회래懷來→태원太原 등으로 내륙 깊숙이 쳐들어갔던 것으로 징기스칸을 연상하게 하는 기습작전이었다. 이 당시 고구려에 의해 끌려와 연나부에 속해 있었던 부여 유민들이 차츰 고구려를 이탈하여 망명정부를 세워 이동한 후 후한에게 접근하고 있는 것이며, 그리고 선비는 고구려의 서북쪽인 대흥안령 산맥 남부의 과이심 초원지대에 자리 잡고 있었는데 후한에 내조하고 있는 것이다.

10) 태조왕의 동옥저, 갈사국의 정복활동
· · · · ·

> 태조왕 3년(55) 요서遼西에 10성을 쌓아 후한의 공격에 대비하였다.

이것은 AD 49년에 후한의 태원까지 쳐들어가 대대적으로 공격하여 얻은 만리장성 부근의 요서 지역에 10개의 성을 쌓아 후한의 공격에 대비한 것이다. 북한의 사회과학원에서 나온 『고구려 3(조선전사 개정판)』에는 〈금주부지〉 권3에 광녕성 동쪽 33리에 '고려판성'이 있다고 하였는데 필자는 2016년 내몽고, 요서 지역 답사 도중 복기대가 이곳을 안내하여 확인하였다. 그리고 중국지도에는 내몽고의 파림좌기에 '고려성자'가 있고 그 서북쪽에도 '고려성'이 표시되어 있다고 한다. 신채호는 『조선상고사』에서 북경의 안정문 밖 60리에 '고려진'이 있고, 하간현 12리에도 '고려성'이 있다고 하였다. 박지원의 『열하일기』에는 만리장성 안쪽 풍윤豐潤에서 10리 아래에는 '고려보高麗堡'가 있다고 하였다. 이 성들은 이 당시 요서 지역에 쌓은 고구려의 성으로 추정된다.

그구려와 후한

> 태조왕 4년(56)에 동옥저東沃沮를 쳐서 동으로 창해滄海에 이르
> 렀고, 남으로는 살수薩水에 다다랐다.

동옥저는 현재의 함경남도의 함흥평야 지역에 있었던 나라로 옥저는
동, 서, 남, 북 옥저 등이 있었는데 『요사지리지遼史地理志』를 보면 북옥저
는 연길지역, 서옥저는 서요하지역, 동옥저는 함흥지역, 남옥저는 해성 부
근으로 비정된다. 이 당시 고구려가 동옥저를 차지함으로 동쪽으로 동해
안에 다다랐고, 남쪽은 살수에 다다랐다고 한 것에 대해서 최동은 『조선
상고민족사』에서 요동반도 남쪽의 주남하州南河를 살수로 비정하였다. 왜
냐하면 이 당시 고구려는 이미 청천강을 넘어 AD 37년에 평양의 낙랑국
을 멸망시켜 차지하고 있었기 때문이다.

『태백일사』 고구려국본기에서도 대무신열제 20년에 낙랑국을 멸망시
켜 동압록 이남은 고구려에 속했는데 오직 해성 이남의 남쪽 바다 근처의

여러 성들만은 아직 항복하지 않았다고 하였다. 이것은 후한이 살수인 주남하의 남쪽 요동반도 남부 지역을 차지하였기 때문에, 북쪽 지역만을 고구려가 차지한 것을 나타내고 있는 것이다. 『삼국사기』 백제본기 온조왕 43년(AD 25)에는 남옥저南沃沮의 구파해가 10여가를 이끌고 귀순해왔다고 한다. 이 당시 남옥저는 해성 지역으로 요동반도의 주남하 이북이었는데 고구려에 의해 점령당하면서 백제로 투항해왔다. 즉 고구려가 AD 14년에 양맥을 점령한 후에 AD 25년경에 그 아래에 있는 남옥저는 점령하였지만 요동반도 남부를 차지하지 못했음을 언급하고 있는 것이다. 주남하 이남에 있던 이들은 고구려가 건국되기 전에 맹주 노릇을 하며 낙랑국에 속했던 세력들로 대무신왕 20년(37)에 고구려가 낙랑국을 멸망시키자 이들에 대항해 오다가 44년에 후한이 요동반도 남부를 쳐들어오자 투항한다.

> 태조왕 16년(68)에 갈사국葛思國의 왕의 손자 도두가 나라를
> 받쳐 항복해오자 그를 우태로 삼았다.

갈사국은 대무신왕이 동부여을 멸망시킬 때 그 유민들이 현재의 두만강 하류의 훈춘 지역으로 옮겨가 세운 나라로 대무신왕의 2번째 비가 갈사국왕의 손녀이다.

> 태조왕 20년(72)에 관나부패자 달가를 보내 조나국藻那國을 쳐
> 서 왕을 사로잡았다.
> 태조왕 22년(74)에 환나부패자 설유를 보내 주나국朱那國을 쳤다.
> 태조왕 25년(77) 부여扶餘가 고구려에 조공을 해왔다.

이 기록의 부여는 고구려로 끌려와 연나부에 있었던 동부여의 유민들로 개원開原의 서북쪽에서 차츰 자립하여 서요하 중류지역으로 이동해 간 망명부여亡名扶餘 또는 낙씨부여絡氏扶餘로 불리던 나라이다. 이들의

북쪽에는 선비, 서쪽에는 현도군, 남쪽에는 고구려 등이 있었다.

2. 초기의 도성

1) 졸본
.....

〈광개토대왕비〉에 의하면 "비류곡 졸본忽本의 서쪽 산상에 도읍을 정하였다"고 한다. 고구려가 도읍을 정했다고 하는 산은 현재 환인현의 오녀산성五女山城으로 이곳은 최근 발굴을 통해서 궁궐터가 나타났으며 고구려의 유물이 발견되었다. 비류수는 혼강으로 강변에는 평지성인 하고성자성과 상고성자고분군이 남아있다. 고구려의 왕은 평상시에는 평지성인 하고성자성에 있다가 유사시에는 오녀산성에 들어가 농성을 하였을 것으로 본다.

오녀산성은 환인현에서 동북으로 약 8.5km에 있는 유가구촌에서 일제 강점기에 만든 도로를 따라 산으로 올라간다. 필자가 답사할 1995년 당시에는 산꼭대기로부터 100여m가 넘는 절벽이 형성되어 있는데 산위에 통신소가 있어 케이블카가 설치되어 있다. 현재는 그 옆으로 계단을 만들어 산으로 오를 수 있다. 정상부는 남북 1,000m, 동서가 300m의 넓은 대지가 형성되어 있으며 왕궁지, 병사숙소, 연못 등과 고구려 시대의 와편, 절구 등 유물들이 발견되었다. 특히 천지天池라고 불리는 연못이 식수원이 되었으며 그 아래의 절벽에 남아있는 동굴은 당시의 동굴신앙 유적으로 보인다. 이 성의 동쪽 끝에 있는 점장대点將臺에 서면 혼강과 환인시내 등 사방이 한눈에 보인다. 성벽의 흔적은 산 정상에서 동쪽과 남동쪽으로 180여m 되는 곳에 남아있는데 완벽한 형태로 남아있는 것은 6m가 넘는다. 윗부분의 너비는 2m 정도이고 아랫부분은 5m에 가깝다. 성벽의 내부는 무너진 틈으로 잡석과 판석을 섞어서 정교하게 쌓은 것이 보인다.

문은 동, 남, 서쪽에 3개가 있는데 동문이 가장 튼튼하고 이른 시기의 것으로 엇갈린 형상의 옹성甕城 구조로 되어있다.

하고성자성

하고성자성下古城子城은 오녀산성에서 서북쪽으로 난 다리를 건너 혼강을 따라 약 1km 정도 내려가면 하고성자라는 마을에 다다르게 된다. 이 하고성자성은 사각형의 평지토성으로 동벽은 226m, 서벽은 264m, 북쪽에 남아 있는 성벽은 237m, 남쪽에 남아 있는 성벽은 212m였으며, 너비 2m, 남아 있는 높이는 0.5m쯤 된다. 특히 서북 모서리는 잘 보존된 성벽의 높이는 2m 정도로 그 위에다 돌담장이 쌓여져 있다. 이 성에는 원래 동쪽 담과 남쪽 담의 중간에 두 개의 문이 있었는데, 동문은 이미 홍수에 떠내려가 없어지고 남문 유적은 분명하지 않다. 동쪽 성벽은 혼강의 범람으로 없어졌으며 북쪽성벽이 약간 남아있다. 이곳에서는 오녀산성이 바로 올려다 보이며 출토된 유물들도 비슷해 축성 연대가 같다고 본

오녀산성

다. 즉 고구려초기와 졸본부여 때에 평상시에는 이 토성 안에서 살다가 전쟁이 일어나면 오녀산성에 들어가 농성을 벌였을 것으로 본다. 이 성은 물

이 풍부하고 교통이 편리하며 드넓은 평야에 자리 잡고 있어 농사짓기 매우 알맞은 곳이었음을 알 수 있다. 상고성자上古城子 고분군은 하고성자성에서 1.5km 정도에 있다. 이곳은 약 200여기의 무덤이 있었으나 대부분 파괴되어 20여기 정도만 남아있는데 1~3세기의 적석총이다.

오녀산성이 자리 잡은 혼강가에는 고구려의 초기 적석총인 고력묘자高力墓子 고분군이 있다. 환인진으로부터 동쪽 15km에 있는 연강향連江鄕 고력묘자촌은 '고구려의 묘가 있는 마을'이라는 듯의 지명이다. 그러나 1968년 이후 혼강댐을 막음으로 수장되어 버렸다. 고력묘자고분군은 환인지구에서 가장 큰 고분군으로 면적이 크고 형태도 매우 다양하여 적석묘積石墓, 방단적석묘方壇積石墓, 계단적석묘階段積石墓, 봉석적석묘封石積石墓 및 방단봉토묘方壇封土墓 등이 있다. 이곳은 세 차례에 걸쳐 31기를 발굴하였는데 그 숫자는 전체 무덤 떼에서 극히 일부에 지나지 않는다. 발굴 당시 도자기, 철제 칼, 창, 화살촉, 은제 말방울, 금은제 장식품 등 47가지 순장품이 출토되어 고구려 초기의 문화를 엿볼 수 있게 해준다. 이러한 적석총은 맥족의 전형적인 묘제로 고구려가 이 지역에 있었던 맥족인 졸본부여의 전통을 이어받고 있음을 알 수 있다.

2) 국내성과 환도산성
• • • • •

(1) 국내성國內城

국내성은 2대 유리왕 때에 천도한 곳으로 이러한 국내성이 자리 잡고 있는 집안은 백두산으로부터 흘러 내려오는 1,000m가 넘는 노령산맥이 북쪽의 추운바람을 막아주기 때문에 기온이 매우 온난하여 '소강남小江南'으로 불리고 있다. 그리고 압록강鴨綠江과 통구하가 합류하는 통구분지의 서부일대로 북쪽 1km에 우산禹山, 동쪽 6km에 용산龍山, 그리고 통구하를 건너 서쪽 1.5km의 칠성산七星山에 있고 남쪽으로는 압록강이 흐

국내성의 서쪽 성벽

르고 있어서 전형적인 배산임수背山臨水의 지형을 가진 천연적인 요새이다. 그리고 압록강을 통해 서해 바다로 바로 들어갈 수 있어서 교통이 매우 편리한 지리적 이점을 가지고 있다. 동벽이 555m, 서벽이 665m, 남벽은 750m, 북벽은 715m로서 총 길이가 2,700m인 사각형의 성으로 본래 성벽의 높이는 5~6m, 밑 부분의 너비가 10m, 성안벽 높이가 3~5m이다. 성문은 총 6개였는데 동쪽은 집문문輯文門, 서쪽은 안무문安武門, 남쪽은 금강문襟江門 등이 있었다. 위로부터 가로로 선을 그어 성의 내부를 3구역으로 구분하였다.

필자가 답사할 1991년 당시에는 성벽 위에 집들이 있어서 많은 부분이 훼손되어 있었다. 세계문화유산 등재를 하면서 현재와 같이 발굴 정비되었는데 시청부근에서 주초석들이 많이 나타나고 있어 궁전이 있었던 곳으로 보이며 현재는 공원으로 되어있다. 특히 통구하 쪽으로 수구가 발굴되어 있고 치雉들이 남아있다. 이 성은 서쪽으로는 통구하, 남쪽으로는 압록강이 흐르고 있으며 성 밖에는 해자垓字가 둘러쳐져 있었다. 현재는 남쪽의 해자만이 남아있다. 성벽은 계단식으로 쌓아올린 되물림 기법을 썼으며 성벽에 붙는 적을 막기 위해 여러 개의 치를 설치하였다.

이곳을 둘러싼 산에는 수많은 고구려의 고분古墳들이 남아있어 우산하 고분군, 칠성산 고분군 등으로 불렸다. 이중에 용산에는 유명한 장군총(한변 35.6m, 높이 12.4m)과 태왕릉(한변 66m, 잔고가 14.8m) 등이 남아있으며 우산하 고분군에는 무용총, 각저총, 5회분, 4회분, 삼실총 등 유명한 벽화고분들이 남아있다. 칠성산 부근의 마선에는 가장 큰 적석총인 천추총이 남아있는데 한변이 80~85m이고 잔존 높이는 15m이다. 이곳에서 나온 명문전에는 '천추만세千秋萬歲'라는 글이 새겨져 있는데 '만세萬歲'란 오직 황제皇帝만이 쓸 수 있는 용어이고 왕은 '천세千歲'를 섰던 것으로 고구려의 왕들이 상용한 태왕太王이라는 용어가 황제와 같은 것이었음을 말해주고 있다.

(2) 환도산성丸都山城

환도산성은 국내성으로부터 2.5km 떨어져 있는 해발 676m의 환도산에 쌓은 산성자산성山城子山城이라고 불리는 난공불락의 요새로 남쪽 앞

환도산성의 남쪽 성벽

으로는 통구하通溝河가 흐르고 동, 서, 북쪽 세 방향은 절벽으로 둘러쳐져 있어 그 안쪽에 계곡을 품고 있는 고로봉식의 전형적인 고구려산성이다. 환도산성의 전체적인 모습은 산의 능선을 따라 쌓아 불규칙한 형태의 타원형으로 되어 있다. 서쪽의 성벽은 2,440m, 동벽은 1,716m, 남벽은 1,786m, 북벽은 1,009m로 총길이는 6,951m이다. 성문은 모두 5개로 동과 북에 각각 2개씩, 남문에는 1개로 정문의 역할을 하고 있다. 현재 성벽은 대부분 무너져 있으나 동북벽 쪽에는 5~6m 높이의 성벽들이 남아있다. 성벽의 꼭대기에 서면 성 내부는 물론 통구하 너머 멀리 국내성과 압록강까지 한눈에 들어온다.

정문인 남문은 성안의 물들이 모여 흘러나가 통구하로 들어가게 수구水口가 설치되어 있었으며 적의 공격을 막아내기 위해 옹성을 만들었다. 그 위에는 음마지飮馬地라는 연못이 있는데 발굴 결과 원래는 50~60㎡ 정도를 석축으로 만들어졌던 곳이다. 정잠대는 장수가 지휘를 하던 장대로 이곳에 서면 통구하와 국내성의 서쪽지역이 한눈에 들어온다. 이곳은 높이가 11.75m로 위에는 사방 약 6m 정도로 쌓아 올렸다. 그 옆에는 병사들의 막사가 있었는데 아직도 평평한 대지가 남아있다.

궁전宮殿은 동쪽 기슭의 평편한 대지에 남아있는데 발굴에 의해 남북이 92m, 동서가 62m였다고 한다. 지금은 밭으로 개간되고 있으며 이 부근에는 고구려의 적갈색와편들이 남아있다. 그리고 이 부근에는 적석총과 봉토분 등이 남아있다. 현재는 발굴을 통하여 왕궁터와 팔각건물지 2동, 점장대 등이 정비 되었으나 말에 물을 먹였다는 음마지는 땅에 묻혀 버렸다. 이곳 산성자산성 부근의 송분령에서 1910년 도로공사시 발견된 관구검기공비毌丘儉紀功碑는 동천왕 당시 유주자사 관구검이 고구려의 수도였던 환도산성을 함락시킨 사실이 기록되어 있어서 이곳이 바로 그 당시의 환도산성이었음이 밝혀지게 되었다. 비석은 현재 요녕성박물관에 소장되어 있다.

3. 고구려의 전통 사상

1) 천신사상

· · · · ·

〈광개토대왕비〉와 『동국이상국집東國李相國集』 동명왕편에는 고구려
가 천제의 자손임을 기록하고 있다. 『삼국지三國志』 위지 동이전에는 고구
려에 동맹이라는 제천祭天(하늘제사)행사가 10월에 벌어지는데 거국적인
것으로 고구려의 시조인 동명과 관련이 있다고 나온다. 제천의례인 동시에
국조신國祖神에 대한 제사이므로 단순한 민속행사가 아니라 국가의 공식
적인 의례로 그 곳 지배층들이 참석할 때에는 의복을 모두 비단과 금은으
로 장식하는 등 대단히 화려하게 거행되었음을 알 수 있다.

고구려 왕이 천제를 드린 국동대혈

더구나 이 제사를 왕이 직접 주관함으로 왕권의 위엄을 대내외에 과시
하였다. 나라의 동쪽에 있는 큰 동굴인 수혈에서 신을 맞아 신목을 만들
어 제사를 드린 것으로 맞이굿이나 오구굿의 원형이라 할 수 있다. 이러한
제천 행사는 환웅이 백두산에 자리를 잡고 신단수 밑에 신시를 베풀 때부

터 시작하여 단군왕검은 강화도 참성단塹星壇, 부여는 영고迎鼓, 동예는 무천舞天, 고구려는 동맹東盟, 삼한의 한가위秋夕 등을 통하여 하늘에 제사를 드려 왔는데 이것은 종교적인 행사일 뿐만 아니라 지배 이데올로기적인 성격을 지니고 있었음을 알 수 있다.

『삼국지』 동이전 고구려조에 "나라 동쪽에 큰 수혈隧穴이 있어 10월에 국중대회 열고 수신隧神을 제사 지내는데 목수木隧를 신좌神座에 모신다."라고 하였다. 현재 국내성의 동쪽인 압록강가의 하해방촌 지역의 산위에는 거대한 동굴유적이 남아있는데 상하 2개로 되어있다. 아래의 동굴은 막혀있고 위쪽은 하늘을 향해 뚫려있어 '통천문通川門'으로 불리며 이 동굴 안에는 거북이 모양의 좌대가 남아있다. 즉 고구려의 왕이 국내성에서 배를 타고 이 산 아래에 도착하여 동굴에 이르러 제사를 지냈던 것이다.

2) 조상숭배
· · · · ·

『삼국사기三國史記』 제사조에 보면 동명왕 14년 8월에 왕의 어머니인 유화柳花가 동부여에서 죽자 부여의 금와왕이 태후의 예로 장례를 치르고 신묘를 세워 주었으며, 태조왕 69년 10월에는 부여에 순행하여 태후묘에 제사를 지냈다. 동서同書 고구려본기에는 대무신왕 3년(30)에는 동명왕묘를 세웠으며, 신대왕, 고국천왕, 동천왕, 중천왕, 고국원왕, 안장왕, 평원왕 등이 졸본에 있는 시조묘에 가서 제사를 드렸다고 하였다. 특히 이 당시 안장왕이나 평원왕 때는 고구려의 수도가 이미 평양으로 바뀐 후이며 이들이 국내성에서 평양으로 천도하면서 그들의 건국자인 고주몽의 재궁梓宮(관)을 평양으로 모셔 현재 진파리 고분에 모셨던 곳이다. 이곳에서는 정릉定陵이라는 고주몽의 능과 그 원찰인 정릉사가 발굴 단장되었다.

『주서周書』 고구려전에 의하면 고구려에는 두 곳에 사당이 있었는데 하나는 부여신夫餘神이라 하여 나무로 부인의 모습을 새기고 다른 하나는 고등신高等神이라 하여 그들의 시조이며 부여신의 아들이라고 하였다. 평양의 대성산성의 국사봉 부근에서 나온 돌함 속에서는 고등신과 부여신의 신상이 나왔는데 고등신은 고주몽, 부여신은 그의 어머니인 유화를 나타내고 있다. 그리고 『삼국사기』 고구려본기에 요동성遼東城 안에 주몽의 사당이 있었다는 기록이 있어서 고구려인들의 조상숭배 사상을 엿볼 수 있다.

3) 졸본의 동명성왕능인 환인의 장군묘
• • • • •

고구려의 신대왕, 고국천왕, 동천왕, 중천왕, 고국원왕, 안장왕, 평원왕 등이 졸본에 있는 시조묘始祖廟에 가서 제사를 드렸다고 한다. 이중에서 안장왕, 평원왕 등 평양으로 천도한 후에도 졸본까지 가서 제사를 드린 시조묘는 누구일까? 필자는 이것을 현재 환인현 미창구에 있는 이 지역의 유일한 벽화고분으로 장군묘라 불리우고 있는 것으로 그 주인공은 바로 고구려의 시조인 동시에 백제의 시조로 받들어 모셔지고 있는 동명東明으로 졸본부여를 건국한 사람으로 보았다. 이 무덤은 평양에 있는 고주몽의 능과 함께 5세기에 해당하는 벽화고분으로 이 당시 고주몽과 함께 단장한 것으로 벽과 천정이 온통 연꽃으로 그려져 있다.

장군묘將軍墓는 환인지역의 유일한 벽화고분으로 환인시에서 남쪽으로 10여 리 떨어진 미창구촌米倉溝村에 있다. 혼강渾江 가에 용처럼 길게 늘어서 있는 용산龍山의 산마루 평평한 대지 위에 있다. 이것은 돌로 방을 만들고 그 위에 흙으로 봉분을 덮은 형태로 높이가 10m, 둘레가 150m에 달하는 거대한 고분으로서 이 주변에는 딸린 무덤이 몇 개가 더 있었다고 한다. 내부에는 벽화가 있는데 매우 화려한데 기린마, 수탉, 기린마, 삼족오, 용, 사자머리 모양의 사람 등이 있으며 특히 9개의 꽃잎이 달린 연꽃이 수없이 그려져 있고 그 안에 왕王자가 쓰여 있다. 더구나 천장의 구석구석마다 왕王자가 쓰여 있다.

특히 널방의 네 벽 모두 연꽃 무늬가 가득히 그려져 있으며, 검은색으로 서로 목을 맞댄 두 마리의 용을 기하학적인 연속무늬로 만들어 장식한 것은 5세기 당시 뛰어난 회화기법과 미의식을 보여 준다. 필자가 이곳을 답사하여보니 용산龍山이라는 이름에 걸맞게 용처럼 누워있는 능선 옆으로 혼강의 물줄기가 휘돌아 나가는 옥수수밭 언덕 위에 자리 잡고 있었다. 이 고분은 원래 고구려가 시조로 받들고 있는 졸본부여를 세운 동명東明의 무덤으로 고주몽의 능처럼 평양으로 이전되지 않고 이 곳에만 존재하는 것으로 5세기에 들어서서 평양으로 천도하면서 고주몽능, 단군능과 함께 개축을 하였을 것으로 추정된다.

4) 평양의 추모성왕능

• • • • •

고구려가 졸본에서 국내성 그리고 평양으로 천도하는 과정에서 고주몽의 관인 재궁을 모셔서 안장하였다. 그러하기에 평양에는 현재 고주몽의 능인 추모성왕능이 남아있는데 역포구역 용산동에 있는 진파리 10호 고분으로 전체높이는 기초부와 기단부 1.65m, 봉토부 6.5m로 총 8.15m에 이른다. 무덤의 내부는 널길, 작은 감실이 달린 전실, 통로, 후실 등으로 이루어져 있는 쌍실분으로 이 부근의 20여기의 고분 중에서 가장 규모가 크다. 1974년 발굴되었는데, 도굴로 유물은 거의 없으나, 널길과 전실 앞부분에서 금제널못, 은제널못, 청동제못, 꽃무늬장식품, 원형장식품, 보요步搖(떨잠이라 하여 부인의 예장에 꽂는 비녀의 하나로 떨새를 붙인 과판 같은 것), 금제구슬, 청동실, 청동제머리핀 등이 출토되었다. 특히 꽃무늬 장식품과 떨잠이 출토된 것으로 보아 순금제금관과 귀고리가 있었을 가능성이 높고, 왕릉급 무덤으로 추정된다. 무덤 앞의 절터에서 팔각형 목탑지, 회랑, 10여 채의 건물지 등과 함께 고구려 정릉사였음을 알려주는 고구려高句麗, 사寺, 정定,

정릉定陵 등의 명문이 있는 기와
편과 토기편이 발굴되었다. 이 절
은 추모성왕을 위해 만들어진 능
사였음을 알 수 있다.

북한학계에서는 고구려가 평
양으로 천도할 때, 건국자인 고
주몽의 무덤을 이장한 것으로 추
정한다. 무덤 양식상으로는 기단
돌무지무덤基壇積石塚에서 돌방
봉토무덤石室封土墳으로 이행되
는 과정에서 축조된 것이다. 외형
적으로는 돌무지무덤과 돌방봉
토무덤이 복합된 양식이며, 내부
의 석재 규격은 안악 3호분, 강서
3묘, 호남리 사신총, 통구 18호
분 등과 유사하다. 천장 구조 역
시 활천장으로 5세기 이전에 축

평양의 추모성왕능인 정릉(서일범 제공)

환인의 장군묘

조된 것으로 추정되는 안악 복사리 고분과 유사하다. 따라서 무덤 구조와
벽화내용 등으로 미루어 보아 이 무덤은 5세기 초 평양천도 전후시기에
축조된 것으로 본다.

현재 북한에서는 동명성왕능東明王陵으로 부르고 있지만 사실은 모두
루묘지명에서 말하고 있는 '추모성왕鄒牟聖王'인 고주몽의 능이다. 그 이
유는 고구려가 평양으로 천도한 이후에도 시조로 모시던 동명성왕의 사당
을 찾아 졸본에 가서 제사를 드렸기 때문이다. 이것과는 달리 고주몽의 사
당이 평양뿐만 아니라 요동성에도 모셔져 있었던 것을 볼 때 천도할 때마
다 졸본→국내성→평양으로 재궁梓宮을 모시고 다닌 추모성왕, 주몽성왕
의 능으로 보아야 한다.

5) 종묘
. . . . .

고구려의 동천왕 21년(247)에 관구검의 공격을 받아 국내성이 황폐화되자 평양성을 쌓고 백성과 묘사를 옮겼으며 고국양왕 9년(391년)에도 종묘와 국사를 수리했다는 기록이 나오고 있다. 집안의 동대자東臺子 유적은 이러한 종묘로 사용된 건축물로 추정되고 있다. 그리고 산상왕, 평원왕등은 산천에 제사를 지냈으며 『삼국사기』 제사지에는 고구려에서는 매년 3월 3일에 낙랑의 언덕에서 사냥을 하고 하늘과 산천에 제사를 했다는 기록이 나오고 있다.

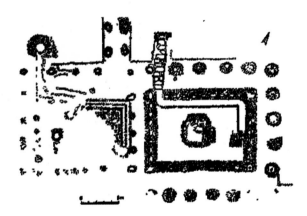

집안의 동대자유적(방기동, 『동북고고여역사』, 82-1, 1982)

6) 환웅신화와 칠석신앙
. . . . .

고구려 장천 1호분의 고분벽화에는 신단수 아래에 곰과 호랑이가 앉아있는 그림을 통해 환웅신화가 전해져 오고 있음을 알게 해주고 있다. 평남 남포시 덕흥리고분의 남쪽 천정에는 소를 끌고 가는 견우가 있고 은하수 건너 직녀가 그를 바라보고 있는데 각각의 그림에는 견우, 직녀라는 글

곰과 호랑이(각저총)   견우와 직녀(덕흥리고분)

씨가 있다. 그리고 대안리 1호분에서도 나타나고 있어 이러한 칠석신앙七
夕信仰의 연원이 매우 오래되었음을 잘 보여주고 있는데 이것은 『환단고
기』 삼성기전 하에 바이칼호天海에서 천신의 도움으로 나반那般과 아만阿
曼이 만나 우리민족의 시조가 되었다는 전설을 반영하는 것으로 보인다.

4. 중기의 중국과 투쟁

1) 2세기 요동지역의 각축

> 태조왕 53년(105) 고구려가 후한의 요동군遼東郡을 쳐서 6현을
> 빼앗았으나 요동태수 경기에게 대패하였다. 부여扶餘가 고구려
> 에 조공해 왔다.

이 당시 후한은 AD 93년에 그들을 괴롭혀 왔던 북흉노를 멸망시킬 정
도로 국력이 커지고 있었다. 그래서 AD 49년 태원까지 고구려의 대대적인
공격을 받아 요서지역까지 밀려났다가 AD 58년에 요동태수 제융이 오환
을 쳐서 동쪽으로 현도玄菟와 낙랑樂浪을 회복하였던 것이다. 그 당시 빼

앗긴 요동 지역을 고구려가 다시 쳐들어갔다가 실패했다.

태조왕 59년(111) 부여왕이 보병과 기병 7,8천으로 후한의 낙랑
군樂浪郡을 치고 고구려가 현도군玄兎郡을 쳤다.

이 당시 나타나고 있는 부여는 전일의 동부여가 멸망당하여 고구려의
연나부에 안치되었는데 그 이후 고구려로부터 이탈하여 옮겨가 만들어진
부여로 필자는 이들이 고구려로부터 낙씨라는 성을 받았기 때문에 낙씨洛
氏부여 또는 망명부여亡命扶餘라고 부르고자 한다. 윤병모는 요녕성 창도
현의 사면성四面城을 후기 부여성으로 보고 있는데, 필자는 이곳을 동부
여가 아니라 개원開原의 북쪽임으로 망명부여가 있었던 곳으로 본다. 망
명부여는 105년에 고구려에 조공을 해오고 『후한서』동이전 부여조에 보
면 안제 영초5년(111년)에는 고구려와 협공하여 후한을 치고 있다. 이 당시
AD 107년 후한이 요동군의 고현, 후성, 요양 등 3개의 현을 현도군으로
이속시켰는데, 이것은 고구려와의 접경지대인 현도군을 강화하고자 한 조
치이다. 그런데 『삼국사기』고구려본기 태조왕 59년의 기록을 보면 고구려
가 현도군에 속하기를 청했다고 했지만 『자치통감資治通鑑』에는 고구려가
현도를 공격한 것으로 정확히 기록되어 있다. 이것은 김부식의 고구려를
비하시키기 위해 조작하고 있는 사대주의적 발상을 보여주는 것이다.

태조왕 62년(114) 태조왕이 남해南海를 순행하였다.

고구려의 남해는 요동반도 남쪽으로 바다를 말하는 것으로 AD 44년
에 후한이 바다를 건너와 요동반도 남부지역을 점령하고 있어서 AD 56년
까지도 요동반도에 살수薩水로 불리던 주남하州南河 이북까지만 고구려가
차지하였던 것이다. 그러나 이때 태조왕이 요동반도 끝에 있는 남해를 순
행한 것으로 보아 요동반도 전체를 고구려가 차지하였음을 볼 수 있다. 그

시기는 AD 56~105년 사이로 추정되며 태조대왕은 이곳을 점령한 이후 요동쪽으로 그 여세를 몰아서 105년에 요동군, 111년에 현도군을 계속 쳐들어가고 있다.

> 태조왕 66년(118) 고구려가 현도玄菟를 치고 낙랑군의 화려성華麗城을 공격하였다.

현도군은 요하의 서쪽 위에, 낙랑군은 해안가 쪽에 자리 잡은 군으로 화려성이 현도군과 함께 공격 받은 것을 보면 낙랑군의 현 중에서 현도군에 가까운 요하 부근에 있었음을 알 수 있다.

> 태조왕 68년(120) 부여왕이 태자 위구태尉仇台를 보내 후한에 조공 하였다.
> 태조왕 69년(121) 후한의 유주자사 빙환, 현도태수 요광, 요동태수 채풍이 군사를 거느리고 쳐들어와 예맥濊貊의 거수를 죽이니 왕은 그 아우인 수성을 보내 현도군玄菟郡과 요동군遼東郡을 공격해 2천명을 죽이거나 잡았다.
> 4월에는 왕이 선비 8천과 더불어 요대현遼隊縣을 공격해 신창新昌에서 싸워 요동태수 채풍을 죽였다.
> 10월에 왕이 부여에 행차하여 태후묘에 제사를 지냈다. 숙신이 사신을 보내왔다.
> 12월에 왕이 마한과 예맥 1만기로 현도성玄菟城을 공격하나 부여扶餘왕이 태자 위구태로 2만을 보내 후한을 도와 대패하였다. 숙신이 고구려에 사신을 보냈다.
> 태조왕 70년(122) 고구려가 요동을 치자 부여扶餘가 후한을 도와주었다.
> 태조왕 72년(124) 고구려가 후한에 사신을 보냈다.

태조왕 84년(136) 부여扶餘의 왕 위구태尉仇台가 후한에 사신
을 보냈다.

　고구려의 왕이 태후묘에 갔다는 것은 동부여의 옛수도 길림시에 있는
유화부인의 사당에 제사를 지낸 것이다. 고구려는 예맥, 선비 등의 세력들
을 규합하여 후한의 현도군, 요동군을 계속 쳐들어가고 있는데, 이 당시
망명부여가 고구려에게 등을 돌리고 후한에게 붙어버려 고구려가 후한을
공격할 때엔 후한을 도와주고 있다.

태조왕 94년(146) 고구려가 서안평西安平을 쳐 대방령을 죽이고
낙랑태수의 처자를 잡았다.

　이 당시 요동지역의 판도를 보면 고구려, 선비, 예맥과 후한, 부여가 연
합하여 대결하고 있었음을 알 수 있다. 그리고 선비가 AD 124, 127년에
현도군, 126년에 대군, 127년에 요동, 128년에 어양, 129년 삭방군, 132
년에 요동속국과에 요동군 등을 끊임없이 공격해 들어가고 있었다. 이러
한 선비와 고구려가 협공하여 요하遼河 서쪽 신민 지역의 서안평西安平을

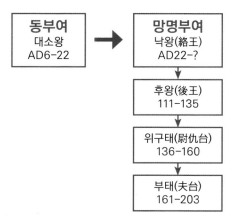

동부여와 망명부여

치고 그 여세를 몰아 그 아래 쪽에 있는 낙랑군으로 밀고 들어가 대방현을 쳐서 현령을 죽였을 뿐만 아니라 그 치소를 쳐서 낙랑군 태수樂浪郡 太守의 처자를 사로잡은 것이다.

이병도는 대방군을 황해도 봉산, 낙랑군을 평양으로 보았는데 이들이 요동지역에서 잡힌 사실이 평양과는 맞지 않으니 그들이 요동을 지나다가 잡힌 것이라고 조작하고 있다. 그러나 이것은 낙랑군과 대방군이 모두 요동 지역에 있었기 때문에 일어난 사실임을 명확히 입증해주는 것으로 그가 일제의 식민사관을 얼마나 철저히 따르고 있는지를 여실히 보여주는 것이다.

> 신대왕 3년(167) 부여扶餘의 왕 부태夫台가 2만으로 현도군玄兎郡을 치나 현도태수 공손역이 격파하였다.

『후한서』 부여조에는 161년에 망명부여가 후한나라에 사신을 보냈는데 167년에는 도리어 후한의 현도군을 쳐들어간 것이다.

> 신대왕 4년(168)에 고구려가 요동을 치나 현도태수 경림에게 패하였다. 선비와 예맥濊貊이 후한의 유주와 병주를 쳤다.

고구려가 요동군, 낙랑군, 현도군을 계속해서 쳐들어가고 있는 것이다. 이 당시 고구려는 선비와 연합전선을 펼쳐 유주, 병주 등 여러 곳에서 파상 공격을 퍼붓고 있는 것이다.

> 신대왕 5년(169)에 고구려가 후한의 현도태수를 도와 부산富山의 적을 토벌하였다.

부산의 적이란 오환烏桓 세력으로 보는데 이들은 동호가 흉노의 공격을 받아 하나는 선비산으로 다른 하나는 오환산으로 달아났기 때문에 선

고구려와 후한

비와 오환이라고 부르고 있는데 오환산은 내몽고 자치구 적봉시 임동林東의 오란대파산烏蘭大壩山이고 선비산鮮卑山은 흥안맹興安盟 과이심우익중기科爾沁右翼中旗의 몽격한산蒙格罕山이다. 선비는 AD 156년 단석괴가 동서 4만 리, 남북 7천 여리의 선비제국을 세우고 서부, 중부, 동부로 나누었다. 동부는 우북평에서 요동에 이르러 부여와 예맥에 접했다고 한다. 여기서 부여는 망명부여, 예맥은 고구려를 말하는 것으로 이러한 관계로 고구려, 선비와 후한, 부여 등이 연합되었던 것이다.

후한 말기에 혼란한 틈을 타서 5,000여 부락을 이끌던 요서군의 오환대인烏桓大人 구력거丘力居는 3군의 오환을 통일하고 장거, 장순 등과 연합하여 스스로 왕을 칭하고 유주, 기주, 청주, 서주 등을 쳐들어갔다. 그가 죽자 구력거의 아들인 난루는 요서군의 오환대인, 요동군의 오환대인, 소복연은 요동속국遼東屬國의 오환대인, 오연은 우북평의 오환대인 등의 세력들 중에서 구력거의 아들인 난루가 나이가 어리므로 요서의 오환대인 답돈蹋頓이 우북평, 어량, 상곡 일대의 오환부락들을 통일하였다. 그러자 북방의 패자였던 원소袁紹가 그에게 선우라는 칭호를 주었다. 205년에 원소가 조조에게 관도에서 대패하자 원희, 원상이 오환의 답돈에게 투항하였다. 207년에 조조曹操가 북으로 오환을 쳐서 유성의 백랑산에서 이겨서 모돈을 죽이자 20만명이 조조에게 투항하면서 오환의 세력이 쇠락하였다.

신대왕 8년(172) 후한이 쳐들어오자 청야농성 전술을 펼쳐 회군하는 그들을 명림답부가 쫓아가 좌원坐原에서 대파하였다.

명림답부는 포악한 차대왕을 제거하고, 그의 아우인 백고를 신대왕으로 모신 인물로 고구려 최초의 국상이 되었다.

신대왕 10년(174) 부여扶餘가 후한에 사신을 보냈다.

고국천왕 6년(184) 후한의 요동태수가 쳐들어오자 고구여의 왕자 계수가 좌원坐原에서 대파하였다.

정인보는 『조선사연구』에서 좌원을 태자하 상류의 고력둔高力屯에서 홍석립구紅石粒溝까지 뻗어있는 긴 협곡의 좁고 험한 길로 양맥곡이라고 불리던 곳이라고 말한다.

2) 삼국시대 말기 공손씨와 고구려
• • • • •

산상왕 원년(197)에 고국원왕이 죽고 산상왕이 서자 그의 형인 발기가 불만을 품고 소노부 3천 명을 이끌고 요동의 공손탁公孫度에게 투항하였다. 이에 동생인 계수를 보내 설득하자 배천에서 자결하였다.

이 당시 후한에서는 184년에 황건적의 난이 일어나고 189년에는 동탁이 정권을 장악하고 있었다. 그로 인하여 요동태수가 된 공손탁은 220년에 후한이 멸망당하고 삼국시대로 넘어가는 혼란기를 틈타서 190년에 요동에서 자립하여 요동군을 나누어 요서군, 중요군을 만들고 동으로 고구려를 서로는 오환을 쳤다. 그리고 산동지방을 쳐서 영주자사를 두고 스스로 요동후 평주목遼東侯 平州牧을 자칭하면서 독립적인 세력으로 성장하자 망명부여扶餘의 왕인 위구태尉仇台(136~160)가 그의 딸로 아내를 삼아 그에게 의탁하기도 하였다.

AD 207년에 조조가 노룡새, 서무산, 백단, 평강을 거쳐 범성의 백랑산에서 오환의 답돈을 죽이고 20여 만 명을 사로잡았다. 그러자 오환에 피신해 있었던 원상, 원희 등의 언소의 잔당들이 공손강에게로 달아났으나 공손강이 그들을 죽여 그 머리를 조조에게 보내자 그를 양평후襄平侯에 봉하였다.

공손씨의 수도였던 양평을 현재의 요양으로 비정하고 있지만 필자는 『삼국사기』 고구려본기 영양왕 23년조에 수隋나라가 고구려를 쳐들어온 기록을 보면 그들의 군사를 좌군 12군과 우군 12군으로 나누어 행진해 압록수 서편에 모여 요양에 있던 요동성을 쳤다고 한다. 그 중에 우군12에는 점제, 함자, 임둔, 후성, 제해, 답돈, 갈석, 동이, 양평襄平, 대방도가 있다. 낙랑군, 요동군, 현도군 모두가 서압록西鴨綠으로 불리던 요하遼河 서쪽에 있었다는 것을 스스로 증명해 주고있다. 특히 양평襄平은 공손탁의 수도가 있었던 곳이었는데 수양제가 한 말에는 "고구려가 발해渤海와 갈석碣石 사이에 거하여 요동, 예맥의 땅을 잠식했다."고 한 것을 보면 양평襄平을 포함한 한사군의 모든 현이 만리장성과 요하 사이에 존재했음을 밝혀주고 있는 것이다.

그의 세력은 공손탁(190~204)→공손강(204~220)→공손공(220~228)→공손연(227~238)으로 이어졌는데, 공손강은 AD 204년에 낙랑군을 나누어서 대방군帶方郡을 설치하였는데 이것 또한 만리장성과 요하 사이에 있었다. 공손연에 이르러서는 연왕燕王이라고 칭하면서 위, 오와 외교를 하여 오나라로부터는 연왕, 위나라로부터는 낙랑공에 봉해졌다.

당시 고구려에서 이탈한 발기가 공손탁의 세력에 의탁하고자 하였다. 『태백일사』 고구려국본기에는 산상제 원년에 동생 계수를 보내 공손탁을 공격하여 현도와 낙랑을 정벌하고 요동을 다 평정하였다고 한다. 이것을 보면 그 당시 고구려가 공손탁을 쳐서 대능하 동쪽의 현도와 낙랑지역을 빼앗은 것으로 추정된다. 왜냐하면 AD 232년 오吳나라의 사신이 공손탁에게 왔을 때에 그의 현도군이 요동군의 북쪽 200리에 있었는데 그 호수가 200호라고 하였다. 그런데 『후한서』 지리지에 현도군의 호수가 1594호라고 말한 것과 비교해 보면 매우 빈약한 것으로 이 당시 현도를 고구려에게 빼앗긴 것이 사실이었음을 알 수 있다.

산상왕 13년(209)에 국내성에서 환도산성으로 천도하였다.

환도산성은 평지성인 국내성의 배후산성으로 유사시 피난성의 역할을 담당하였던 곳이다. 산상왕이 이곳으로 도읍을 옮긴 것은 요동지역의 공손씨가 언제 쳐들어올지 모르기 때문이다.

동천왕 8년(234) 위魏나라에서 고구려에 사신을 보냈다.
동천왕 10년(236) 오吳나라에서 고구려에 사신을 보내자 그들을 죽여 그 머리를 위에 보냈다.
동천왕 11년(237) 고구려가 위에 사신을 보냈다.

오吳나라가 233년에 공손연公孫淵에게 사신과 함께 400여 명을 보내오자, 공손연이 그들을 요동의 여러 현에 나누어 두었고, 현도군에는 60여 명을 두었는데 현도군이 200호 정도의 약체인 것을 알고 봉기하려다 발각되자 고구려로 달아났다. 공손연이 오나라의 사신을 죽여 그 머리를 위에 보내자 그를 낙랑공樂浪公에 봉하였다. 당시 고구려는 사신 중에 피신해온 자들을 오나라로 돌려보내니 그 답례로 사신들이 고구려에 온 것이다. 그러나 고구려는 위와 협공하여 공손씨를 멸망시키고자 오나라 사신들을 죽여서 그 머리를 위나라로 보낸 것이다. 이 당시 위魏나라의 명제도 공손연을 치기 위하여 청주, 연주, 기주에 전함을 건조 할 것을 명하였다.

> 동천왕 12년(238) 위魏나라 사마의과 관구검을 보내 공손연公孫淵의 양평襄平을 쳐서 멸망시키고 남자 7천명과 관료 2천명을 죽였다. 이때 고구려 동천왕이 천여 명의 군사를 보내 위를 도왔다.

위魏나라는 육군과 수군의 양동작전을 구사하여, 육군과 따로 수군에는 새로 임명될 대방태수 유흔과 낙랑태수 선우사를 보내 배후의 낙랑과 대방 지역을 쳐들어간 것으로 이것은 오나라가 수군으로 개입하는 것을 막기 위한 조치였다. 그러나 이들의 우려대로 239년에 오나라가 수군으로 요동지역을 쳐들어와 남녀를 잡아갔다.

3) 위의 유주자사 관구검의 환도성 함락
• • • • •

> 동천왕 16년(242) 위魏나라의 서안평西安平을 공격하였다.

조조는 216년 위왕이 되었는데 위魏(220~265)나라가 238년에 공손씨를 멸망시키자 완충세력이 없어져 고구려와 위의 직접적인 충돌이 일어나게 된 것이다. 『삼국사기』 고구려본기 영양왕 23년조에 수隋나라가 고구려를 쳐들어온 기록을 보면 그들의 군사를 좌군 12군과 우군 12군으로 나누어 행군하였는데 이들이 지나간 지역들이 요동군, 낙랑군, 현도군에 속했던 현들의 이름으로써 204년 공손강이 낙랑군을 나누어 설치한 대방군을 비롯하여 낙랑군, 요동군, 임둔군, 현도군 등 모두가 서압록西鴨綠

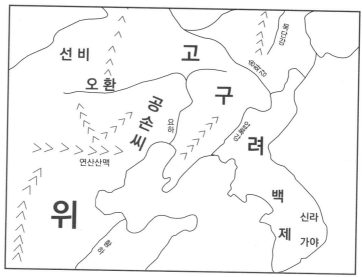

고구려와 공손씨 및 위

으로 불리던 요하遼河 서쪽에 있었다는 것을 스스로 증명해 주고있다. 특히 양평은 위나라 차지한 공손씨의 수도가 있었던 곳이었으며, 서안평이 속한 현도군 또한 만리장성과 요하 사이에 존재한다는 사실을 보여주고 있다.

　서안평西安平은 요동군에 속한 현인데 동압록수東鴨綠水라고 불리던 압록강 쪽에 있는 고구려 지역의 동안평東安平과 대칭하여, 서압록수西鴨綠水으로 불리던 요하遼河의 서쪽에 위치하고 있어서 서안평이라고 불린 것으로 현재의 요녕성 신민으로 비정되고 있다. 왜냐하면 『삼국지』 오지吳志에 233년에 공손씨에게 갔던 오나라 사신이 달아나 고구려의 '안평구安平口'에 이르렀고 이곳에서 오나라로 돌아갔다고 하였는데 정인보는 『조선상고사』에서 안평구는 압록강 하구의 박작구泊汋口로 현재 의주이며 고구려 시대의 박작성泊灼城으로써 서안평과는 달리 동안평東安平이라고 보았다.

그리고 당시 공손씨가 차지한 평주平州에는 창여군, 요동군, 현도군, 낙랑군, 대방군 등이 속하였던 것으로 그의 영역은 동쪽으로 고구려, 동북쪽으로는 망명부여, 북쪽으로 선비, 서북쪽으로는 오환, 서쪽으로는 위나라가 둘러싸고 있던 산해관에서 요하 사이의 땅이다. 190년에 공손탁公孫度은 산동지방을 쳐서 영주자사를 두고 스스로 요동후 평주목遼東侯 平州牧을 자칭하였으며 237년에 공손연公孫淵은 스스로 연왕燕王이라고 칭하기도 하였다.

> 동천왕 20년(246) 8월 위의 유주자사 관구검이 낙랑태수 낙랑태수 유무, 대방태수 궁준, 현도태수 왕기를 거느리고 현도玄菟로 나오자 동천왕이 보기 2만으로 비류수沸流水에서 싸워 3천을 죽이고 양맥곡梁貊谷에서 3천을 죽이고 잡았다. 다시 철기 5천을 거느리고 나아가 싸우다가 대패하여 1천여기를 거느리고 압록원으로 달아났다. 10월에 관구검이 고구려의 환도성을 함락시키고 현도태수 왕기를 보내 추격하자 왕이 북옥저를 거쳐 말갈지역까지 달아났다. 이에 밀우와 우유가 사신으로가 항복하는 척하고 왕기를 죽여 간신히 위기를 모면하여 역공을 하자 관구검은 낙랑樂浪으로 퇴각하였다.

이 당시 망명부여의 왕인 마여는 고구려를 정벌하러 나가는 관구검이 현도태수 왕기를 보내오자 그에게 군량미를 보급해 주었다. 관구검은 고구려의 환도성을 점령하고 자기의 공로를 비문에 새겨 환도산에 세웠는데 일제 강점기에 이 비문이 환도산성 부근의 도로공사시 발견되어 현재는 요녕성 박물관에 보관되어있다. 그리고 관구검이 쳐들어올 때는 현도군으로 나와 비류수, 양맥곡을 거쳐 환도산성으로 쳐들어왔는데, 달아날 때는 낙랑으로 간 것을 보면, 그 당시 요하중류의 서쪽에는 현도군이 있었고 그 아래 바닷가 쪽에는 낙랑군樂浪郡이 설치되어 있었음을 알 수 있다.

단단대령인 의무려산맥

　위나라는 관구검이 쳐들어오기 1년 전인 AD 245년에 낙랑태수 유무와 대방태수 궁준이 영동嶺東의 예濊를 쳐서 차지하여 단단대령의 동쪽에 있는 7현으로 동부도위東部都尉를 두어 다스렸다고 기록하였는데, 최동은 『조선상고민족사』에서 단단대령單單大嶺이란 현재 요동을 가로지르는 의무려산맥醫巫閭山脈임을 밝혔으며 이들은 의무려산부터 요하 사이에 흩어져 있던 작은 소국들로 공손탁에게 속하였었는데 그가 사라지자 잠시 독립적인 성격을 가지고 있었던 것으로 보고 있다.

　그 당시 출병한 낙랑태수 유무와 대방태수 궁준은 영동의 예를 차지한 후, 그 여세를 몰아 수군水軍으로 요동반도遼東半島 남부에 들어와서 그곳에 사는 사람들에게 "너희는 원래 고조선 당시에 진한辰韓의 땅이었으니 고구려로부터 독립시켜 주겠다"고 회유하였다. 그러나 부종사 오림이 잘못 통역하여 한韓의 신지臣智가 격분해 이들이 임시로 설치한 기리영崎離營을 공격하여, 대방태수 궁준이 전사당하고 물러나 위나라가 요동반도 남부는 점령하지 못하고 실패하고 말았다고 한다.

　중천왕 12년(259) 위가 공격해오자 양맥곡梁貊谷에서 대파하였다.

관구검기공비(요녕성박물관)

양맥곡은 현재 태자하 상류의 골짜기로 현재의 신빈新賓지역으로, 요
하를 건너 무순無順이나 본계를 통해 고구려의 수도인 국내성으로 쳐들어
오던 길목이다. 이곳은 동천왕과 관구검이 이곳에서 전투를 벌였을 뿐만
아니라, 유리왕이 이곳에 자리 잡고 있었던 양맥국을 차지하고 요하를 건
너 후한의 고구려현을 쳐서 빼앗은 기록으로 볼 때 군사적 요충지였음을
알 수 있다. 당시 유주幽州의 치소는 계薊였고, 동으로 고구려, 북으로는
선비와 오환에 접했다. 여기에는 탁군, 상곡군, 어양군, 우북평군, 대군,
요서군, 요동군, 현도군, 낙랑군, 대방군 등 10군이 속해 있었다.

4) 백제의 요서지역 식민지 건설
• • • • •

246년(동천왕 20년)에 위의 유주자사 관구검이 낙랑태수 유무, 대방태
수 궁준, 현도태수 왕기 등을 이끌고 고구려의 환도성을 함락시키자, 백제

의 고이왕이 재위 13년에 요동지역이 비어있는 틈을 타서 진충眞忠 장군
으로 수군을 이끌고 요서의 낙랑군樂浪郡을 쳐들어가 차지하게 하였다.
이것이 바로 요서 지역의 백제식민지인 진평군晉平郡의 시작이다.

5) 동천왕의 평양 천도
•••••

고구려는 동천왕東川王 때에 위나라 유주자사 관구검毌丘儉의 공격으
로 환도성丸都城이 함락되었는데 그 다음 해인 247년(동천왕 21년)에 위
魏와는 멀리 떨어진 평양으로 천도를 하였다. 동천왕은 평양에서 죽은 것
으로 추정되고 있다. 왜냐하면 『평양지平壤志』에는 "시록柴麓은 평양 북
동 30리에 있어 여러 행의 새긴 글자가 남아있는데 고구려 동천왕의 묘이
며 시원이라고도 부른다"고 하였고 『신증동국여지승람新增東國興地勝覽』
평양조에 "시원은 고구려 동천왕이 죽자 그의 덕을 돌이켜 보아 능소陵所

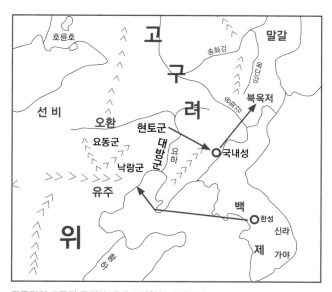

관구검의 고구려 공격과 백제 고이왕의 요서점령

에 가서 자살하는 자가 많으므로 떨나무柴를 베어 그 시신들을 덮어 주었기에 그 지명이 되었다"고 하여 동천왕이 관구검의 공격으로 폐허가 된 국내성을 버리고 평양平壤지역으로 천도遷都하였다가 그곳에서 죽었음을 알수 있게 해주기 때문이다.

현재 평안남도 평성시平城市에 있는 경신리 1호 무덤의 주인공을 동천왕東川王으로 보기도 한다. 왜냐하면『강동읍지江東邑志』에 "연희延熙 10년에 동천왕을 묻었다"고 되어있으며 높은 흙무지를 쌓고 그 윗부분에 돌칸을 마련한 이러한 형태의 무덤은 5세기 이후 평양부근의 큰 무덤에서는 찾아보기 어려운데 반해 환도성이 있는 집안일대의 장군총將軍塚, 태왕릉太王陵 등을 포함한 AD 3~5세기 초의 무덤들에서는 돌로 축조된 점만 다를 뿐 돌칸石室의 위치에서는 일정한 공통성을 가지고 있기 때문이다. 그리고 이 무덤은 강동군江東郡 한왕리漢王里의 대동강 기슭에 있는 18기의 고구려 무덤 중에 외형상 구조가 가장 큰 봉토분封土墳이며 이 무덤의 봉토 윗부분 30cm 밑에서 씌웠던 붉은 기와의 무늬가 AD 3~5세기의 것이라는 점이다.

6) 요동의 요충지 신성의 건설
• • • • •

> 서천왕 7년(276) 왕이 신성新城을 순행하였다.
> 서천왕 11년(280) 숙신肅愼이 쳐들어오자 달가를 보내 단로성을
> 쳐서 추장을 죽이고 그로 하여금 숙신과 양맥을 통솔하게 하였다.
> 서천왕 19년(288) 왕이 신성을 순행하였다.

신성新城이란 고구려가 새로 개척한 요동지역을 지키기 위해 구축한 요새로 현재 무순의 고이산성高爾山城으로 비정되고 있다. 이 성은 무순

신성인 무순 고이산성의 성벽

시撫順市를 서쪽에서 동쪽으로 흐르는 혼하渾河의 북쪽에 있는 고이산의 장군봉에서 남동향으로 뻗은 산등성이와 중앙부의 계곡을 에워싼 전체 둘레가 4㎞가 넘는 대형의 산성으로 산성의 내부는 7개의 구역으로 나누어지는 다곽식산성이다. 해발 231.5m의 장군봉을 중심으로 동쪽의 것을 동성東城, 서쪽의 것을 서성西城이라 하고, 동성의 북쪽에는 규모가 작은 북위성北衛城이 붙어있고, 동성과 서성의 남쪽에도 남위성南衛城이 있다. 그 외에 동성의 남단에서 동향한 능선에 3개의 고리모양의 작은 성들이 연이어 붙어있다. 현재는 남위성과 동성의 남문을 거쳐 북문을 지나 철령鐵嶺으로 가는 길이 뚫려있다. 이곳은 요동벌판에서 산악지대로 들어오는 초입의 길목을 지키는 군사적 요충지였음을 알 수 있다.

> 봉상왕 2년(293) 왕이 신성을 순행하다가 모용외가 쳐들어오자
> 고노자가 대파하였다.
> 봉상왕 5년(296) 모용외가 고국원을 쳐들어와 능묘를 파헤치고
> 돌아가자 고노자로 신성을 지키게 하였다.

당시 265년에 중국을 통일한 진晉이 유주를 나누어 평주를 설치하였다. 유주幽州의 치소는 탁이며 범양군, 연군, 북평군, 상곡군, 광녕군, 대군, 요서군이 속하였고, 평주平州의 치소는 창여로 요동군, 창여군, 현도군, 낙랑군, 대방군이 속하였다. 그 당시 중국은 280년에 삼국을 통일한 진晉(265~316)나라가 흉노, 선비, 저, 갈, 강 등의 오호五胡라고 불렸던 북방의 이민족들에게 멸망당하여 양자강 이남으로 밀려 내려가 동진東晉(317~419)이 되었으며, 북중국은 이들이 새운 16개의 나라가 난립하게 되어 이것을 5호 16국 시대(304~439)라고 부른다.

당시 고구려와 접경지역인 요동에는 선비족의 한 갈래였던 '모용씨慕容氏'가 자리를 잡고 고구려와 충돌을 일으키게 되었는데, 그들은 281년 모용섭귀가 공을 세워 대선우에 봉해진 후 평주의 치소인 창여를 281년, 282년에 집중적으로 공격해 평주를 파하게 되었다. 285년 그의 아들인 모용외慕容廆가 서면서 급성장하게 되어 모용외는 도하徒河에서 대극성大棘城으로 천도하였다. 중국 학자들은 대극성을 북표시北票市 장길영자향章吉營子鄉 삼관영자촌三官營子村으로 보고 있는데 북표의 방신촌房身村에서도 모용씨의 석판묘군이 발견되고 있다. 모용외의 서북쪽에는 탁발씨, 서남쪽에는 단씨, 남쪽에는 요서백제, 북쪽에는 우문씨, 동북쪽에는 망명부여, 동쪽에는 고구려가 자리 잡고 있었다.

7) 망명부여의 위기와 요서백제, 모용씨
• • • • •

> 285년(서천왕 16년)의 선비족 모용외慕容廆가 망명부여를 쳐서
> 왕 의로依慮를 죽이고 만여 명을 잡아가자 의라依羅가 백랑산
> 白狼山을 넘어 서옥저西沃沮로 도피하게 되었다.

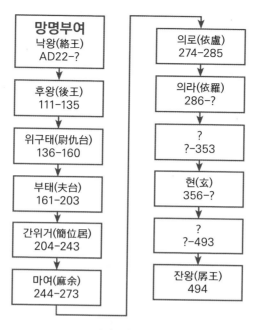

```
┌─────────────┐
│   망명부여    │────────────────┐
│   낙왕(絡王)  │                ▼
│   AD22-?    │        ┌─────────────┐
└─────────────┘        │  의로(依盧)   │
       │               │  274-285    │
       ▼               └─────────────┘
┌─────────────┐               │
│  후왕(後王)   │               ▼
│  111-135    │        ┌─────────────┐
└─────────────┘        │  의라(依羅)   │
       │               │  286-?      │
       ▼               └─────────────┘
┌─────────────┐               │
│ 위구태(尉仇台) │               ▼
│  136-160    │        ┌─────────────┐
└─────────────┘        │     ?       │
       │               │   ?-353     │
       ▼               └─────────────┘
┌─────────────┐               │
│  부태(夫台)   │               ▼
│  161-203    │        ┌─────────────┐
└─────────────┘        │   현(玄)     │
       │               │  356-?      │
       ▼               └─────────────┘
┌─────────────┐               │
│ 간위거(簡位居) │               ▼
│  204-243    │        ┌─────────────┐
└─────────────┘        │     ?       │
       │               │   ?-493     │
       ▼               └─────────────┘
┌─────────────┐               │
│  마여(麻余)   │               ▼
│  244-273    │        ┌─────────────┐
└─────────────┘        │  잔왕(孱王)   │
                       │   494       │
                       └─────────────┘
```

망명부여의 왕계

　　망명부여는 동부여가 고구려에게 멸망당한 후 연나부에 안치되었는
데 차츰 독립하여 후왕後王(111~135), 위구태尉仇台(136~160), 부태夫台
(161~203), 간위거簡位居(204~243)가 왕이 되었다. 간위거는 위나라의 관
구검이 고구려를 치러갈 때에 그들에게 군량미를 대주기도 하였다. 간위거
에게 적자가 없었는데 244년에 그가 죽자 제가들이 함께 서자인 마여麻余
(244~273)를 왕으로 모셨다. 273년에 마여가 죽자 여섯 살인 그의 아들 의
로依盧(273~285)를 왕으로 세웠던 것인데 이때 모용외에게 죽임을 당했다.

　　『삼국지』 동옥저조에 "한무제 원봉 2년(BC 109년) 조선朝鮮을 정벌하
여 위만의 손자 우거右渠를 죽이고 그 땅을 나누어 4군四郡을 만들었다.
이리하여 옥저성沃沮城으로 현도군을 삼았다. 그러나 이 현도군은 그 뒤
에 이맥夷貊(고구려)에게 침입 당하여 군을 구려의 서북쪽으로 옮겼으며

옥저沃沮는 도로 낙랑군樂浪郡에 소속 되었다. 한나라는 토지가 너무 넓다해서 단단대령單單大嶺(의무려산맥)의 동쪽을 쪼개서 동부도위東部都尉를 두어 영동嶺東에 있는 7현을 다스렸는데, 이때에 옥저도 역시 현이 되었다."고 한다. 이것은 한반도 북부 함흥지방에 있었던 동옥저가 아니라 의무려산에서 요하 사이에 존재했던 서옥저西沃沮를 말하는 것으로, 이곳은 본래 위만조선의 땅으로 현도군에 속했다가 나중에는 낙랑군에 속했음을 보여주고 있다.

백랑산의 원경

망명부여의 잔존세력이 이곳으로 이동해 피신했던 것이다. 『후한서』, 『요사지리지』, 『성경통지』 등을 보면 옥저는 연해주에 있던 북옥저, 함흥에 있던 동옥저, 요동반도 해성에 있던 남옥저, 요하서쪽에 있었던 서옥저 등 네 개의 옥저가 있었음을 알 수 있다. 그러나 현사학계에서는 모든 것을 오로지 함흥지역에 있는 동옥저로 고정시켜서 해석하려고 하고 있다.

　　286년 모용외가 요동을 쳐들어오자 부여의 왕 의라依羅가 서진
　　의 동이교위 하룡에게 구원을 요청하자 그가 군사를 보내 모용
　　외를 파하고 그 나라를 회복하였다.

이 당시 부여가 녹산鹿山에 거했다고 하는데 『중국고금지명대사전』에 백랑산白狼山은 열하의 능원凌原 서남의 포우도산布祐圖山으로 백록산白鹿山으로도 부른다고 하여 이들이 백랑산 부근에 있었음을 보여주고 있다. 이 당시 부여가 달아난 옥저는 서요하 부근에 자리 잡은 서옥저로 망명부여가 이곳으로 이동했다가 모용외에게 격파된 것이며 그들을 도와준 동이교위東夷校尉는 하북성의 노룡현盧龍縣에 자리잡고 있었던 것이다.

8) 백제왕의 요서지역에서의 전사
∙∙∙∙∙

> AD 298년(봉상왕 7년) 백제의 책계왕이 서진西晉의 공격을 받아 죽임을 당했다.
> AD 304년(미천왕 5년) 백제가 낙랑군의 서쪽 현들을 빼앗자 서진의 낙랑태수樂浪太守가 자객을 보내 분서왕을 죽였다.

백제의 구수왕이 죽자 비류계인 고이왕古爾王이 그의 아들인 사반왕을 밀어내고 왕위를 차지하였다. 그는 미추홀에 자리 잡은 해양세력이었던 비류계의 첫 번째 왕으로, 강화도에 수군기지를 건설하여 해양력을 강화한 후에 위의 관구검이 고구려를 치러나가자 그 틈을 타서 만리장성 부근의 요서遼西 지역을 공격해 차지하였다. 그의 아들인 책계왕責稽王과 손자인 분서왕汾西王들이 요서지역에 힘을 쏟다가 서진西晉의 낙랑태수 등의 세력들에게 죽임을 당하게 되었다. 그 틈을 노려 밀려나 있었던 온조계 구수왕의 둘째 아들인 비류왕이 왕위를 빼앗았다. 즉 비류가 미추홀인 인천에 자리 잡았던 해양국가였던 것과 같이 이들 비류계의 왕들 또한 수군을 거느리고 요서지역의 경영에 힘을 쏟았던 것으로 그들의 출발지가 요동이었기 회귀본능적인 동시에 고구려 양쪽에서 압박하고자 하는 속내도 있었을 것이다. 이것은 후일에 수나라 고구려를 치러갈 때에 요서백제가 그들을 도와준 기록이 나오기 때문이다.

9) 포로들의 평양이남 유치와 장무이전
• • • • •

> 미천왕 3년(302)에 현도군玄菟郡을 쳐서 포로 8천을 잡아 평양
> 平壤 이남지역에 두었다.

일제 시대에 황해도 사리원지역의 발굴된 고분에서 '대방태수帶方太守'라는 명문이 새겨진 벽돌이 발견됨으로서 일본의 식민사학자들은 황해도 지역에 대방군이 있었다고 주장하게 되었다. 그러나 문정창은 이 벽돌들의 것에 "조주부가 영을 내려 이 벽돌을 만들었다趙主簿令塼"는 부분에 주목을 하였다. 왜냐하면 미천왕 3년(302)에 현도군을 쳐서 포로 8천을 잡아 평양 이남지역에 두었다는 기록과 14년(313)에는 고구려가 낙랑군과 대방군을 치자 이들은 모용외에게 투항하였으며, 10월에는 낙랑군을 쳐서 2천 명을 잡았다는 기록들을 종합하여 보면 고구려가 평양 이남인 황해도 지역에 요동의 대방군, 낙랑군, 현도군 등에서 잡아온 포로들을 유치하였던 것을 알 수 있다. 그러면서 주부主簿란 고구려의 벼슬로 조주부라는 인물은 이 포로수용소의 소장이었던 것으로 보았다. 즉 장무이는 원래 대방대수를 지냈던 자로서 그가 죽자 조주부는 포로수용소 소장이 예후하여 장사 지내주고 그를 애도하여 이 벽돌을 만들게 하였던 것이다.

天生小人
供養君子
千人造塼
以葬父母
既好旦堅
典覺設文
使君帶方太守張撫夷塼

哀哉夫人
奄背百姓
子民憂戚
夙夜不寧
永則玄宮

痛割情
使君在戊
漁陽
張撫夷塼

張使君在戊漁陽
張撫夷塼

大歲戊在漁陽
張撫夷傳

大歲申在漁陽
張撫夷傳

張使君
張撫夷塼

趙主簿傳令塼
懃意不臥

태방태수 장무이전의 명문

10) 4세기 요동지역의 장악
• • • • •

> 미천왕 12년(311) 요동의 서안평西安平을 쳐서 빼앗았다.
> 미천왕 14년(313) 4월 고구려가 낙랑군樂浪郡과 대방군帶方郡
> 을 치자 요동의 장통과 낙랑의 왕준이 모용외에게 투항하자 장
> 통을 낙랑태수, 왕준을 참사관에 임명하였다.

요동지역은 280년에 진晉(265~316)이 중국을 통일하였으나 281년 이
후 요동지역은 모용씨慕容氏라는 새로운 선비鮮卑의 세력이 등장하였다.
그 후 서진이 혼란해지자 311년에는 서진의 사공인 왕준王浚(252~314)이
강해져 황태자를 세워 백관을 설치하고 스스로 상서령이 되어 연주자사,
청주자사를 설치하고 요동지방에는 처남인 최비崔毖(311~319)를 동이교위
평주자사에 임명하였다. 5호16국의 하나인 전조는 316년 서진을 멸망시
켰다. 이 당시 진의 세력이 미치지 못하였던 이곳에 자리 잡은 요동군, 현
도군, 낙랑군, 대방군 등은 진晉으로부터 독립한 왕준의 세력권 안에 들
어 있었던 것으로 AD 313년에 그가 모용외에게 투항함으로써 이들 또한
모용외의 판도로 들어가게 되었다. 그러므로 313년 이후에 고구려가 공격
한 낙랑군, 대방군, 현도성 등은 모용외가 차지하고 있었던 군현이다.

일제의 식민사학자들과 이병도는 AD 313년에 평양에 있었던 낙랑군이
멸망당했다고 한다. 그런데 군郡이란 행정단위로 나라처럼 멸망당하는 것
이 아니라 행정구역으로써 폐지되거나 개편되는 것인데도 마치 대단한 나
라인 것처럼 착각하고 있다. 더구나 한사군漢四郡이라는 명칭까지 붙여 BC
108~AD 313년 동안 존속했다고 대대적으로 선전하고 있다. 이 기간에 중
국은 전한, 신, 후한, 삼국시대(위, 공손씨), 서진, 5호16국시대(왕준, 모용씨,
전연) 등 많은 나라들이 바뀌고 있는데도 오로지 한漢의 4군이라고 부르고
있는 것이다. 그리고 현재 사학계는 낙랑국을 낙랑군으로 조작하고 있지만

『삼국사기三國史記』를 쓴 김부식은 낙랑국樂浪國, 대방국帶方國에 대해서는 국國, 왕王이라고 표기 하였고 중국의 군현인 낙랑군樂浪郡, 대방군帶方郡은 한漢, 위魏, 군郡, 태수太守, 현縣 등으로 표기해 그가 이것들이 서로 다른 것임을 명백하게 구분하고 있음을 알 수 있다. 그러므로 일제하 식민사학자들과 이병도가 도리어 이것을 무시하고 조작하고 있는 것이다.

> 미천왕 14년(313) 10월에 낙랑군을 쳐서 2천명을 잡았다.
> 미천왕 15년(314) 대방군을 쳤다.
> 미천왕 16년(315) 현도성玄菟城을 공파하였다.

낙랑군, 대방군은 예전의 것이 아니라 모용외에게 투항한 것들이며 현도성 또한 313년 당시 모용외에게 투항한 서진의 잔존세력인 장통張統이 낙랑군과 대방군을 가지고 있었던 것을 보면 그 이전에 이미 현도군을 상실한 것으로 이것은 현도군이 아니라 현도성이라는 그 세력이 위축된 하나의 조그마한 성城인 하나의 지점을 나타내고 있음을 알 수 있다.

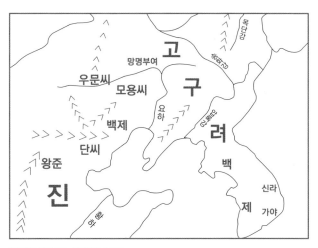

고구려 모용씨, 우문씨, 단씨

11) 서진말기 선비족 모용씨의 등장
·····

> 미천왕 20년(319) 왕준의 잔당인 동이교위 평주자사 최비崔毖
> 가 고구려, 우문, 단씨 등과 함께 모용외를 치려 모의했으나 패
> 하여 고구려로 달아났다. 모용외가 장통으로 고구려의 우하성
> 于河城을 쳐들어와 천여가를 잡아갔다.

정인보는 『조선사연구』에서 우하성을 토하성土河城로 비정하고 있는
데 그곳은 『독사방여기요』권 18, 직예에 보면 대녕위大寧衛의 남쪽에 있
다고 하였다. 토하란 현재의 노합하老哈河로써 필자는 서요하와 합해지는
지점인 개노開魯현으로 보고자 한다. 이 당시 고구려, 우문씨, 단씨, 최비
등이 연합전선을 펼쳐서 모용외를 포위 압박해 들어가고 있는 것이다.

> 미천왕 21년(320) 고구려가 요동을 치나 모용인에게 패하였다.
> 고국원왕 5년(335) 고구려가 신성新城을 축조하였다.

321년에 모용외가 평주자사가 되었으며 동진이 그에게 '평주목요동군'
에 봉했다. 333년에 모용외가 죽고 모용황이 서자, 모용인이 반기를 들어
요하 좌측의 땅을 차지하고 평주자사 요동군이라 칭하자 우문씨, 단씨 등
이 도와주었다. 모용황이 그를 쳐 양평에 이르자 신창, 거취 등이 항복하
였다. 모용인이 신창을 공격하자 모용황이 양평으로 옮겼다. 336년에 모
용인이 모용황에게 대패하여 사로잡히고 동수佟壽와 곽충이 고구려로 달
아났다.

그리고 후조後趙가 329년(미천왕 30년)에 전조를 멸망시켰고 337년(고
국원왕 7년)에 모용황이 전연前燕을 세우고 341년에 용성龍城에 궁을 지
었고 동진으로부터 연왕에 봉해졌다. 2003년 요녕성 조양시朝陽市 노성구

모용씨의 도읍인 용성 모형(조양박물관)

북대가 유적에서 전연, 후연, 북연의 삼연三燕시대에서부터 북위, 당, 요, 금, 원까지의 용성궁龍城宮의 성문터가 발견되었으며 북연北燕시대의 도용 등이 발굴되었다. 그리고 노성구유적에서는 남북 1,500m, 동서 1,000m 의 장방형유적 성벽과 토축, 성문 등이 발굴되었는데 높이가 6m, 두께가 5m 정도로 와당, 자기, 철제생산공구 등이 출토되었다. 이것은 조양이 용성이었음을 증명해주고 있는 것이다.

특히 조양에 속하는 북표시北票市 라마동촌喇嘛洞村에서는 400여기의 고분이 발굴되었는데 그 당시의 화려한 유물들이 출토되었으며, 조양시 동산촌東山村에서 동진시대의 선비묘가 발굴되었고, 조양현 유성진柳城鎭에서는 4세기 전반기 전연시대 벽화무덤인 원태자묘袁台子墓가 발굴되었다. 필자는 조양박물관에서 이렇게 발굴을 토대로 만든 모용씨가 세운 전연, 후연, 북연 등 삼연三燕 시대의 왕궁터의 모형을 만든 것과 유물들을 보았다. 이 당시 요동은 고구려를 비롯하여 왕준, 우문씨, 단씨, 모용씨 등 여러 세력들이 충돌하게 되는 각축장으로 매우 복잡한 양상을 띠게 된다. 특히 진晉으로부터 독립한 왕준의 잔당인 동이교위 평주자사 최비는 점점 커져가는 모용씨의 세력을 누르고자 여러 세력을 규합하였지만 고구려의 불참으로 무산되었다.

그 후 모용씨에서도 내분으로 인하여 그 이탈된 동수冬壽 등이 고구려로 달아난다. 특히 동수라는 인물은 현재 북한에서 발굴된 안악 3호분에 그려져 있는 주인공이 북한에서는 고국원왕으로 남한이나 일본에서는 동수로 보고 있다. 이 무덤은 가장 큰 대형행렬도가 그려져 있으며 그 행렬도의 앞에는 황제를 나타내는 '성상번聖上幡'이라는 깃발이 나부끼고 있다. 그리고 주인공의 머리에는 왕만이 사용하는 백라관白羅冠을 쓰고 있으며 주실의 정중앙에는 주인공과 부인이 평상 위에 앉아있다. 동수는 주실로 들어가는 입구의 벽면에 그려져 있는 것으로 보아 왕이 평상시에 매우 총애하였던 인물이었던 것으로 보인다. 이것은 안악3호분의 주인공이 고국원왕이며 그가 황해도 재령의 장수산성을 남진기지인 '한성漢城'으로 대대적으로 개발한 것과 무관하지 않다.

12) 5호 16국시기 전연과의 각축
· · · · ·

고국원왕 8년(338) 후조後趙가 300척으로 30만곡을 고구려에
보내 전연을 치고자 하였다.

AD 337년(고국원왕 7년)에 전연前燕이 세워지자 중원을 차지한 후조는 338년 전연을 쳤으나 패하자, 그 후방에 자리 잡은 고구려와 협공을 하기 위하여 군량미를 고구려에 조달하였던 것이다.

고국원왕 9년(339) 전연이 고구려의 신성新城을 치나 패하였다.
고국원왕 11년(341) 전연이 모용각을 평곽平郭에 두어 자주 고
구려를 치니 고구려가 쳐들어오지 않았다.
고국원왕 12년(342년) 2월에 환도성과 국내성을 수리하여 평양
에서 환도산성丸都山城으로 천도하였다.

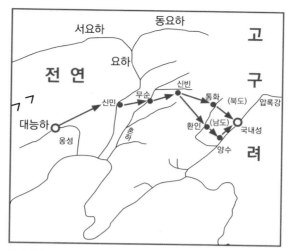

국내성의 남도와 북도

10월에 전연의 왕 모용황이 4만을 거느리고 남도로 쳐들어가고, 왕우는 만5천을 이끌고 북도北道로 고구려를 쳐들어갔다. 고국원왕은 아우에게 5만으로 북도를 막게 하고 자신은 약한 병사들을 이끌고 남도南道를 막았으나 대패하여 환도산성이 함락당하고 왕모와 왕후가 사로잡히고 5만 명이 끌려갔다.

고국원왕 13년(343) 전연에 사신을 보내 미천왕의 시신을 돌려받았으나 왕모는 볼모로 그대로 두었다. 고국원왕이 평양平壤의 동황성으로 천도하였다.

이 당시 국내성으로 들어오는 길목은 남로와 북로가 있었는데 북로北路는 현재 통화에서 집안으로 가는 길로 매우 평탄한 길이다. 이곳에는 3군데의 협곡을 막아 길목을 막았던 관마장성關馬場山城이라는 차단성이 남아있다. 남로南路는 환인을 거쳐 망파령을 지나는데 길이 매우 험하고 좁으며 망파령 차단성望波嶺 遮斷城이 설치되어 있었다. 전연이 북도로 쳐

서대묘의 가운데가 파헤쳐진 모습

들어 올 것을 대비하였으나 남도로 쳐들어옴으로 환도산성이 함락당하게
된 것이다. 이때 부왕인 미천왕의 능이 파헤쳐져 시신을 빼앗아가고 왕모,
왕후가 잡혀가게 됐다. 현재 집안의 서대묘西大墓라는 거대한 적석총은
파헤쳐진 채로 남아있어 이것을 증명해주고 있다.

> 고국원왕 15년(345) 전연이 남소성을 쳐서 빼앗았다.
> 고국원왕 19년(349) 전연에서 도망온 장수 송황을 돌려보냈다.
> 고국원왕 25년(355) 전연에 인질을 보내고 왕모를 모셔왔다.
> 고국원왕 28년(358) 전연이 고구려의 요동을 쳐들어왔다.

당시 352년 전연의 모용준이 황제를 칭하고 다음 해에 용성에서 계로,
357년에는 다시 업業으로 천도를 하였다. 이와 같이 전연의 모용씨는 요
동과 하북 지역의 패자로 370년(고국원왕 40년) 망하기까지 고구려와 요동
지역에서 각축전을 벌였다.

13) 우문씨와 망명부여의 멸망
•••••

> AD 344년(고국원왕 14년)에는 우문씨宇文氏가 전연을 공격하자
> 모용황이 2만기로 대파하여 그들을 멸망시켰는데 이들이 갈라
> 져 해奚,거란契丹이 되었다.

『자치통감』에는 이들이 요락수澆洛水에 거했다고 하는데 지금은 서요
하 상류의 시라무렌하西喇木倫河이다. 우문씨에서 나온 거란족이 후일에
요遼나라를 세워 발해를 멸망시키게 되는 것이다.

> AD 346년(고국원왕 16년) 처음에 부여가 녹산鹿山에 거했는데
> 백제의 공격을 받아 그 부락이 쇠하여 흩어져서 서쪽으로 옮아
> 가 전연의 부근에 아무 방비도 갖추지 못하고 있었다. 이때 전연
> 의 왕 모용황이 7천의 군사로 망명부여亡命扶餘를 쳐서 부여왕
> 현玄과 5만여 구를 잡아 돌아와 현을 진군장군에 봉하고 자기
> 의 딸과 결혼시켰다.

이 당시의 기록을 보면 이들이 북위시대에는 백녹산白鹿山으로 불리
던 호로도시 건창建昌현의 백랑산白狼山 부근에서 살았는데 백제百濟에게
깨져서 모용씨 부근으로 갔다가 이러한 변을 당한 것으로 되어있다. 여기
에 나타나는 백제는 고이왕이 고구려의 동천왕을 치기위해 위의 유주자사
관구검이 246년에 출전한 빈틈을 노려 수군으로 요서지역을 차지하여 설
치한 요서遼西, 진평군晉平郡의 백제 식민지를 말하는 것이다.

14) 고국원왕의 평양 재천도

• • • • •

고국원왕故國原王은 4년(334)에 평양성平壤城을 증축하여 고구려의 남쪽 중심지로 삼았다. 그는 12년(342) 8월에 환도성丸都城으로 재천도 하였으나 그해 11월 전연前燕의 모용황이 환도성을 함락시키자 다음해 다시 평양의 동황성東黃城으로 천도 하였다. 『신증동국여지승람新增東國輿地勝覽』 평양조에는 "목멱산은 평양부의 동쪽 4리에 있는데 그곳에는 동황성지가 남아있다. 일명 경성이라고도 하는데 전해 내려오는 말에 고구려 고국원왕이 모용황에게 환도성이 함락되자 이곳으로 옮겼다木覓山府東四里有黃城古址, 一名絅城世傳高句麗, 故國原王居丸都城爲慕容皝所敗, 移居于此"고 하였고 『문헌비고文獻備考』, 평양조에는 "동황성은 평양부 동쪽 4리의 목멱산에 있다東黃城在東四里木覓山"고 하여 고국원왕이 천도한 동황성이 현재의 평양平壤이었음을 명백히 해주고 있다.

그런데 민덕식閔德植은 고국원왕이 옮겨온 동황성東黃城을 청암동토성으로 비정하고 넓게는 평양성의 북성까지도 포함되는 것으로 보았다. 청암동토성淸岩洞土城은 둘레가 3,675m에 달하는 방대한 평지성으로 동서 약2,300m, 남북 약800m 정도의 반원형을 이루고 있다. 남벽은 대동강에 임하여 강물이 굽어지는 우측 절벽을 이루면서 모란봉까지 이어진다. 대성산과 사이에는 합장강이 흘러 비옥하고 넓은 평야가 전개 되어있으며 북쪽에는 동문지가 있는데 이곳에서 똑바로 대성산성 정문까지 도로가 나있다. 이 성안에서는 투각화염문透刻火焰文의 금동관金銅冠이 출토되어 그 중요성을 높여주고 있으며 또 성안에는 청암리사지淸岩里寺址가 있다.

이 절은 청암리토성의 중앙부에 위치한 광활한 평지에 있는데 그 중앙은 강안에 뻗쳐 넓은 대지를 이루고 뒤로는 구릉을 끼고 남으로는 대동강을 바라보는 가장 좋은 지점이다. 각종 초석들이 부근 인가에 산재하여 있어 왕궁지王宮址로 추정되기도 한다. 한편 평양성平壤城의 북성北城은 내성의 끝인 을밀대에서 최승대를 돌아 청류벽 마루를 타고 부벽루를 거쳐 동암

고구려 당시 청암리토성인 평양성의 내성(《해동지도(海東地圖)》 평양부
(平壤府), 서울대 규장각 소장)

문으로 올라와 내성벽에 연속되는데 둘레가 7,809m로 이 성안에는 392년
에 창건되었다는 영명사永明寺가 있고 동명왕의 궁인 구제궁과 동명왕이 기
린마를 길렀다는 기린굴, 동명왕이 승천하였다는 조천석 등이 있다.

15) 전연의 멸망과 전진에서의 불교전파
· · · · ·

> 고국원왕 40년(370) 전연이 멸망당할 당시 모용평이 고구려로
> 도망해 오나 그를 잡아 전진으로 보냈다.

　AD 369년(고국원왕 39년) 전진前秦이 전연의 낙양을 빼앗고, 다음해
에 전연의 도읍인 하북성의 업業을 함락시키자, 모용준이 요서 지방의 용
성으로 달아나다가 잡혀 죽음으로 전연前燕이 멸망하였다. 이로써 전진이
북중국의 통일을 이룩하게 되었다. 전연이 멸망하게 된 결정적인 원인은

포로가 된 후 전연에서 산기시랑이 된 망명부여亡名扶餘의 왕자 여울餘蔚이 부여, 고구려, 상당 등의 인질 5백여 명과 공모하여 업의 북문을 전진에게 열어 주었기 때문이다. 망명부여의 왕자 여울餘蔚은 346년에 망명부여가 전연에게 멸망당하면서 포로로 끌려간 현왕의 아들로 384년에 모용수(384~396)가 후연後燕을 세울 때에 영양태수로 정동장군 부여왕에 봉해졌으며, 모용보(396~398) 때에는 태부 부여왕에 봉하여졌다.

> 소수림왕 2년(372) 전진前秦의 왕 부견이 고구려에 사신과 순도
> 順道라는 승려를 보내 불교佛敎를 전해주었다.
> 소수림왕 5년(375)에 초문사肖門寺를 창설하여 순도를 두고, 이
> 불란사를 만들어 아도阿道를 두었다.

당시 고구려의 수도 국내성이었던 집안의 역전 부근에는 석주石柱 2개가 남아있는 이곳을 고구려 최초의 절터였던 초불란사로 추정하고 있다. 그리고 아도는 263년에 신라의 일선군에 들어가 모례의 집에 숨어서 불교를 전하였다고 하는데, 지금도 선산군에는 모례毛禮의 집과 이도화상이 머물렀던 도리사桃李寺가 남아있다.

16) 후연의 건국과 고구려와의 충돌
• • • • •

> 소수림왕 8년(378) 거란契丹이 고구려의 북변을 쳐들어와 8부
> 락을 함락하였다.
> 고국양왕 2년(385) 6월 왕이 4만으로 후연後燕의 요동을 쳐서
> 요동군, 현도군을 함락하고 1만구를 잡아서 돌아왔다. 11월 후
> 연이 모용농을 보내 쳐들어와 요동, 현도를 빼앗아 갔다.

모용수慕容垂는 383년에 전진이 비수대전淝水大戰에서 동진에게 패하자 반란을 일으켜 384년 정월에 후연後燕을 건국하였다. 하북성의 대부분을 점령하고, 385년에 전진前秦의 부비가 수도인 업을 버리자 업을 점령하여 하북을 평정하였다. 386년에 중산中山에 수도를 정하고 황제에 즉위하였다.

당시 후연의 모용수가 모용좌에게 명하여 용성龍城에 진주하게 하였다. 모용좌는 고구려의 군대가 요동을 습격하였다는 소문을 듣고 사마인 학경을 시켜 군사를 거느리고 가서 구원하게 하였으나, 고구려의 군대가 그들을 쳐서 이겨 요동과 현도를 함락시켜 남녀 1만 명을 사로잡아 돌아갔다. 겨울 11월에 후연의 모용농慕容農이 군사를 거느리고 고구려에 쳐들어가서, 요동·현도 2군을 다시 차지하게된 것이다. 처음에 유주幽州와 기주冀州의 유랑민들이 많이 투항하여 왔으므로, 모용농이 범양사람 방연龐淵을 요동태수로 삼아 이들을 불러 위무하게 하였다. 380년에 전진前秦이 평주를 용성, 유주는 계에 두었는데, 이 때 후연은 유주는 용성, 평주는 평곽平郭으로 옮겨서 설치하였던 것이다. 이것들은 고구려 쪽으로 전진 배치하였던 것이다.

5. 고구려와 대방국, 백제와의 관계

1) 대방국, 백제와의 관계
· · · · ·

대무신왕 20년(37) 왕이 낙랑국을 쳐서 멸망시켰다.
서천왕 17년(286)에 대방국帶方國을 치자 백제의 책계왕責稽王
이 도와주었다.
봉상왕 8년(300)에 대방국을 멸망시켰다.

『삼국사기』 신라본기 기림왕 3년(AD 300)에 낙랑국과 대방국 두 나라가 항복해왔다고 한 것을 보면 AD 37년 대무신왕에 의해 평양에 있었던 낙랑국이 완전히 멸망한 것이 아니라, 그 유민들이 그들의 예속 하에 있었던 황해도 지역의 대방국으로 피신해 잔존해 있었음을 알 수 있다. 대방국帶方國 또한 요서의 번조선이 중국에서 들어온 위만에게 멸망당하자 요동의 대방 지역에서 황해도 지역으로 피난해 세운 나라이다. 한반도 북부의 강력한 맹주였던 낙랑국에 예속되어 있다가, 그들이 멸망당하고 고구려가 압박해 오자 백제 고이왕과 결혼정책을 맺어 대방국 왕의 공주인 보과寶菓를 왕자인 책계에게 시집을 보내어 백제에게 의지하였던 것이다. 286년에 고구려가 대방국을 치자 사위인 백제의 책계왕이 도와줬다.

황해도黃海道 은률殷栗에 있는 운성리토성雲城里土城을 대방국의 왕성으로 추정하는데 이 토성은 외성과 내성으로 구성되어 있다. 외성의 둘레는 1km가 넘고 내성은 동서 100m, 남북 80m로 그 안에 큰 주춧돌이 줄지어 있는 건물터가 있다. 벽돌로 만든 우물이 있으며 주춧돌 사이에는 이미 파괴된 돌무더기와 기와가 흩어져 있으며 토성 밖에는 너비 8m, 깊이 1.4m의 해자가 확인 되었다. 이 성의 남쪽 야산에는 수십기에 이르는 고분군이 있으며 건물지建物址에서는 '천추만세千秋萬歲'라는 일개 군의 태수로는 감히 넘볼 수도 없고 중국의 황제만이 사용할 수 있는 '만세'명문의 기와가 나오고 있어 평양의 낙랑토성과 같이 최고 지배층이 거주했던 곳으로 추정한다. 그런데 이 고분들은 움무덤, 나무곽무덤, 귀틀무덤, 벽돌무덤, 독무덤, 기와무덤 등으로 이루어져있다. 그리고 황해도 재령군 부덕리에서 나온 세형동검에 쓰인 명문에는 '○○皇朝用'이라고 되어있어 제왕들이 사용한 물건임을 알 수 있는데 좁은놋창細形銅鉾과 좁은놋단검細形銅劍 등은 중국에는 전혀 없는 고조선계의 유물로 막조선이나 대방국帶方國의 왕이 사용했던 것으로 추정된다.

2) 2세기 후반 평양 지역의 고구려 유적

• • • • •

북한의 이순진은 평양平壤지방의 고구려 봉토분을 발굴하고 「낙랑樂浪구역 일대의 고구려 석실봉토분石室封土墳에 대하여」라는 논문을 발표하였다. 이글에 의하면 이들 봉토분의 축조 연대는 고구려의 평양 진출 시기를 밝힐 수 있는 중대한 것으로 3가지 유형으로 나누었다. 제1유형은 연도가 없는 단실묘單室墓로 낙랑동 29호분이 여기에 속하고 제2유형은 연도羨道와 현실이 있는 평천정平天井의 단실묘로 낙랑동 19호, 24호, 25호, 30호, 31호, 34호, 51호, 53호, 54호분이 여기에 속하며 제3유형은 연도와 현실이 있는 평행삼각형平行三角形 형태의 천정을 가진 단실묘로 정백동 101호, 낙랑동 36호, 남사리 37호분이 여기에 속한다.

이것을 시기적으로 보면 제1유형, 제2유형, 제3유형으로 차례로 발전해 왔는데 제일 이른 시기에 해당하는 제1유형의 낙랑동樂浪洞 29호분과 유사한 구조를 가진 평안남도 순천시順川市 남옥리南玉里 2호분은 횡혈식橫穴式의 기단식적석총基壇式積石塚의 구조상 많은 공통점을 가지고 있다. 이것은 적석총 직후의 초기初期 봉토분封土墳으로 여기에서는 내행화문장의자손경內行花文長宜子孫鏡, 회백색호灰白色壺, 흑회색호黑灰色壺 등이 출토되었는데 이것들은 평양平壤지방에서 AD 1세기경에 축조된 목곽분木槨墳에서 많이 출토된 것이므로 낙랑동 29호분, 남옥리 2호분은 대체로 AD 2세기 전 후반으로 추정된다.

그리고 제일 늦은 시기에 속하는 제3유형의 정백동貞柏洞 101호분은 현실 상면床面의 관대棺臺를 낙랑지역의 전축분에 사용한 벽돌과 형태, 재질, 색, 문양 등이 거의 같은 것을 깔았는데 이것으로 보아 이 고분이 전축분塼築墳과 같은 시기에 축조되었음을 알 수 있다. 특히 이 고분에서 출토된 금동제이식金銅制耳飾은 낙랑동樂浪洞 27호 전축분塼築墳에서 출토된 것과 크기와 형태가 흡사하여 이 사실을 증명해 주고 있다. 평양지역에는 전축분이 수백기가 있는데 그 축조시기가 AD 2세기 초에서 AD 3세기 중엽이므로 정백동 101호분의 축조 연대는 3세기 전반기, 낙랑동 36호분과 남사리南寺里 37호분은 AD 3세기 후반기로 추정된다. 결론적으로 말해서 평양시 낙랑구역의 고구려 석실봉토분은 그 축조 연대가 AD 2~3세기로 이 시기에 고구려가 평양平壤지역을 지배하였음을 알 수 있어 AD 313년까지 중국의 낙랑군樂浪郡이 이 지역에 버티고 있었다고 주장하고 있는 일제 식민사학植民史學의 아류인 이병도李丙燾를 위시한 남한의 강단사학계의 이론은 여지없이 무너지고 말았으며 민족사학자民族史學者들이 주장한 최씨 왕조의 낙랑국설樂浪國說이 옳았음을 알 수 있다.

3) 4세기 백제의 근초고왕과 고국원왕의 전사
• • • • •

고국원왕 13년(343년) 평양平壤의 동황성으로 천도하였다.

이것은 342년 고국원왕은 전연의 공격으로 환도산성이 폐허가 되자 안전한 평양지역으로 천도한 것이다.

고국원왕 39년(369) 왕이 보기 2만으로 치양에 주둔하자 백제
의 근초고왕이 치양雉壤을 쳐서 5천여 명을 죽였다.

고구려가 300년에 황해도지역의 대방국을 멸망함으로써 완충지대가 사라져 고구려와 백제가 최초로 충돌하게 된 것으로 치양은 황해도 배천白川이다.

고국원왕 40년(371년)에 왕이 백제 근초고왕(346~375)의 공격
을 받아 평양성平壤城에서 전사하였다.

'천주(天主)'의 명문기와(토지박물관 제공)

경희대학교 박물관에는 황해도 황주黃州에서 출토된 백제토기가 보관되어있어 이 당시 백제가 평양지역까지 진출한 것을 증명해주고 있다. 근초고왕은 백제가 가장 강성했던 한성백제 시대의 군주로 그 당시 백제는 삼국 중에서 제일 먼저 강국이 되었으며 백제의 영토는 일본과 중국의 요서지방, 양자강하구 등에 해외식민지를 경영하였던 해양강국海洋强國이었다.

필자는 근초고왕이 한강변에서 군사퍼레이드를 벌려 그 위세를 과시한 사실과 그때에 중국의 황제만이 사용했던 황색黃色 깃발을 사용한 것 그리고 그가 천도했던 한산성인 남한산성의 왕궁지에서 '천주天主'라는 명문기와가 나온 것을 보면 그 당시 근초고왕은 백제가 천하의 중심이라는 천하관을 가지고 있었음을 보여주고 있다. 더구나 남한산성의 백제시대 왕궁지에서는 어느 곳에서도 볼 수 없는 20kg이나 되는 거대한 기와를 올렸던 대형건물지가 나와 그 위용을 짐작하게 해주고 있으나, 발굴을 맡았던 토지박물관 심광주에 의해 신라 무기고로 왜곡되고 있다. 필자의 조사에 의하면 보통의 기와는 4kg 정도로 신라에서는 이러한 거대한 와당이 한 점도 나오지 않는다.

남한산성 백제왕궁의 기와(19kg)와 조선시대의 기와(4kg)(토지박물관 제공)

4) 남평양과 장수산성
•••••

　장수산성은 황해도 신원군에 있는데 북한에서는 고국원왕이 남진정책으로 건설한 남평양南平壤, 한성韓城으로 추정하고 있는 곳이다. 그들은 이곳에서 고국원왕이 근초고왕에게 죽임을 당했다고 보고 있다. 그 이성의 총 둘레는 10.5km이며 내성은 2.5km이다. 성안에는 건물지와 연못지가 있는데 이곳에서 나온 기와는 안학궁성의 것과 똑같다. 이성의 남쪽 평양지대에는 아양리토성이 있는 그곳에서도 건물지와 1000여기의 고분

장수산성의 원경(서일범 제공)

군이 있고 국내성+환도산성, 안학궁성+대성산성과 같이 '평지성+산성'의 도성체제를 가지고 있다.

5) 최대의 석실묘인 안악 3호분
· · · · ·

북한의 전주농은 안악 3호분이 규모가 가장 크고 벽화의 행렬도行列圖에 동원된 인원도 500여 명에 달하는 거대한 것이며 벽화의 주인공은 고구려에서 왕만이 쓰는 백라관白羅冠을 썼으며 기치에는 황제를 나타내는 성상번聖上幡을 사용하고 있는 것을 볼 때 이것이 왕릉임을 알 수 있어 이 무덤을 미천왕릉美川王陵으로 보고 있다. 그러나 남한의 김원룡은 이 것을 동수묘佟壽墓로 보았는데 그것은 묵서명墨書銘에 나타난 '영화永和 13년'이 동진東晉의 연호로 357년을 나타내고 있으며 평양지방의 낙랑군이 313년에 고구려에게 멸망당한 후에도 이곳에 남아있던 중국계의 세력에게 위임 통치되었다고 보았다. 이 무덤은 이러한 낙랑고토의 주민들에 의해 구축된 무덤으로 336년 전연前燕의 모용인 휘하에 있다가 고구려高句麗로 투항해온 동수의 무덤으로 보고 있다.

최근 북한의 박진욱은 4세기 초엽에 고구려의 남평양으로 건설된 장수산성長壽山城의 발굴로 인하여 이 고분의 주인공을 남평양南平壤 건설의 주역인 고국원왕故國原王으로 볼 수 있음을 강조하였다. 그리고 고분의 북측 장하독帳下督의 머리 위에서도 묵서를 발견하였는데 원래 20여 자가 있었을 것으로 보이는데 안安, 호好, 유遊 등의 3글자만을 확인 하였다. 이것은 남측 장하독인 동수佟壽의 묵서와 아울러 같이 쓰인 것으로 이 무덤의 주인공이 문지기인 동수묘가 아님을 확인시켜주고 있다.

왜냐하면 평양平壤지방에서 출토된 '영화 9년永和九年(353) 3월 10일 요동한현도태수영동리조'의 벽돌은 동수佟壽가 죽기 4년 전의 것인데 주인공인 동리佟利는 동수와 밀접한 관계를 가진 인물로 요동군遼東郡, 현도군과 관계있는 전연인으로 동수처럼 요동지방에서 고구려로 망명해 왔기 때문이다. 그런데 그의 무덤이 전축분塼築墳인 것을 보면 동수묘도 전축분이어야 하는데 안악 3호분은 고구려의 전형적인 석실봉토분石室封土墳으로 동리묘와는 전혀 달라 이 무덤이 동수묘가 될 수 없음을 알 수 있다.

그리고 한번 약탈당한 미천왕美川王의 시신을 수도의 곁에 묻지 않고 사이가 좋지 않은 백제百濟와 가까운 안악 땅에 내어다가 묻었다는 것은 이치에 맞지 않아 미천왕능으로도 볼 수 없다. 더구나 동수는 미천왕이 죽은 지 5년이 지난 후에야 고구려로 망명하여 미천왕과는 전혀 관계가 없고 도리어 고국원왕故國原王 6년 고구려로 망명해와 22년간을 지낸 후에 고국원왕 27년에 사망하였다. 그는 고국원왕 12년(342년)에 전연이 환도성이 함락하고 미천왕능이 파헤쳐 그 유체를 가져가자 전연前燕으로부터 그것을 돌려받는데 큰 역할을 하여 고국원왕의 총애를 받아 장하독帳下督이란 관직에 임명되었다. 고국원왕 전연을 쳐서 복수를 하여 점령할 경우 그를 낙랑, 현도, 창여, 대방의 4군의 장관에 임명하고자 약속하였다고 생각되는데 그가 죽은 후에도 그의 공로를 잊지 않고 자기의 분묘에 자기의 분묘에 생존 시 자기와 관계가 있던 장하독 동수佟壽를 남측에 묘사한 것이다.

또 그는 고국원왕은 국원왕國原王(『삼국유사』 왕력편), 국강상왕國岡上王(『삼국사기』 고구려본기)으로 불렸는데 충주忠州가 '국원성國原城'으로 불렸던 것을 참고로 한다면 그가 묻힌 '국원國原'은 집안이 아니라 안악安岳 지방이었음을 밝혔다. 왜냐하면 고구려의 수도였던 국내성, 평양과 함께 이곳만 11기의 벽화고분壁畫古墳이 있는데 그중에서도 안악 2호분(5세기 말)을 제외하고는 대부분 4세기에 편년이 되고 있어 그 당시 이곳이 고구려의 남평양이었던 장수산성과 연관이 있었던 것으로 볼 수 있다.

안악지방과 장수산성의 관계는 평양平壤과 강서지방과의 관계와 같은데 각각 90리의 거리에 있다. 왜냐하면 강서江西에는 강서3묘를 비롯하여 왕릉급의 벽화고분과 그 외에도 큰 규모의 벽화무덤이 여러 개 있는데 이

고구려왕의 대행렬도(안악 3호분) -필자 그림

와 같이 안악은 장수산의 후방으로 구월산성九月山城이 있어 군사적으로
안정되고 수륙교통이 편리한 곡창지대로 고인돌을 비롯해 원시 및 고대유
적이 있어 일찍부터 문화가 발달된 곳이기 때문이다. 손영종도 고구려가
247년에 평양平壤에 부수도副首都를 설치한 후에 4세기초엽에 장수산성
을 예성강 이북의 중심지로 건설하였는데 이 성의 아래에는 대도시 유적
이 발굴되어 이곳이 백제百濟가 371, 377년에 공격한 남평양南平壤으로
보았으며 그 전투에서 전사당한 고국원왕故國原王의 능이 바로 안악安岳
3호분임을 밝혔다.

　　허순산은 이 고분의 동쪽 능선 500m 지점에 있는 유실된 고구려 고분
古墳자리에서 금귀걸이 하나를 발견하였다. 이것은 고구려의 귀걸이로 굵
은 고리와 고리아래에 직접 입체형드림 장식을 가진 첫째형태, 얇은 금판을
접어 만든 기본고리 아래에 가는 고리를 연결하고 거기에 간단한 입체형 드
림 장식을 한 둘째형태, 기본고리 아래에 꽃바구니 장식을 꿰고 그 밑에 입
체적인 것과 평면적인 드림장식을 연결한 셋째 유형의 고구려의 3가지 유형
類型의 귀고리 중에서 형식과 수법이 둘째유형과 같지만 드림장식에서 가

운데 꽃바구니장식은 셋째유형과 같다. 고구려시기에 큰 왕릉급 무덤 근처에는 작은 무덤들이 많이 분포되어있는데 이러한 무덤들에 묻힌 자들은 큰 무덤(안악 3호분)의 주인공과 인연이 있는 것이었음을 알 수 있다.

필자筆者는 천추총에서 황제만이 쓸 수 있는 '천추만세千秋萬歲'라는 명문벽돌이 나오고 있고, 고국원왕이 '소열제昭列帝(『수서』 동이전), 쇠열제釗烈帝(『위서』 고구려전)' 등의 황제로 불리고 있는 것과 『태백일사』 고구려국 본기에서는 '대무신열제大武神烈帝'라고 표기 되어있고 〈광개토대왕비문〉에서도 주몽왕, 유리왕, 대무신왕 등을 차례로 거론하고 있는 것과 그 시호로 볼 때 초기의 정복왕이었던 대무신왕 때부터 열제烈帝라는 개념이 생겨났을 가능성이 있다고 본다. 특히 고구려 석실묘石室墓 중에서 가장 큰 안악 3호분의 규모는 황제라고 불렸던 고국원왕과 걸맞은 것이라고 생각하며 그가 남평양인 장수산성을 건설한 장본인으로 이곳에 묻힌 것을 당연하다고 본다.

6) 율령의 반포
•••••

소수림왕 3년(373) 율령을 반포하였다.

고구려의 소수림왕은 율령을 정하였는데 영令이란 국가의 통치 질서를 바로 잡기위한 행정行政에 대한 법규이고, 율律이란 사회적 질서를 바로잡기 위한 형벌刑罰에 관한 법규를 말한다. 이와 같이 율과 령을 제정함으로 백제의 공격으로 고국원왕이 전사당해 혼란해진 국가를 안정시켰다.

7) 고구려와 백제의 공방

· · · · ·

소수림왕 5년(375) 백제의 수곡성水谷城을 쳤다.

소수림왕 6년(376) 백제의 북쪽을 쳤다.

소수림왕 7년(377) 백제의 근구수왕(375~384)이 3만 명으로

평양성平壤城을 쳐들어왔으나 파했다.

고국양왕 3년(386) 남으로 백제를 쳤다.

고국양왕 6년(389년) 백제가 쳐들어왔다.

고국양왕 7년(390) 백제가 쳐들어와 도압성都押城을 파했다.

고구려는 빼앗긴 수곡성을 다시 되찾으려고 공격했고 백제는 평양성,
도압성을 공격해 들어왔으나 국력이 결집되어 있어서 잘 막아냈다.

3장

고구려는
어떻게 지배했는가

1. 중앙과 지방의 통치제도

1) 5부제와 제가평의회
• • • • •

초기 고구려의 통치 집단 내에는 계루부桂婁部, 순노부順奴部, 소노부消奴部, 절로부絶奴部, 관노부灌奴部 5부가 있었다. 이들 중에서 계루부 집단이 다른 세력들을 나부那部로 편제하고 통제하면서 국가로서의 면모를 갖추어 나갔다. '나那'란 계곡이나 하천유역의 마을들이 모여 형성한 여러 지역집단 내에 중심이 되는 마을의 규모가 점차 커져서 큰 촌락인 고을을 형성하게 된 것으로 벌판인 평야지대를 의미한다.

왕과 각 제가諸加는 사자使者, 조의, 선인先人 등의 가신家臣을 거느리고 다스리는 자치적 성격을 가지고 있었으므로 왕은 개별적인 나부 안의 일에 대해서는 통치권을 행사할 수 없었다. 그러므로 초기 고구려의 정치 형태는 전체적으로는 왕이 주도하는 형태이지만 각 나부의 대표인 제가들이 함께 국가의 중대사를 결정하는 '제가평의회諸加評議會'라는 귀족들의 공동 운영체제를 가지고 있었다. 이런 까닭으로 계루부의 우두머리였던 왕은 다른 나부들의 역학적 관계를 원활하게 조정하며 정치를 풀어나가는 것이 가장 중요한 일이었다. 이 같은 나부의 공동 통치체계는 대무신왕 때에 그 기초가 마련되었으며 태조왕 때에 이르러 완성되었다.

2) 중앙관료제도
• • • • •

고구려는 4세기에 들어서면서 점차 왕을 정점으로 한 일원적인 관등제가 구축되어갔다. 이들 관등명을 보면 형兄, 사자使者가 붙은 것이 많았는데, 형은 연장자라는 뜻으로 족장의 자리를 계승한다는 의미이며, 사자는 지방의 조세징수자를 의미한다. 이것은 점차 국가의 필요에 의해 세분화되었다. 현존하는 금석문 자료를 통해 7세기 관직의 체계를 대략적으로 파악할 수 있다. 최상위 관등인 대대로로부터 태대형, 주부, 태대사자, 위두대형, 대사자, 대형, 발위사자, 상위사자, 소형, 제형, 선인, 자위 등에 이르는 13관등이 있었던 것으로 보인다. 대대로大對盧는 귀족회의체 의장으로 국정을 총괄하였고 정원은 1명, 임기는 3년이었다. 태대형太大兄은 막리지莫離支라고도 하였는데 국정을 관장하며 특히 군사권을 장악하였던 것으로 보인다. 나머지 관등에 관해서는 잘 알 수 없지만 제5위의 위두대형位頭大兄 이상의 관등이 행정권, 인사권, 군사권을 독점한 것으로 보이며 귀족연합체의 구성원이었다.

3) 중앙통치제도의 변화
·····

안장왕 이후 고구려의 왕권은 귀족에 대한 통제력을 잃어갔고 귀족들이 정치운영의 주도권을 장악하면서 귀족 연립정권이 성립됐다. 따라서 최고 귀족들의 회의체인 귀족회의가 가장 중심적인 기구로 등장하여 국가의 중요한 일들을 논의하고 결정하였다. 즉 대대로를 선임하였고 때로는 왕위계승 문제까지도 관여했다. 대대로란 귀족회의의 의장으로 임기가 약 3년간이었으나 유력한 자는 임기에 구애받지 않아 대대로 자리를 놓고 귀족들 사이에 무력충돌이 일어나기도 하였다. 이를 통해 귀족들의 세력재편이 일어나기도 하였으나 왕은 전혀 개입하지 못했다. 그리고 막리지莫離支는 군사권을 장악할 수 있었던 만큼 막강한 권력을 휘둘렀다. 아울러 대대로, 태대형, 울절, 태대사자, 위두대형 등이 권력을 장악한 것으로 보이는데 이들 모두는 귀족회의체의 구성원들이었다. 그러나 연개소문이 들어서면서 그가 무단정치로 귀족 연립정권을 타파하게 되자 권력의 핵심부에서 소외되어가는 귀족들이 늘어나게 되었고 이들은 끊임없는 당의 공격 속에서 이탈되어 나가 멸망하는 요인으로 작용되었다.

4) 지방의 통치제도

．．．．．

지방통치조직은 6세기 이후에 새롭게 정비되었는데, 우선 도성체제는 평양성平壤城, 국내성國內城, 한성漢城의 3경이 있었으며 각각 그 아래에는 5부로 편제되어서 내평內評으로 불렸다. 5부에는 욕살을 두어 통치하게 하였으며 3경에는 주로 지배층들이 거주하였다. 지방은 5부五部로 나누어졌으며 외평外評으로 불렸고 고구려 멸망 당시에 약 176성이 있었다고 전해지고 있다. 이 성들이 지방행정의 가장 기본적인 단위였던 것으로 보인다. 3단계의 지방관 체계로 나누어졌음을 볼 때 최고의 지방관인 욕살褥薩은 지방 통치의 중심지인 대성大城에 파견되어 중앙의 명령을 받아 지방의 5부를 관장하였으며 하위의 행정단위에 전달하고 통솔하였다. 그 아래 중성中城에 있던 처려근지處閭近支는 여러 작은 성들을 거느렸다. 최하위의 지방관은 가라달과 누초였는데 가라달可邏達은 욕살과 처려근지의 직할지의 막료이며, 누초婁肖는 최하위 단위인 소성小城에 파견된 지방관이다. 즉 5부의 욕살은 처려근지가 다스리는 10성을 거느리고, 처려근지는 누초가 파견된 2~3개의 작은 성들을 다스렸던 것이다. 이러한 지방관은 행정뿐만 아니라 군사지휘관의 역할을 같이 겸했던 것이다.

2. 방어체제와 군사제도

1) 산성의 나라, 고구려

．．．．．

고구려는 산성의 나라이다. 그들의 산성은 지리적으로 요충지에 자리 잡고 있을 뿐만 아니라 적이 쳐들어오기 어렵고 적을 치기에는 쉬운 곳을 택하였다. 더구나 동, 서, 북 쪽이 절벽으로 되어있고 강을 앞에 두고있는 남쪽은 완만하게 낮아져 성안의 골짜기의 물들이 이곳으로 모여 강으로 흘러가는 고로봉식이라는 독특한 구조를 가지고 있다.

(1) 고구려 성벽의 축조방식

성의 성벽을 안과 밖을 모두 쌓아올린 것을 협축夾築이라고 하고 한 쪽은 돌이나 흙을 채운 것을 내탁이라고 한다. 성돌인 면석 바로 뒤에 오는 간타루석干打壘石이라는 앞을 뾰족하게 만든 돌들을 면석인 견치석犬齒石 뒤쪽 틈 사이에 맞물리게 하였는데 이것은 성돌이 빠져나가도 성이 무너지지 않게 하기 위한 것으로 오녀산성의 남문 옆의 성벽이 이것을 잘 나타

국내성의 퇴물림

이성산성의 견치돌과 간타루석

내주고 있다.

고구려의 성은 돌을 많이 썼는데 제일 아래에는 힘을 많이 받으므로 암반이 나올 때까지 판 다음 긴 장대석을 옆으로 깔았다. 그 위에 벽돌을 쌓듯이 면석을 6방향으로 서로 맞물리게 육합六合으로 쌓는데 10단 정도를 뒤로 약간씩 물려서 쌓은 후 그 위에 수직으로 성벽을 쌓는 '되물림' 기법을 사용하였다. 이것은 성벽이 누르는 하중을 견딜 수 있도록 하기 위한 것이다. 고구려의 백암성에 되물림이 가장 잘남아 있다.

(2) 산성의 구성요소

성에 마련된 시설물로는 성문, 옹성, 치, 여장, 각루, 암문, 수구, 장대, 해자, 각루, 봉수대, 우물, 연못 등이 있다. 성문城門은 성의 안팎을 연결하는 통로로 적당한 곳에 위치하며 문루를 설치하였으며 산줄기나 은폐된 곳에 비밀스러운 암문을 설치하여 적이 성을 포위하였을 경우 외부에 구원을 요청할 때에 사용하였다.

옹성甕城이란 적의 공격이 집중되는 성문에 설치되어 있는 것으로 성의 안쪽이나 밖에 설치하였는데 그 모양이 다양하다. 치雉란 성벽에 달라붙는 적을 효과적으로 퇴치하기 위해 성벽에 튀어나온 것이다. 그리고 치

장대석 위의 육합 쌓기(이성산성)

와 치 사이의 거리는 화살의 유효사거리로 설치되어 있다. 특히 치에는 모서리부분을 둥글게 하면서 되물림으로 쌓는데 이것을 '굽도리'라고 부른다. 고구려의 백암성의 치가 굽도리가 가장 잘 남아있다. 특히 성문에 좌우에 설치된 치는 적대敵臺라고 한다. 이러한 치는 고구려인들 발명품으로 고조선의 유적인 적봉의 삼좌점 석성三座店 石城으로부터 나타나고 있다. 필자가 답사하여 보니 석성으로 둥근 치들

백암성의 굽도리

이 여러 개가 배치되어 있어서 치가 가장 잘 남아있는 고구려의 백암성의 원형을 보는 듯하였다.

장대將臺는 성안의 전투를 지휘하는 것으로 큰 성에서는 여러 곳에 설치되는 경우가 있다. 각루角樓는 모서리에 설치된 것으로 특히 네모난 평지성에는 각모서리에 각루를 설치하여 전투의 보조 지휘처로 역할을 하였다. 성벽 위에는 여장女墻이 설치되어 있어 성에 접근하는 적을 사살할 때에 쓰는 방어시설로 장하의 성산산성에 잘 남아있다. 성안에는 풍부한 물을 확보하기 위하여 우물이나 연못들이 있다. 그리고 계곡의 물을 성 밖으로 뽑아내기 위해 물 빼기 구멍인 수구水口를 설치하였는데 동, 서, 북쪽이 절벽으로 감싸여 있는 고로봉식의 고구려 산성에서는 대부분 평탄지인 남문 부근에 있었다. 수구가 가장 잘 보존 되어있는 곳은 국내성 서벽의 수구로 통구하라는 강변에 있다. 해자垓子란 성 밖에 물구덩이를 만들어 적의 공격을 저지하였다. 그리고 외부와의 통신을 위하여 봉수대烽燧臺를 설치하였다. 봉烽이란 밤에는 불을 피워서, 수燧는 낮에 소나 말의 똥을 태워 연기로 연락하는 방법이다.

(3) 만주의 고구려 산성

만주지역은 고구려의 초기 수도였던 졸본지역인 환인의 오녀산성과 집안의 환도산성 등을 방어하기 위하여 무순의 고이산성(신성), 요양의 요동성, 등탑현의 백암성, 해성의 안시성, 집안의 패왕조산성, 통화의 자안산성 등이 있다. 그러나 평양으로 천도한 후에는 요하를 중심으로 한 요동성, 백암성, 안시성 등의 천리장성을 1차 저지선으로 하였다. 그리고 압록강과 청천강을 2차 저지선으로 하였는데 봉황산성에 총지휘부를 설치하였다. 당태종과의 전쟁시에도 연개소문이 이곳에서 전쟁을 총괄 지휘하였던 것이다. 그리고 수군의 공격을 방어하기 위하여 요동반도 남단에 대련에 비사성과 장하현에 석성을 두었고 압록강에는 호산산성, 구련성, 애하첨성 등을 두었다.

(4) 북한의 고구려산성

북한의 고구려산성은 그들의 수도였던 평양지역을 비롯하여 부수도였고 한성으로 불리던 장수산성을 비롯하여 이들을 북과 남쪽에서 쳐들어오는 적들을 방어하기 위해 쌓은 많은 산성들이 남아있다. 그중에 황룡산성, 태백산성, 수양산성 등이 유명한데 특히 태백산성은 예성강변에 자리잡고 있어 남쪽의 백제를 막는 가장 중요한 요충지 중에 하나이다. 그리고

백암성의 성벽과 치

고구려에서 최대의 곡창지대였던 연백평야를 지키던 수양산성 또한 매우 중요한 성이었다.

(5) 남한의 고구려산성

고구려의 광개토대왕의 백제정벌과 장수왕이 충청도 이북의 백제 땅을 차지함으로 남한 내에는 그 당시 충주지역에 설치된 국원성인 장미산성을 비롯하여 온달장군이 전사한 영월의 온달산성 그리고 임진강유역의 호로고루와 포천의 반월산성 및 한강유역의 아차산과 양주 불곡산 일대의 고구려 보루들은 고구려가 이 지역을 장악했음을 잘 드러내주고 있는 성곽들이다.

(6) 천리장성

고구려의 천리장성은 요하 동편의 기존 성곽을 연결한 것으로 신성新城(무순의 고이산성), 요양성遼東城(요양), 백암성白巖城(등탑현의 연주성), 안시성安市城(해성의 영성자산성), 건안성建安城(개현의 석성산성), 그리고 비사성卑奢城(대련의 대흑산성) 등으로 이어지는 방어성이 곧 천리장성이 되었다. 신형식은 천리장성을 처음에는 가장 북쪽 농안의 농안고성에서 영구營口의 건안성까지로 보았다. 원래 요하를 따라 회덕·이수·개원·심양·해성·영구 등 태자하 하구까지 하변로河邊路가 있었다. 이 통로는 곡식과 어염 등의 생활필수품을 교환하는 역할을 하였는데 이를 보호하는 성곽이 요충지에 설치되었던 것으로 보았다.

그러나 6세기 말 이후 수의 등장과 당의 팽창정책이 추진되면서 심양 북방보다는 그 이남지역이 중요한 의미가 있었으며, 발해와 서해로의 통로가 큰 비중을 차지하게 되면서 해안방어선이 중요성을 띄게 되었다. 그러므로 당 이후는 신성을 북방전진기지로 하여 건안성을 지나 비사성까지 요동반도 서쪽 해안성이 장성의 남방요충으로 주요한 역할을 하였으리라 여긴다.

(7) 차단성

차단성이란 적이 쳐들어오는 길목을 직접 막은 성이다. 고구려의 수도였던 국내성으로 들어오는 길목은 북도와 남도가 있다. 북도는 통화에서 집안으로 들어오는 평탄한 길로 이곳에 관마장차단성關馬墻遮斷城이 있는데 3군데의 골짜기를 막은 것이다. 길이 매우 험한 남로에는 망파령차단성望波嶺遮斷城이 남아있다. 그 외에도 집안부근의 압록강변에도 하안차단성이 남아있다. 필자가 답사해보니 관마장성은 지금도 통화에서 집안으로 가는 평탄한 차길이 나있으며 망파령 차단성은 매우 험한 산길을 막은 곳으로 현재는 댐을 막아 반정도는 물속에 잠겨 있었는데 갈수기로 전체 모습을 다 볼 수 있었다.

망파령 차단성

(8) 보루

보루堡壘를 만주지역에서 찾아보면 관마장성에서 앞 서북쪽 20m의 벼랑 위에 설치된 둘레 153m의 대천초소大川哨所가 있다. 소규모의 적군이 침공하면 자연지형을 이용해 저지하고 대규모의 적군이 오면 이를 저지하는 한편 관마장성에 신속히 연락하여 적을 섬멸할 시간을 벌 수 있는 것이다. 초소는 군사상 조망시설로 적정을 살펴 정보를 전하므로 봉화대와 유사하며 일반적으로 30~40리마다 설치되어 있는데 이것은 교통의 중요한 노선 부근의 높은 산정에 소형의 성보城堡를 석축한 것이 대부분이다. 각방향의 성은 30~50m 정도의 길이로 전체의 둘레는 크지 않으며 문은 대개 하나만 설치 되어있다.

규모가 작은 이러한 것들을 통칭하여 초소라 한다. 이들은 교통의 요로를 따라 분포하기도 하지만 혹은 중요한 대성의 주변에 일정한 거리를 두고 만들어진 것도 많다. 통화현의 남대성보, 태평구성보, 의목수성보, 영과포성보 등이 이러한 유형에 속한다. 또 요녕성 개현 서둔향 노동구촌 연통산에 위치한 연통보煙筒堡는 둘레가 500m 밖에 안 되는 작은 보루다. 청석령의 건안성으로 추정되는 고려성과 쌍대의 성자구산성을 연결해 주는 역할을 하는 동시에 만복에서 개현으로 가는 도로가 한눈에 조망되므로 이 길을 차단하려는 목적으로 구축된 것이다.

(9) 남한내 고구려 보루

고구려는 한강유역을 차지한 후 백제나 신라가 쳐들어 올 것을 대비하여 소규모의 병력을 이용해 효과적으로 적을 차단하기 위해 한강변 아차산峨嵯山과 용마산龍馬山에 많은 보루들을 구축하였다. 이와 더불어 양주군의 불곡산佛谷山을 중심으로 천보산天寶山, 도락산道樂山에 많은 보루를 구축하여 의정부 동두천간의 교통로와 의정부 적성간의 교통로를 차단하였다.

아차산의 홍련봉보루

(10) 목책

목책은 적이 넘어올 때에 공격하여 퇴치하는 것으로 서울의 몽촌토성에 복원되어 있다. 성 아래에 몇 단으로 설치했고 고구려의 토성에도 이러한 목책들이 사용되었다. 이것은 임진왜란 당시 3대 대첩 중에 하나인 행주대첩에서도 사용되었고 안시성 전투에서는 무너진 성벽 틈에 목책을 대어 막았다고 한다.

목책

2) 공성무기

· · · · ·

(1) 충차

충차衝車란 당차幢車, 동차棟車라고도 불리며 성문이나 성벽을 두드려 부수는 것이다. 통나무로 만든 장갑차 앞에 파쇄퇴와 같은 쇠몽둥이 혹은 큰 나무 기둥을 내밀어 장착하고 병사들은 이 안에서 차를 밀고 다가갔다. 화공을 방지하기 위해 겉에 소가죽을 대거나 물을 적시고, 안에 물탱크와 소화병을 따로 배치한다. 떨어지는 돌을 미끄러뜨리기 위해 지붕을 삼각형으로 만든다. 그러므로 수비 측에서 충차를 부수려면 상당한 시간이 걸린다. 그 사이에는 성벽에 심각한 상처를 입힌다. 충차가 파괴되기

시작하면 후퇴하고, 다시 다른 충차가 들어간다. 때로 충차에 유황과 인화물질을 실어 폭파시키는 작전도 사용했다.

(2) 포차

돌을 날리던 투석기는 포차砲車 또는 발석거라고도 불리며 공성전에서 주로 사용했다. 발석거發石車는 50kg의 돌을 70m까지 날려 보낼 수 있었다고 한다. 발석거는 쇠뇌를 개량한 것으로 성 밖에서 성벽을 부수거나 성안을 공격할 때 사용하던 것이다. 송나라 때 편찬한 병서에 의하면 가장 큰 투석기는 잡아당기는 사람, 지휘관을 포함해서 250명이 동원되었다. 이 포는 60kg 정도의 포탄을 75m 이상 날리는 힘을 가졌다. 그러나 기록에 보면 더 멀리 날아가는 포도 있다.

(3) 운제

삼국시대에서 자주 사용됐던 무기가 바로 운제雲梯이다. 사다리 끝에 갈고리를 달아 그 갈고리를 성벽에 걸고 고정시켜 병사들이 성벽을 타고 오를 수 있도록 만들어진 일종의 이동형 사다리인데 요동성을 공격할 때 쓰인 것은 무려 45m에 다다랐다고 한다. 이것은 후대에까지도 사용되고 있음을 알 수 있다.

운제

(4) 비루와 팔륜누거

비루飛樓란 하늘 높이 솟은 누각과 같고 원두막 같은 통나무집이다. 지붕에는 소가죽을 씌워 화살이나 창이 뚫지 못하게 하고 그 속에 숨어서 성격을 공격하는 무기이다. 특히 수나라 군이 요동성을 공격할 때 이동식 고가사다리차인 팔륜누거八輪樓車를 사용했다는 기록이 있다. 중국 병서에 공성탑은 크고 무겁기 때문에 8개의 바퀴를 달아야 한다고 해서 팔륜누거라고 표현된다. 삼면에 판자로 장갑을 두르고 화공을 대비해 소가죽을 댄다. 뒤쪽의 사다리를 통해 맨 위층으로 올라가 널판을 건너 성벽 안으로 뛰어든다. 안에 여러 층이 있어 성벽을 부수는 공성퇴를 장치하거나 궁수를 배치하여 공격군을 엄호할 수 있다. 이것은 병사들이 직접 밀고 갈 수도 있지만 그렇게 하면 적의 공격에 희생이 커지고, 경사길에서는 너무 많은 힘을 요구하므로 도르래와 밧줄을 이용하여 뒤에서 잡아당기면서 바퀴를 굴려 앞으로 전진시키는 법도 있다.

(5) 지도, 어량대도와 토산

지도地道란 땅굴을 파는 기계로 사면을 철갑으로 두른 다음 성벽에 접근시켜 그 안에서 두더지처럼 성벽 밑을 파서 허물어뜨리는 기계이다. 수양제가 요동성을 칠 때 썼으나 실패했다. 두차頭車라는 것은 밑에 땅굴을 파는 공성 수레로, 맨 앞의 방패처럼 생긴 수레에서 적의 화살 공격을 막으며 성벽 근처로 접근한 후, 가운데 수레에서 굴을 파면서 흙을 바구니에 담으면, 맨 뒤의 수레 안에 있는 손잡이를 돌려 바구니에 담긴 흙을 처리했다.

어량대도魚梁大道란 수양제가 요동성을 칠 때 성 밖에 포대 100만 개 정도를 만들어 흙을 담아 쌓아서 성처럼 축조하여 그 폭이 30보요 높이는 성처럼 높아 군사들로 하여금 그 위에 올라가 공격하게 만들었다. 토산土山이란 당 태종이 안시성을 칠 때 성 밖에 군사 50여만 명을 동원해 60일에 만든 토산은 안시성의 동남쪽 성벽보다 두어 길 높아 성안을 한눈에 내려다 볼 수가 있었다고 한다.

3) 군사조직과 전술
• • • • •

(1) 군사조직

　고구려에서 가장 많이 동원할 수 있었던 인원은 30만 명 정도였다. 15세 이상이 되는 남자는 조세와 부역 및 국방의 의무를 지녀야 했다. 고구려는 4세기 중반에는 만주뿐만 아니라 요동반도와 한반도의 서북부를 완전히 점령하고 있었는데 이 넓은 영토를 지키기 위해서는 많은 성들이 존재해야 했다. 『구당서』에는 고구려에 176개의 성이 있었다고 한다. 고구려의 성은 지방행정의 중심지인 평지성과 순수하게 영토를 방위하기 위해 만든 산성이 있다.

　성을 맡은 사람을 성주城主 또는 성간이라 하였고 큰 성을 맡은 사람은 욕살 또는 태수라고 하였다. 전국 170여 개의 성을 5부五部의 욕살褥薩 들이 60여 개씩 맡아서 다스렸으며 대성의 아래에는 2~3개의 작은 성을 두었다. 큰 성에는 처려근지가 작은 성小城에는 가라달이 있었다. 처려근지 아래에는 장사와 성사가 있었다. 이러한 처려근지와 가라달의 휘하에는 말객이라 무관이 있어 1천여 명의 병력을 지휘하였다. 성은 자료에 따라 200명 또는 800명 등 다양한데 『삼국사기』의 요동성의 함락기사에서는 죽은 자가 1만 명이고 포로된 자가 1만 명 일반남녀가 4만 명이고 약탈당한 곡식이 50만석이 되었다고 하여 지방의 행정중심지였던 평지성은 인원이 매우 많았다.

　예를 들면 당태종 100만 대군으로 고구려를 쳐들어왔을 때에 안시성을 우회하여 나가서 치고자했던 오골성烏骨城의 성주는 추정국 고연수였다. 현재의 단동시 봉성현에 있는 봉황산성鳳凰山城이다. 이곳은 남쪽만 빼놓고 동, 북, 서쪽은 모두 험준한 산으로 둘러싸여 있는 천연의 요새로 평면은 전체적으로 타원형이고 둘레가 15,995m로 한양도성(18.6km)만큼의 큰 도시가 들어설 수 있는 최대의 고구려산성이었다. 그러하기에 연개소문이 이곳에 와서 보급 및 군사의 파견 등 전쟁을 총지휘를 하여 안시성 전투를 승리로 이끌 수 있었던 것이다.

(2) 군사적 전술과 전략

① 원거리 기동 습격전술

고구려 군사는 침공해오는 적을 방어하기만 하는 것이 아니라 적의 본거지를 직접 치는 원거리 기동습격전도 감행하였는데 그 예로 AD 49년에 고구려 군대가 만리장성 일대인 우북평, 어양, 상곡을 지나 수도였던 낙양으로 들어가는 중요한 요충지였던 태원太原까지 치고 들어간 것이다. 이것은 고구려의 기병이 징기스칸과 같이 수천 리를 빠르게 달려갔음을 보여주는 것이다. 특히 광개토대왕의 선비, 거란족과 백제, 가야, 왜 등을 친 것도 이러한 기동력을 바탕으로 한 것이다.

② 기만전술

대무신왕 11년(28년)에 의 요동태수가 고구려의 수도인 위나암성을 쳐들어와 포위되었을 때 좌보인 을두지가 적이 산악지대인 성안에 물이 없을 것이라고 생각하여 우리가 곤궁에 빠지기를 기다리니, 적을 물리치기 위해서는 못에 있는 잉어를 잡아 물풀로 싸서 좋은 술을 같이 적에게 보내니 성안에 물과 쌀이 풍부한 것으로 생각하여 포위를 풀고 돌아갔다.

③ 첩보전술

유리왕 11년(BC 9년) 서북쪽에서 자주 침입하는 선비를 정벌하려 하자 부분노가 나서서 사람을 시켜 선비 땅에 첩보로 들어가 거짓말로 정보를 흘려주었다. 우리나라는 지역이 좁고 군사가 약하므로 겁이 나서 움직이지 못한다고 하면 우리를 만만히 여기어 수비를 하지 않을 것이니 제가 나서서 그 틈을 타서 날랜 군사를 거느리고 지름길로 들어가 산림 속에 숨어서 성을 노리고 있다가 왕이 약간의 군사를 시켜 적의 성 남쪽을 쳐들어가면 그들이 성을 비우고 멀리 쫓아 나올 것이니, 이때 그들을 양쪽에서 공격하면 이길 수 있다고 하였다. 이와 같이 속임수를 써서 선비를 정복하여 속국으로 만들었다.

④ 청야 농성 전술

청야농성淸野籠城이란 들에 불을 질러서 말이 먹을 마초馬草를 태워버리고 먹을 것을 가지고 성으로 들어가서 버티는 것이다. 을지문덕은 유인전술과 청야 농성 전술을 능숙하게 배합함으로써 수나라 300만 대군을 격멸하였다. 이것은 적은 힘으로 큰 적을 쳐야했던 고구려가 만들어낸 독창적인 전술로 세계 병법상 중요한 자리를 차지한다. 172년 후한이 대군으로 쳐들어오자 국상인 명림답부는 곡식 한알 없이 들판을 비워놓고 성으로 들어가 그들이 피곤해질 때까지 기다리면 열흘 내 한 달이 넘지 않아 굶주리고 피곤하여 돌아갔다. 이때 기병을 몰아 뒤쫓아가 몰아치니 적들은 한필의 말도 돌아가지 못하였다.

⑤ 유인 교란 전술

적을 깊숙이 끌어들여서 전선을 흐트러지게 만드는 동시에 적의 보급로補給路가 멀어지도록 한 후 보급로를 차단하는 동시에 앞뒤에서 공격하여 적을 교란 시키는 전술로 산성이 많은 고구려는 이러한 작전을 잘 구사하였기 때문에 당태종이 친정을 감행하려 할 때 여러 대신들이 이러한 점을 들어서 친정을 반대하였던 것을 볼 수가 있다. 그래서 보급로를 단축시키기 위해서 산동반도에서 요동반도로 상륙하여 그 쪽을 통해서 요동지역의 당태종에게 식량과 군수품을 조달하고자 하였던 것이다.

4) 무장과 무기

• • • • •

(1) 갑옷

고구려 갑옷에는 가죽갑옷과 철갑옷이 있는데 철갑옷에는 징을 박아서 고정한 갑옷보다 찰갑이라는 패쪽을 엮어서 만든 갑옷이 많은 것이 특징이다. 그리고 길이가 짧은 갑옷과 긴 갑옷이 있는데, 짧은 갑옷인 단갑短甲은 목도리나 팔 가리개가 없이 윗몸만 보호하기 위한 것으로 보병들이 착용하는데 이것은 전투시 몸을 자유롭게 움직이기 위해서 경무장을 해야 하기 때문이다. 그러나 긴 갑옷은 기병들이 사용하던 것으로 다소 무거워도 큰 지장이 없으므로 손목까지 오는 갑옷과 발목까지 내

투구, 갑옷, 칼(마조총)

려가는 갑옷 그리고 목을 두르는 목가리개로 이루어졌으며, 말을 탄 상태에서도 자유롭게 움직일 수 있도록 쇠나 뼈를 여러 개 꿰어서 만든 찰갑札甲을 사용하고 있다.

(2) 투구

방어무기 중에서 갑옷과 더불어 중요한 것은 투구로 이것 또한 찰갑을 엮어서 만든 것으로 형태로 보면 둥글면서 귀덮개가 달린 것, 앞은 모가 나고 뿔이 달려 있는 것, 앞에 채양이 달려 있는 것 등으로 나뉜다. 윗부분에는 쇠꼬챙이를 세우고 그 위에 철로 만든 둥근 잔과 같은 것을 얹고 그곳에 털을 달아 드리운 것, 쇠꼬챙이에 그냥 털을 달은 것, 따로 장치를 하지 않고 꼭지에 깃을 서너 개 꽂은 것, 깃을 꽂고 양쪽에 뿔을 세워 위엄을 갖춘 것 등으로 신분의 등급을 나타내고 있다.

(3) 칼

지금까지 알려진 고구려의 칼은 그 길이가 1m 내외의 것이다. 한쪽만 날이 있는 외날칼로 칼몸이 뒤로 휜 것이 많다. 이것은 양날이 있어 찌르기 위한 검이 아니라 주로 베는데 사용된 것임을 알 수 있다. 그리고 30cm 정도의 짧은 칼도 있었다. 칼자루의 뒤끝에는 둥근 고리가 있는 환두대도로 이 고리 안에 아무 것도 없는 소환두대도, 고리 안에 세 개의 잎이 있는 세잎고리 환두대도가 있다. 백제나 신라, 가야 등에서 출토된 환두대도에는 용이나 봉황이 있는 용봉환두대도, 쌍봉환두대도 등이 있는데 이것은 신분의 차이를 나타내는 것으로 보인다. 이러한 고리는 긴 천을 매어서 손목에 감아 실수하여 칼을 놓였을 때 칼을 땅에 떨어지지 않도록 하며 그리고 치레용으로 되면서 그 형태가 다양하게 되었다.

(4) 활

주몽朱蒙이란 활을 잘 쏘는 사람을 가리키는 것이다. 고구려인들은 활을 잘 쏘기로 유명하여 그들이 사용하던 활은 맥궁貊弓 또는 곡궁이라고 짧은 활로 말위에서 사용할 수 있어서 사냥을 하거나 전투를 할 때에 가장 많이 사용하였다. 활은 평상시에는 활줄을 풀어 놓는데 동그랗게 말리게

활과 창으로 무장한 고구려 군대(무용총)

된다. 활을 쏠 때는 동그란 면을 반대로 굽혀 활줄을 매면 가운데가 들어가게 되어 탄력성이 매우 높아지게 된다. 그래서 곡궁曲弓이라 불리게 되었는데 이 활은 중국이나 일본의 가운데가 들어가지 않은 평면적인 활에 비해 매우 멀리 화살이 날아갈 수 있게 되어 이웃 나라에 공포의 대상이 되었다.

그래서 중국에서는 우리민족을 고대에 동이東夷라고 불렀는데 '夷'란 '大'와 '弓'을 합한 글자로 활을 잘 쏘았기에 붙여진 것이다. 그들은 화살대를 가벼운 싸리나무를 썼으며 화살은 청석으로 썼는데 쇠보다도 더 날카로웠다고 한다. 이것은 발굴결과 흑요석으로 수술용 칼보다도 더 날카로운 것이 증명되었고 그 산지가 백두산 부근임이 밝혀졌다.

(5) 화살

화살의 종류에는 도끼날형, 부채형, 부정형의 능형, 앞이 삼각형이고 뿌리 쪽이 좁아진 형등의 넓적 화살과 외날칼형, 좁은 끌형, 송곳형 등의 뾰족 화살로 나누어지며 두 가닥화살과 세 가닥화살도 있다. 이중에서도 도끼날형은 상처를 크게 주기 위한 것이다. 이것은 방어력이 약한 적에게 쏜 것이며 방어무장이 견고한 적에게는 관통력이 큰 뾰족 화살을 사용하였다. 그리고 명적鳴鏑이라는 소리화살을 사용하였는데 이것은 전투 시에 신호용이나 짐승의 가죽을 상하지 않고 실신시키는데 사용한 것이었다. 화살의 뒷부분에는 깃털을 달아 비행방향을 고정시키는 역할을 하게 하였다. 화살대의 길이는 대부분 80~90cm정도였을 것으로 보인다.

(6) 쇠뇌

활은 고구려인들이 가장 많이 사용하였던 무기로 맥궁貊弓 이외에도 노弩라고 불리던 활이 있는데 이것은 현대의 석궁과 같이 방아쇠가 달린 활로 신라시대에 1,000보나 나갔던 천보노千步弩는 큰 활과 같은 기계에 날카롭고 긴 창으로 화살을 삼아서 쏘는 쇠뇌의 일종이며 방아쇠를 당길 때는 소가 끌었다고 한다. 조선시대에 들어와 임진왜란 3대첩의 하나인 행주대첩에서도 비격진천뢰 등과 함께 쇠뇌를 사용했다는 기록이 전한다.

(7) 창

창에는 창, 모, 삭, 정 등으로 여러 가지로 구별되는데 출토된 유물을 보면 창끝이 마름모꼴로 날이 두껍고 넓다. 그리고 창 아래에 갈고리가 붙어있는 것과 삼각형으로 찌르기에 편리하게 되어있는 것이 있다.

창과 같이 생긴 것에 가시가 돋친 형태의 것도 있는데 이것은 기병의 갑옷을 걸어 말에서 끌어 내릴 때 사용한 것으로 보인다. 그리고 여러 명이 한꺼번에 들었던 장창도 있다. 장창長槍부대는 밀집형태를 이루어 달려드는 기병을 향해 겨누어 기병을 퇴치할 때 유용하며 신라가 당을 물리친 매초성전투에서 이것이 큰 역할을 하였다.

도끼부대(안악 3호분)

(8) 도끼

고구려의 벽화를 보면 '부월수斧鉞手'라 하여 도끼를 두 손으로 들거나 어깨에 멘 군사의 대열을 볼 수 있다. 도끼는 초기에는 끝이 직각으로 굽어진 자루를 도끼 위로 끼우게 되어있는 주머니 도끼였으나 후에는 곧은 자루를 옆으로 끼우게 되어있는 도끼가 된다. 이러한 도끼 부대는 고리창으로 기병을 말에서 끌어내린 적을 죽일 때 사용된 것이다.

(9) 낫

성안에서 낫이 자주 출토되는 것으로 보아 이것은 곡식을 베던 낫이 아니라 공격하는 적의 목을 칠 때 사용하던 낫이다. 농사할 때 쓰던 낫에 비해 훨씬 큰데, 부소산성에서는 길이가 50cm를 넘는 대형 낫이 출토되기도 하였다.

5) 마구와 철갑기마병
. . . . .

(1) 말과 마구

고구려인들은 목축과 사냥을 하였기 때문에 말타기와 활쏘기가 매우 중요한 생활이었다. 방목하는 가축들을 맹수들로부터 보호하고 식량을 구하기 위해 산과 들의 짐승들을 사냥해야 했으며 주변의 국가들을 정복하고 나아가 중국이나 백제, 신라와의 전쟁에서 이기기 위해서도 강한 상무적 기풍을 필요로 하였다. 그래서 각 지방에 설치한 경당에서 청소년들에게 무술을 연마하도록 했다.

(2) 말재갈과 안장

말을 탄 사람을 안정적이고 편안하게 하는 동시에 말의 등허리를 보호하기 위하여 안장鞍裝이 고안되었으며 어릴 적에 야생에 놓아먹이던 말들을 잡아 사람이 자기의 의지대로 말을 부리기 위하여 입에 재갈鑣을 물렸으며 그것은 고삐와 연결되어 있었다. 중국의 말재갈이 3편으로 구성되어 있는데 비하여 우리나라의 것은 4조각으로 구성되어 있는 것이 특징이다.

(3) 등자

등자鐙子는 안장과 더불어 행군 시 말에 탄 무사들의 안정을 보장하며
말이 달릴 때나 적과의 격렬한 전투 시에도 중무장한 무사들의 힘과 육
중한 무게를 지탱하기 위해 쇠로 만들어졌다. 특히 말 위에서 고삐를 놓은
상태에서 안정적으로 활시위를 당길 수 있도록 버티어 주는 역할을 하여
전투력을 더욱 향상 시켜준다. 이러한 등자는 4세기의 고구려 고분들에서
보편적으로 나타나며 그보다 앞선 압록강 지류의 독로강 유역의 고구려
초기무덤에서도 쇠로 만든 등자가 여러 점 출토되고 있다. 동아시아 세계
에서 가장 오래된 것으로 중국의 요동지역에 자리 잡고 있었던 선비족의
전연에서 나온 등자와 그 시기를 같이 하고 있다.

등자

(4) 말 갑옷과 말얼굴가리개

기병이 전투 시에 가장 취약한 것이 말이었던 점을 감안하여 말의 얼
굴뿐만 아니라 다리를 뺀 몸 전체를 철편이나 가죽으로 중무장한 기병이
고구려에 등장하게 되는데 이것을 '개마무사鎧馬武士'라고 부른다. 이들
은 이웃나라에 공포의 대상으로 떠오르게 되는 철갑부대로 전투 시 가장
앞에서 적들의 가운데를 돌격해 들어갔던 것이다.

(5) 쇠못신발

말갑옷과 말얼굴가리개를 한 개마무사(삼실총)

　쇠못이 박힌 신발은 백제나 신라의 고분에 등장하고 있는데 그 모양이 너무 크고 금을 입힌 것으로 죽은 자를 위하여 제작된 것임을 짐작할 수 있다. 그런데 고구려의 고분벽화에서는 말에 탄 병사가 밑에서 달려드는 보병을 향하여 발길질을 하는데 쇠못이 박힌 신발로 그를 공격하고 있어 이 신발은 실제 전투에서 사용된 것이었음을 알 수 있다.

　철갑 기마병鐵甲 騎馬兵은 고구려의 고분벽화의 묘사처럼 고구려군의 최정예부대로 개마무사로 불리며 『삼국사기』에서는 철기鐵騎라고 표현되어있다. 이들은 사람뿐만 아니라 말의 얼굴, 몸통 등에도 갑옷을 두르고 있다. 이들은 군사의 편제에서 가운데 위치하여 중군인 최정예 부대로 적과 대치할 때 적진 속으로 제일 먼저 뛰어 들어가는 돌격부대다. 좌충우돌 하면서 적진의 전열을 흩뜨려 놓아 혼란스럽게 만드는 사이에 전군이 쳐들어가 적을 섬멸시키는 중요한 군사조직으로 현대전으로 보면 탱크부대와 같은 것이다.

(6) 마름쇠

성으로 접근하는 기병이나 보병을 막기 위한 것으로 뾰족한 쇠침이 위로 향하게 만들어 성벽 앞으로 뿌렸으며 현대전으로 보면 지뢰地雷와 같은 역할을 한 것이다. 이 쇠는 정사면체형으로 되어있어 어느 방향으로 던져도 뾰족한 것이 위로 향하게 되어있다.

마름쇠

6) 고구려의 무술

• • • • •

(1) 씨름

씨름은 고대나 현대에도 한국인들에게 힘겨루기로 최고의 무술이다. 이러한 형태는 몽고나 일본에도 남아있는데 일본의 씨름은 우리나라에서 건너간 것이며 일본의 국기인 유도 또한 우리나라에서 전해진 씨름에서 파생된 것이다. 이와 같이 씨름은 오랜 전통을 가진 것으로 씨름도 그려진 모습은 실크로드 쪽에서 들어온 서역인들의 모습을 보이고 있다.

씨름(각저총)

(2) 수박

수박手搏이란 우리나라의 국기인 태권도의 원형으로 조선시대에는 '택견'이라고 불렸으며 정조 때에 발간된 『무예도보통지』에 잘 나타나고 있다. 중국의 전통 무술 쿵푸가 달마대사의 소림사를 중심으로 남북조 시대에 생긴 것에 비해 매우 전통이 오래되었음을 알 수 있다. 일본의 가라데唐手 또한 우리나라에서 건너간 것으로 '가라'란 중국의 당나라가 아니라 '가야伽倻'를 뜻하는 말로 가야인들이 전해 준 무술이다.

수박(무용총)

(3) 마상 활쏘기 대회

고구려는 말 타기와 활쏘기를 매우 중요시 여겨 활쏘기를 통해서 최고의 인재들을 선발하였는데 올바른 자세, 맑은 정신, 뛰어난 체력, 사냥감을 놓치지 않는 순발력과 판단력 등을 고루 갖추고 있는지가 선발의 기준이었다. 덕흥리 벽화고분에는 고구려 귀족이 자신의 집 뜰에서 사람들과 함께 활쏘기 경기를 하는 모습이 그려져 있다. 5개의 과녁을 놓고 말을 타면서 연속해서 맞추는 경기로, 과녁에 몇 개의 화살을 맞혔는가 기록하는 사람과 활에 맞아 떨어진 과녁 등이 그려져 있다.

이러한 활쏘기를 통해 발탁된 인물 중에 하나가 바로 온달장군이다. 그는 홀어머니를 모시고 가난하게 살고 있었는데 평강공주가 그 아비의

활쏘기 대회(덕흥리고분)

말대로 궁을 나와 패물을 팔아 그를 가르쳤다. 그 당시 고구려에서는 해마다 3월 3일이면 낙랑樂浪의 언덕에 왕과 신하들이 모여 사냥을 하고, 그날 잡은 멧돼지, 사슴 등으로 하늘과 산천의 신에게 제사를 지냈다. 온달도 따라 갔는데 말을 타고 달리는 품이 남보다 앞서고 잡은 짐승도 매우 많아 왕이 불러서 이름을 묻고는 놀라고 기뻐하여 그를 사위로 인정하고 장수로 삼았다. 그 당시 사냥이란 제천행사인 동시에 군사훈련의 일종으로 매우 중요한 행사였다.

무용총 고분벽화에는 말을 타고 사냥을 하는 고구려 사람들의 모습이 있다. 말 앞을 달리는 호랑이를 향해 활을 쏘기도 하지만, 말 뒤쪽에 나타난 사냥감을 위해 몸을 뒤로 젖혀서 쏘는 사람도 있다. 이것은 '배사背射' 또는 '파르티안샷Parthian shot'이라고 부르는 활쏘기로 익히려면 대단한 연습이 필요하다. 특히 제주도의 말은 고려 말 몽골지배시 몽골말을 기르던 것으로 '조랑말'이라고 부르는데 이것은 몽골의 군마軍馬인 '조로모리'에서 온 말이다. 이것은 보통의 말들처럼 앞발과 뒷발을 번갈아 뛰는 것이 아니라 앞, 뒷발이 같이 나가는 특이한 보법으로 활의 흔들림이 없게 하는 방법으로 잘 훈련된 군사용 말들만을 말하는 것이다. 고구려인들이 구사했던 배사는 이러한 조건이 갖추어져야만 쏠 수 있는 것으로 몽골기병과 고구려 등에게만 있는 특수한 비법이다.

(4) 매사냥

매를 이용한 사냥법은 고대로부터 매우 성행하여 고구려 삼실총벽화에 그려져 있고 백제시대에는 백제의 왕자인 주군酒君이 인덕천황에게 매사냥을 전수시켜 주었으며 매를 위해 응감부鷹甘部를 설치했다고 한다. 우리나라의 매들은 사냥에 뛰어나 매우 유명하여 몽골제국이 고려에 이것을 요구함으로 응방鷹坊을 설치할 정도로 매우 중요한 스포츠였음을 알 수 있다. 매로는 참매, 송골매, 황조롱 등이 있다. 참매는 나이에 따라 보라매, 초진이, 재진이로 나누어진다. 야생의 매를 산진이라고 하고, 1년 이상 훈련시킨 매를 수진이라 한다. 송골매는 어두운 회색이고, 황조롱이는 황갈색이다. 참매는 나무가 많고 들판이 좁은 곳에서 사냥하고, 송골매는 아주 넓은 평원에서 사냥을 잘한다.

3. 교육제도

1) 경당
·····

고구려는 하늘에 제사를 드리는 신성한 곳인 소도蘇塗에 사학기관으로 경당扃堂이라는 청소년 교육기관을 각 지방에 설치하고 독서, 예악, 말타기, 활쏘기, 검술, 수박 등의 문무를 익히게 하였다. 이것은 단군으로부터 내려와 화랑제도의 저변을 이룬 낭도郎徒들을 교육시키던 것과 같은 것이다. '선비'라는 말은 조선시대의 문약한 샌님을 가리키는 것이 아니라 소도에서 교육을 받아 문과 무를 겸비한 사람을 말하며 환웅, 단군으로부터 내려오던 우리나라의 고유한 종교인 선교仙敎를 수련한 사람들로 선비

仙人, 선인先人이라고도 불렸다. 이들은 검은 옷을 입었기 때문에 조의皂衣라고도 불렸으며 고구려 막강한 군사력의 바탕이 되었다.

신채호의 『조선상고사』에 국서를 가지고 곡사정을 인도하러간 고구려 사자가 수양제의 어영에 가니 어떤 장수가 이를 비방시 분개하여 쇠뇌를 품에 품고 사신의 수행원에 가만히 끼어서 뒤를 따라 들어가 수양제의 가슴을 쏘아 맞추고 달아났다. 이로써 수양제의 넋을 빼앗고 고구려의 사기가 왕성함을 보였음이 넉넉하였다. 그 활을 맞고 돌아간 수양제는 병이 들고 내적으로도 반란이 크게 일어나 몇 년이 지나지 않아 암살당함으로 수나라가 망했다고 하였다. 그런데 『태백일사』 고구려국본기에는 이 당시 고구려의 사신과 함께 조의皂衣 가운데 일인一仁이라는 자가 자원하여 따라가 수양제가 타고 있는 배에 올라 표를 바쳤다. 그가 표를 받아 펼쳐서 읽는 도중에 갑자기 소매 속에서 작은 활을 쏘자 양제가 놀라 자빠져 실신하였다. 우상 양명이 서둘러 양제를 업게 하여 작은 배로 갈아타고 후퇴하며 회원진으로 명을 내려 철군하게 하였다고 하였다. 『태백일사』 고구려국본기에서는 살수대첩으로 수나라 100만 대군을 물리친 을지문덕乙支文德 당시에 고구려에 20만 명의 조의皂衣가 있었다고 한다.

그런데 1123년 송宋나라 휘종이 고려에 보낸 사신을 수행한 서긍徐兢이 송도에서 보고 들은 것을 그림과 함께 기록한 『선화봉사고려도경宣和奉使高麗圖經』 권18에서는 고려시대의 화랑에 대해 "재가화상在家和尚은 승복을 입지 않으며 계율을 지키지는 않으나 수염과 머리를 깎고 사는 사람들로 관청에서 기물을 나르고, 도로를 쓸며, 도랑을 내고 성곽과 집을 수축하는 각종 노역에 종사하던 사람들이다. 이들은 아내를 얻고 자식을 키우며 변경에 경보가 있으면 단결해 나가면서 각자의 양식을 마련하였다. 이들은 평상시 사원의 토지 경작이나 잡무 등을 담당하다가 국난國難이 있을 때에는 징발되어 군대에 편성되기도 했다. 현종 때 거란이 고려에 패한 것이 재가화상의 무리 때문이었다"고 하였다. 고려시대에 947년(정종 2) 거란 침입에 대비하여 동원된 광군光軍이나, 1104년(숙종 9) 여진 정벌과 관련하여 편성된 별무반 중 항마군降魔軍은 이들을 편성한 군대라 할 수 있다.

2) 태학
・・・・・

태학太學은 고구려 소수림왕 2년(372) 수도인 국내성에 세워진 대학으로 귀족의 자제들과 각 지방에서 뽑혀 올라온 우수한 인재들을 교육시켜서 나라를 이끌어갈 지도자로 양성했던 기관이다. 영양왕 11년(600) 태학박사太學博士 이문진이 고구려 초기에 있었던 100권의 유기를 요약하여 신집 5권을 지었다는 기록으로 보아 태학에는 교육을 담당하던 최고 권위의 박사들이 존재했음을 알 수 있다. 특히 단군으로부터 내려오던 고구려의 화랑인 조의선인皂衣仙人은 선인들 중에서 우두머리로 신라의 국선화랑國選花郞과 같아 국가의 근간을 이루는 핵심적인 인물들이었으며 이들은 전쟁에 임해서 가장 선봉에 서서 전투에 임하였다. 특히 『태백일사』 고구려국본기에 연개소문淵蓋蘇文은 그의 증조부 광조부 자유, 아버지인 태조가 모두 막리지였던 명문가 출신으로 9살에 조의선인이 되었다고 한다.

4. 불교 사상의 전개

1) 고구려의 불교
・・・・・

(1) 불교의 수용

고구려는 소수림왕 2년(372) 전진前秦의 왕 부견이 순도順道라는 스님을 보내 불상과 경문을 전해주었다. 2년 후에는 아도阿道 스님이 고구려에 왔다. 소수림왕 5년(375)에는 성문사와 이불란사를 창건하여 각각 순도와 아도를 머물게 하였다. 국가적 외교관계의 일환으로 국가의 지원으로 이루어진 것으로 불교를 받아들이는데 선도적인 역할을 한 것은 왕실인데 이것은 왕권의 신장과 아울러 사상적 통일이 필요한 고대국가의 사상적 지주로 역할을 하였고 나아가 호국사상으로 발전하였다. 이와 아울러 인간사회의 여러 갈등과 모순을 보다 더 높은 차원으로 승화 시키는 역할을 하였다.

(2) 불교의 전개

부처와 예불(장천 1호분)

동진의 고승인 지둔도림支遁道林(314~366)이 고구려의 도인에게 보낸 편지를 보면 순도 이전에 고구려 출신의 승려가 남조에서 활약하였다고 한다. 그리고 담시는 396년에 경율 수십 부를 가지고 요동에 가서 삼승을 전하고 사람들을 귀의하게 한 뒤 405년 장안으로 돌아갔다고 한다. 고국양왕 9년(392)에는 불법을 받들고 믿어 복을 구하라고 명을 내렸다. 광개토대왕 3년(393) 때에는 평양에 9사를 지었는데 이것은 남진정책의 일환으로 벌어진 것이다. 그리고 연가延嘉 7년 기미년(539)명의 금동여래입상은 낙랑동사樂浪東寺라고 적혀있는데 이것은 평양의 동쪽 지역에 있던 절로 추정된다.

(3) 불교의 발달

고구려는 삼론종三論宗이 크게 발달하였는데 이것은 쿠차 사람인 구마라집이 번역한 중론中論, 십이문론, 백론 등을 근본경전으로 하여 성립된 학파로 모든 존재는 연기緣起할 뿐 독자적인 존재성, 곧 자성은 없다고 보고 특히 공空을 강조하였다. 중국에서 삼론종은 6세기후반에서 7세기 후반에 매우 성행하였는데 고구려에서도 삼론종에 대한 연구가 활발하게 이루어져 많은 승려들을 배출하였다. 그 가운데에서도 중국에 체류하였던 승랑僧朗은 중국 삼론종의 기초를 닦는데 크게 기여 하였다. 파약波若은 중국 천태종의 창립자인 지의智顗 문하에 수학한바 있으나 이 당시 고구려가 수나라와 전쟁 중이었고 수나라의 멸망과 더불어 천태종天台宗이 쇠퇴하자 더 이상 도입되지 못하였다. 의연義淵은 진陳나라에 건너가 불법을 연구하였고, 혜관慧灌은 일본에 건너가 삼론종의 시조가 되었다.

2) 고구려의 절터

· · · · ·

(1) 고구려절터의 구조

고구려의 절은 백제시대의 강당, 금당, 탑, 남문 등 1탑 1금당 형식인데 비해 탑을 가운데에 두고 북, 동, 서쪽에 금당을 세 개 두고 있고 남쪽에는 문을 둔 1탑 3금당 형식이다.

집안의 석주

(2) 초불란사와 이불란사

고구려 소수림왕이 불교를 받아들인 후 국내성에 초문사肖門寺, 이불란사伊弗蘭寺를 지었는데 현재 동대자유적 부근에는 2개의 거대한 석주石柱가 남아있어 이곳을 이불란사로 추정하기도 한다.

(3) 평양의 9사

광개토대왕은 남진정책의 하나로 평양에 9개의 절을 지었다는 기록이 있다. 현재까지 알려진 절터로는 금강사, 반룡사, 영탑사, 상오리절, 청호리절, 정릉사, 광법사, 영명사, 중흥사, 약사절터, 평천리절터와 평남 평원군의 원오리절, 황해도 봉산군의 토성리절터 등이 있다.

(4) 정릉사

고주몽의 능인 정릉으로부터 150m정도 남쪽에 있다. 이곳은 정릉사定陵寺로 남북 132m, 동서 223m의 구획으로 3만㎡의 면적 안에 18개의 건물이 있다. 이곳에는 8각 7층목탑이 중앙에 있는데 너비가 20.4m, 8각의 한 변이 7.3m이다.

정릉사 전경(서일범 제공)

(5) 금강사탑과 영탑사탑

금강사탑는 1탑 3금당식으로 되어있는 절로 중심부에 있는 8각목탑의 너비는 25m로 높이는 90m이다. 이것은 황룡사탑보다 큰 것이다. 영탑사 탑은 8각 7층탑으로 목탑을 거의 그대로 모방한 초기의 석탑이다.

(6) 동대자유적

집안의 국내성 동쪽에 있는 동대자건물 유적은 동과 서 2개의 방으로 되어있고 그 사이에 남북으로 가로 놓인 통로가 있다. 전체 동서의 길이는 35m, 방은 동서와 남북의 길이가 15m이다. 동쪽은 사당祠堂으로 서쪽은 살림집으로 사용된 것으로 본다. 방에는 각각 ㄱ자 모양의 꺾인 긴고래온 돌인데 서쪽 방은 쌍고래 온돌이다.

(7) 살림집

자강도 시중군 노남리에서 발굴된 제2호 집자리는 4개의 기둥구멍과 2개의 온돌이 있는데 온돌의 구조는 ㄱ자모양의 긴고래온돌이며 기와를 얹지는 않았다. 평남 북창군 대평리에서도 여러 개의 집자리가 있고 1개의 온돌이 나왔는데 이곳에서도 기와가 출토되지 않았다.

4장

전성기의 신성하고
높은 나라,
고구려

1. 고구려 중심의 천하관

1) 중국中國의 중화사상에 맞선 고구려의 천하관
・・・・・

중화사상中華思想이란 자기나라를 세계의 중심에 있는 중국이라고 보고 그 나머지 사방에는 오랑캐들이 있는데 북쪽에는 북적北狄, 남쪽에는 남만南蠻, 서쪽에는 서융西戎, 동쪽에는 동이東夷가 있다고 보았으며 그 나라들의 밖에는 4개의 바다가 배치되어있는 것이 바로 중국 고대인들의 세계지도였다. 그래서 세계동포주의를 말할 때 4해四海 동포주의라는 말을 쓰게 되는 것이다. 그런데 그들은 자기나라는 번성하여 '중화中華'라고 칭하고 있다. 그러나 주위의 나라들에는 적狄은 '개犭', 만蠻에는 '벌레虫', 융戎에는 '창戈(백정)' 등의 의미를 내포하는 말로 격하시키고 있다. 그래서 현재의 국호도 '중화인민공화국'이며 전 세계에 퍼져있는 화교들이 경영하는 요리점에도 '중화요리'라는 말을 쓰고 있는 것이다. 이것이 바로 중국인들의 천하관인데 이에 맞서서 고구려는 그들이 세계의 중심에 우뚝 선 나라라고 자부하고 있는 고구려의 천하관을 성립시켰다.

이것은 광개토대왕이 동몽골과 요서, 연해주, 남한 등을 점령하여 드넓은 영토를 가짐으로 천하의 중심이라는 고구려 특유의 천하관이 성립되었다. 중국의 황제와 같은 태왕太王이라는 칭호를 썼으며 〈모두루묘지牟頭婁墓誌〉에는 고구려를 세운 추모성왕鄒牟聖王을 일월지자日月之者라 하여 천손天孫이었음을 강조하였고, '천하사방지차국향최성향天下四方知此國鄉最聖鄉'이라 하여 천하 사방 중에서 자기들이 살고 있는 이곳이 가장 문화가 꽃핀 중심지라는 사고를 가지고 있었고 '왕중의 왕'을 뜻하는 '태왕太王'이라는 칭호를 사용하고 있었다.

〈광개토대왕비문〉을 보면 대왕의 시호가 '국강상광개토경평안호태왕國岡上廣開土境平安好太王'이고 그의 연호가 '영락永樂'이라고 되어있다. 원래 연호는 왕급은 사용하지 못하며 황제만이 사용하는 것으로 되어있다.

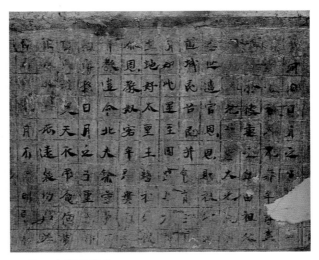

모두루 묘지명(모두루묘)

그리고 고구려의 시조는 추모왕鄒牟王이며 그의 선조는 북부여의 왕손이었음을 밝히고 있다. 광개토대왕을 『삼국사기』 고구려국본기에서는 '광개토왕廣開土王'이라고 부르는 것을 고구려시대에 세워진 〈광개토대왕비〉에서는 '국강상광개토경평안호태왕國岡上廣開土境平安好太王', 모두루묘의 묘지명에는 '국강상대개토지호태성왕國罡上大開土地好太聖王', 신라 호우총의 호우에는 '국강상광개토지호태왕國罡上廣開土地好太王' 등으로 부르고 있고 『태백일사』 고구려국본기에는 '광개토경호태황廣開土境好太皇'으로 되어있는 것을 참고하여 본다면 정식 명칭은 '광개토경호태왕廣開土境好太王'으로 추정되며 연호는 '영락永樂'이 된다.

2. 광개토대왕의 정복 전쟁

1) 광개토대왕의 북방정벌
· · · · ·

> 영락 원년(392) 9월 북으로 거란契丹을 쳐 남녀 5백 명을 사로
> 잡고 흩어진 인구 1만 명을 데리고 돌아왔다.
> 영락 4년(394) 〈광개토대왕비〉에 의하면 왕이 비려稗麗를 쳤
> 는데 부산富山, 부산負山을 지나 염수鹽水에 이르러 3개 부락
> 600~700영을 격파하여, 많은 소와 말, 양떼 등을 노획하였다.
> 이에 왕은 수레를 돌려 평도를 거쳐 동으로 역성, 북풍의 영토
> 를 두루 살피고 사냥을 하면서 돌아왔다.

거란契丹이란 우문씨에서 갈라져 나온 족속으로 비려라고도 불렸는데 서요하 상류의 시라무렌강에 거주하는 족속으로 당시 광개토대왕은 이들

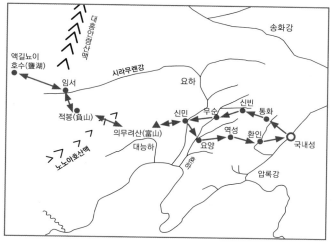

광개토대왕의 거란정벌

을 쳐서 서요하 상류지역의 과이심 초원 지역까지 진출하게 됐다. 문정창과 박원길은 염수鹽水를 석림곽륵 초원의 중간의 동오주목심에 있는 액길뇨이額吉淖爾 호수로 보고 있다. 이 염호鹽湖는 25만㎢ 면적에 소금 매장량이 2,300만 톤으로 현재 연간 10만톤 이상의 소금을 생산하고 있다. 내몽고에서 소금을 생산하고 있는 7개의 거대한 염장들 대부분이 서부 지역에 자리잡고 있기 때문에, 액길뇨이 호수는 동부 지역에 있는 유일하고도 거대한 염장鹽場이다. 인간이나 동물들에게 없어서는 안될 것이 소금인데 내륙에서는 유일하게 이 호수에서 양질의 소금을 얻을 수 있기 때문에 이곳을 차지하기 위하여 치열한 경쟁을 벌였다.

영락 8년(398) 숙신肅愼을 쳐서 300여명을 잡았다.

숙신은 현재 연해주와 흑룡강 하류 지역에 있었던 종족으로 우리 민족의 갈래 중에서 가장 추운 지방에 살았기에 문화 수준이 가장 낮았다. 이들이 서천왕 11년(280) 10월에 고구려의 변경을 침범하였다가 달가의 역습을 받아 추장이 죽고 단로성이 점령당하여 6~7개소의 부락이 고구려에 항복하였다. 〈광개토대왕비〉에는 식신息愼으로 되어있는데 태왕이 이들을 정벌한 것은 동부여의 동쪽 배후에 있는 연해주 지역의 숙신을 정복함

동오주목심 액길뇨이(額吉淖爾) 호수의 소금(박원길 제공)

으로 동부여를 포위, 견제하기 위한 것이었다.

　　영락 20년(410) 동부여東扶餘가 배반을 하자 토벌하였다.

　　〈광개토대왕비〉에는 "영락 20년은 경술년이었다. 동부여는 예부터 추모왕의 속민이었는데, 중간에 배반하고 조공하지 않으므로 대왕은 몸소 대군을 거느리고 토벌하러 갔다. 대군이 부여성에 도착하자 동부여가 두려워하여 복종하였다. 대왕의 은덕이 동부여에 넓게 미치게 됨에 이에 회군하여 돌아왔다."고 하여 고구려 복속되었다가 서서히 독립해 나갔던 망명부여亡命扶餘 중에 예전에 동부여가 있었던 지역으로 갈라져 나간 집단을 말하며 숙신을 정벌한 후 포위 공격해 정벌하였음을 알 수 있다.

2) 모두루묘와 망명부여의 유민
• • • • •

　　광개토대왕의 신하였던 〈모두루묘지牟頭婁墓誌〉의 명문에는 조부인 대형 염모冉牟가 고국원왕 당시에 전연과의 전투에서 공을 세워 북부여 수사守事로 임명되었으며 대대로 관직을 받았다. 광개토대왕 대에 이르러 조부의 인연에 따라 노객인 모두루가 북부여를 다스리도록 되었다고 한다. 모두루의 선조는 동부여 출신으로 동명성왕과 함께 동부여에서 내려왔으며, 4세기 초에는 북부여 대형大兄이었던 염모冉牟가 전연과의 전투에서 공을 세웠다. 광개토대왕은 그의 손자인 모두루牟頭婁에게 410년에 정벌한 북부여가 있었던 농안 지역을 맡겨 북부여 수사北夫餘 守事로 임명하고 계속 그곳을 다스리도록 했다. 문자왕 3년(494)에 고구려가 북부여뿐만 아니라 숙신, 지역 등 흑룡강까지 진출하여 만주 전체를 정복하고 서로는 북경지역, 남으로는 한강유역은 물론 소백산을 넘어 신라의 영덕까지 차지함으로 고구려 역사상 최대의 판도를 가지게 된 것을 알 수 있다. 그러하기 그들이 '천하사방이 이 나라가 제일 성스런운 곳임을 안다天下四方知此國鄉最聖鄉'라고 고구려가 당당히 천하의 중심지임을 천명하고 있다.

3) 백제와 신라의 제압
. . . . .

> 영락 2년(392년) 7월에 백제를 쳐서 10여성을 빼앗았다. 10월
> 에 백제를 쳐서 관미성關彌城을 빼앗았다. 이때 신라의 실성이
> 볼모로 왔다.

광개토대왕은 백제를 쳐서 10개의 성을 빼앗은 그중에서도 가장 중요한 관미성을 점령한 것이다. 이곳에 대해서 교동도, 강화도, 오두산성鰲頭山城 등으로 보고 있는데 필자는 김정호의 『대동지지』에 있는 기록과 같이 현재의 통일전망대가 있는 파주의 오두산성으로 보고자 한다. 그 이유는 한강과 임진강이 만나는 교하交河인 이곳을 확보하게 되면 백제의 왕도

관미성인 오두산성에서 본 임진강과 한강의 합수부

에서 서해로 나가는 물길이 막히게 되는 동시에 고구려가 수군작전에 유리한 고지를 점령하게 되기 때문이다. 그래서 후일에 광개토대왕은 이곳을 거점으로 수륙양동水陸兩動 작전으로 백제의 수도를 함락시킬 수 있게 된 것이다. 관미성關彌城에서 '관'이란 빗장을 닫는다는 뜻이고 '미'는 '미르=물'을 뜻하여 '관미'란 하구河口를 막고 있는 요새라는 뜻이 된다. 즉 물 건너 김포의 동성산성과 함께 빗장을 거는 형세이다. 이 산성은 석축의 길이가 약 500m 정도로 북문과 서문이 있다.

4) 광개토대왕의 평양 개발과 남, 동쪽의 성곽축조
· · · · ·

광개토대왕 3년(393) 평양平壤지역에 9개의 절을 지었다.

불교는 소수림왕 때인 374에 전진의 왕 부견이 아도를 보내어 고구려에 전해졌고 다음해에 국내성에 초문사와 이불란사를 지었다. 그런데 20년도 안된 기간에 광개토대왕이 수도인 국내성이 아니라 남쪽인 평양지역에 9개의 절을 대규모로 건립하였던 것이다. 이것은 평양을 남진기지로 대대적으로 개발하였던 것을 알 수 있다. 경남 의령宜寧에서 1963년 7월에 발견된 연가 7년의 불상은 현재까지 알려진 한국의 불상 중에서 가장 오래된 것으로 그 명문을 보면 "연가延嘉 7년 기미년己未年에 고구려국 낙랑樂浪의 동사東寺에서 주지 경과 그 제자승인 연 등 사제 40인이 힘을 합해 현겁의 천불千佛을 만들어 세상에 유포키로 하였는바 금년에 만든 이 29번째의 불상은 비구 도영이 출비하여 만들어진 것이다"고 하였다. 김원룡은 연가 7년을 고구려 안원왕安原王 9년인 539년으로 보았는데 이 불상은 고구려가 낙랑인 평양지방에 9사를 지을 당시 동쪽에 건립한 사찰인 동사東寺에서 만들어진 것임을 알 수 있다. 이 당시 이 절 외에도 영명사지永

明寺址, 정릉사지定陵寺址, 금강사지金剛寺址 등이 이 당시 건립되었던 절터로 추정되고 있다.

> 광개토대왕 3년(393) 7월에 백제百濟가 수곡성을 쳐들어오자
> 왕이 정기 5천을 끌고 가 격파하고 8월에 국남國南에 7개성을
> 쌓아 백제에 대비하였다.
> 광개토대왕 4년(394) 백제와 패수浿水에서 싸워 대파하였다.

수곡성水谷城은 현재 황해도 신계新溪로 광개토대왕은 백제의 공격에 대비하여 평양지역을 남진의 거점으로 삼아 그 남쪽으로 예성강 이북에 성곽을 배치함으로 평양으로 북진해오는 백제의 세력을 차단하였음을 알 수 있다. 패수浿水는 고구려와 백제의 경계선이었던 예성강禮成江으로 백제는 진사왕 2년에 예성강 이남에 청목령을 중심으로 북으로 팔곤성에서 남으로는 서해바다까지 관방을 설치하여 고구려의 남침에 대비하였다. 이것은 신계, 평산, 이천, 토산, 금천, 개성, 개풍 등으로 이어지는 방어선으로 백치고성, 대흥산성, 성석진, 여현성, 개성리토성, 영안성, 백마산성 등이 배치되어 있다. 그 당시 축성된 7개의 성곽은 다음과 같다.

(1) 태백산성

황해도 평산군 산성리에 있는 태백산성太白山城으로 이곳은 험한 산세와 하천을 이용하여 쌓은 포곡식의 산성으로 서쪽으로는 서흥, 사리원, 평양과 통하고 남으로는 금천, 개성, 서울로 통하는 요충지이다. 이 성은 전체 둘레가 2,425m, 높이가 7m로 동쪽은 예성강에 면하여 있는데 성내에는 수원이 풍부하여 연못이 여러 개 남아있고 창고 등의 건물지도 남아있다.

(2) 치악산성

황해도 배천의 치악산성雉岳山城은 해발 360.7m 치악산의 정상에서

태백산성(서일범 제공)

남쪽으로 이어진 산봉을 돌아 동남향한 계곡을 에워싼 산성으로 전체 둘레가 약 3.6㎞이다. 동쪽에는 예성강이 연백평야를 휘감아 남쪽으로 바다에 흘러들고 있어 수로와 육지를 이어주는 수륙교통의 교차점으로 북쪽으로는 평산, 동쪽으로는 개성, 서쪽으로는 연안과 통한다. 고구려시기의 '치양성雉壤城'으로 성문터는 남쪽과 서쪽, 북쪽에 있으며 남문터는 계곡물이 빠지는 곳으로 외곽에 옹성이 설치되었을 것으로 보이며, 성벽의 요소마다 치雉를 설치하였는데, 동벽에 4개, 서벽에 4개, 북벽에 3개로 모두 11개가 설치되어있다.

(3) 수양산성

황해도 해주의 수양산성首陽山城은 수양산 줄기의 가장 높은 봉우리들이 솟아있고 남동쪽에는 드넓은 연백벌이, 남쪽에는 해주만이 한눈에 안겨오는 전망이 좋은 곳에 산성이 자리 잡고 있다. 동·남·북쪽은 높고 서쪽은 낮으며, 두개의 깊은 골짜기와 넓은 공지가 펼쳐져 있는 전형적인 고구려의 고로봉식산성으로 전체둘레는 5,258m로 서쪽에 높이 솟은 장대봉을 중심으로 높고 낮은 봉우리들을 연결하고 있다. 성벽은 지형지물을 잘 이용하여 대부분 바위 위에 쌓았는데, 높이는 보통 6~7m, 아래의 길이는 7~8m이며 위의 길이는 3~4m이다.

(4) 오누이산성

황해도 태탄의 오누이성은 전체둘레 3,500m의 포곡식 산성으로 장대에 오르면 새해와 태탄벌이 한눈에 보인다. 서쪽은 용연, 동쪽은 해주, 북쪽은 신천, 재령, 사리원으로 통하는 요충지로 현재 남아있는 성벽은 1.5~2m로 성문은 동, 서, 남, 북 모두 네 곳이며 장대가 2곳이 확인되고 있다.

(5) 휴류산성

황해도 봉산군에 있는 휴류산성鵂鶹山城은 휴류산에 있는 전체 둘레 2,900m의 산성으로 그 주변에는 고구려고분군이 남아있다. 이곳은 본래 고구려의 휴암군으로 동쪽의 산악지대에서 서쪽의 예성강까지 산맥이 형성되어있어 평양으로 통하는 관문 역할을 하고 있다.

(6) 대현산성

황해도 서흥군에 있는 대현산성大峴山城은 고구려의 오곡군을 지키던 산성으로 해발 607m의 대현산의 남쪽 골짜기를 두르고 있는 봉우리와 능선을 따라 쌓은 전체 둘레가 7,000m의 큰 성이다. 성문터는 남, 동, 북 세 곳이 있으며 동, 서, 남, 북에는 각각 장대터가 있는데, 그중 북장대가 가장 높고 전망이 좋다. 성 안에는 집터와 못자리가 있고, 대현폭포가 있을 정도로 물이 풍부하다.

(7) 황주성

황해도 황주읍의 황주성黃州城은 동쪽 덕월산에 있는 성으로 북으로 평양, 남으로 사리원으로 통하는 요충지이다. 서쪽, 남쪽 밑으로는 황주천이 흐르고 서남쪽으로는 넓은 황주벌이 펼쳐지고 있다. 이 성은 벌과 강을 끼고 있는 지형을 이용하여 쌓은 평산성으로 전체둘레는 4,047m이다. 이 성의 동, 북, 남쪽 성벽은 주산봉에서 좌우로 뻗은 능선을 따라 쌓고, 서쪽과 서남쪽 성벽은 평야와 잇닿은 언덕을 이용하여 쌓았다. 성벽의 높이는 산지대에서 4.5~5m이며 동, 서, 남, 북쪽에 4개의 성문지와 동암문, 남암문, 수구문 등이 남아있다.

5) 광개토대왕비
・・・・・

광개토왕의 아들인 장수왕 2년(414)에 세운 것으로 응회암 재질로 높이가 약 6.39m, 너비는 1.38~2.00m이고, 측면은 1.35m~1.46m지만 고르지 않다. 대석은 3.35×2.7m 이다. 네 면에 걸쳐 1,775자가 화강암에 예서체로 새겨져 있다. 그 가운데 150여자는 판독이 어렵다. 비문의 내용은 대체로 세 부분으로 나뉜다. 고구려의 건국부터 광개토왕까지의 역사를 다룬 첫째 부분은 묘비 제1면 1행에서 6행까지이다. 광개토왕의 정복전쟁을 기술한 둘째 부분은 제1면 7행부터 3면 8행까지이다. 능비의 건립 및 수묘인에 관한 마지막 부분은 제3면 8행부터 제4면 9행까지로 고구려사 연구에서 중요한 사료가 된다.

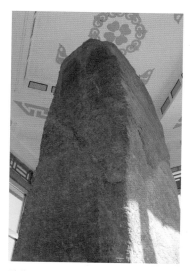

광개토대왕비

그중에서도 영락 6년(395년) 신묘년조는 "백잔과 신라는 예부터 속민으로 조공을 해왔다. 그런데 신묘년(391년)부터 왜가 바다를 건너 백잔○○(신)라를 깨뜨리고 신민으로 삼았다百殘新羅 舊是屬民 由來朝貢 而倭以辛卯年來 渡海 破百殘○○○羅 以爲臣民"로 되어있어 왜가 백제, 신라를 신민으로 삼은 것처럼 되어있어 임나일본부설과 일맥상통하는

것으로 일제하 만주지역에서 정보수집활동을 수행하던 포병 중위 사쿠오
酒句景信에 의해 '後'자가 '倭'자로 조작되었음이 끊임없이 제기되고 있
다. 특히 정인보 선생은 이 비문이 아들인 장수왕이 아버지의 위업을 쓴 것
인데 어찌 일본이 주어가 될 수 있겠는가 하면서 문장의 주어는 고구려가
생략된 것으로 "고구려가 신라와 백제를 신민으로 삼았다"고 해석하였다.

6) 광개토대왕의 백제 정복
• • • • •

> 영락 6년(396)에 왕이 친히 군사를 이끌고 백제百濟의 한성漢城
> 을 함락하고 58개성 700촌락을 차지하여 아신왕阿莘王이 남녀
> 1000여명, 세포 1000필을 바치며 항복을 하자 왕의 동생, 10
> 명의 대신을 볼모로 끌고 왔다.

　광개토대왕은 기습적으로 수륙 양동작전을 펼쳐서 백제의 수도인 한
성을 점령하여 백제의 아신왕으로부터 항복을 받은 것으로 58개의 성들
을 보면 경기도 일원으로 윤명철은 인천 또는 남양만 쪽으로 수군을 상륙
시켜서 퇴로를 차단하는 전략을 구사했을 것으로 보고 있다. 이 당시 고구
려군의 지휘부는 아차산성에 자리 잡고 있었다.
　필자가 조사한 결과 백제의 수도 한성漢城은 하남시 고골로 이곳은 하
남위례성河南慰禮城으로 부르던 이성산성, 교산동 토성의 평지성과 한산
漢山에 남한산성이라는 산성이 있어 '평지성+산성'으로 이루어진 '큰 성=
大城=漢城'으로 이루어져 있다. 이 당시 광개토대왕의 지휘본부는 아차
산성에 자리 잡고 있어서 기존 학계에서 백제의 왕성이라고 주장하고 있
는 풍납토성이나 몽촌토성이 내려다보이고 있다. 특히 풍납토성은 늘 물에
잠기던 곳으로 지금도 펌프장에서 물을 퍼내지 않으면 비가 오면 잠긴다.

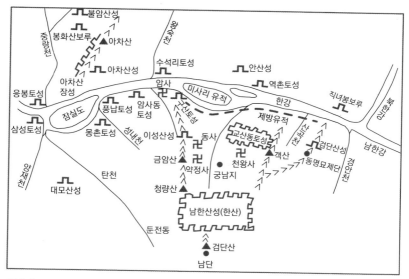

백제의 수도 한성(하남시 고골과 남한산성)

그리고 이 두 개의 성에서는 사찰유적이 전혀 나타나지 않고 있으며 도시 구조 또한 나타나지 않고 있다.

　그러나 하남시 고골은 '북에는 한수漢水(한강), 동쪽에는 숭산崇山(검 단산), 남쪽에는 옥택沃宅(성남시 둔전동의 벌판), 서쪽에는 바다(인천)'로 『삼 국사기』에 백제 도성의 지리적 위치를 설명하는 것과 일치하고 있다. 그리 고 동쪽 검단산 정상부에는 백제의 왕들이 하늘에 제사를 드렸던 동명묘 제단터東明廟祭壇趾가 발견되었으며 천왕사天王寺, 동사 약정사, 신복선사, 선법사 등의 사찰이 즐비하고 특히 천왕사는 백제시대의 목탑심초석木塔 心礎石이 나오고 있는데 이곳에는 마라난타가 인도에서 모시고온 부처님 의 진신사리眞身舍利가 모셔져 있었다고 『고려사』와 『세종실록』에 언급되 어 있다. 그리고 이성산성에는 9각, 8각, 12각의 건물지가 나오고 있어 천 지산천天地山川에 제사를 지낸 제단으로 추정되는데 이중에서도 9각형건 물은 고구려, 신라, 가야 그 어느 곳에서도 발견되지 않아 백제건축술의 위대성을 보여주고 있다.

더구나 근초고왕이 고구려의 고국원왕을 죽인 후 그들의 공격을 피해 한산성漢山城인 남한산성으로 천도 하였는데 최근 발굴을 통해서 백제시대의 왕궁터가 발굴되었다. 이곳에서는 조선시대 기와장의 5배에 달하는 20kg 정도의 대형 기와가 사용되었다. 이것 또한 고구려, 신라, 가야 그 어느 곳에서도 볼 수 거대한 것으로 당시 백제의 위상이 삼국 중에 으뜸이었음을 보여주고 있다. 특히 이곳에서 발견된 '天主'라는 명문기와는 근초고왕이 백제가 천하의 중심이었음을 만천하에 보여주는 유물이다.

7) 광개토대왕의 신라구원과 전기가야연맹의 붕괴
• • • • •

> 영락 9년(399) 백제가 맹세를 어기고 왜와 화통하였다. 왕이 평양平壤으로 행차하였다가 신라新羅가 가야의 공격을 받고 있다는 급보를 받고 보기 5만으로 신라를 도와 김해의 금관가야金官伽倻를 멸망시켰다.

신라를 쳐들어온 백제의 사주를 받은 가야, 왜의 연합군을 쫓아 가야지역을 쳐들어간 광개토대왕에 의해 전기가야의 맹주였던 금관가야는 붕괴되었다. 당시 금관가야는 고령가야, 성산가야, 비화가야, 대가야, 아라가야, 소가야 등을 아울렀던 맹주로 신라를 제압해 나가고 있었으나 이 사건으로 말미암아 김해지역에는 4세기의 대성동고분을 끝으로 대형고분이 사라지게 된다. 그리고 부산 동래지역의 복천동고분군이 나타나는데 이곳에서는 그전에는 보이지 않던 기마용품이 나타나고 있다. 더구나 낙동강의 서안지역에서는 고구려의 영향을 받은 횡구식석실분이 나타나게 된다.

8) 왜의 황해도 지역 침공과 동남쪽 지역 방비
· · · · ·

영락 14년(404) 왜가 대방지역을 쳐들어오자 궤멸시켰다.

이것은 백제와 동맹관계에 있는 왜가 수군으로 대방국이 있었던 황해도 지역을 쳐들어 온 것을 말한다. 〈광개토대왕비〉에는 영락 14년(404년) 왜倭가 대방帶方지역을 침입하여 약탈하고 석성도石城島로 부터 배를 연이어 띄워 바다를 덮으니 대왕이 노하여 평양平壤의 군사를 곧바로 보내 싸우게 하였다. 적을 깨치자 패하여 죽은 왜구의 수가 셀 수 없었다고 한다. 이것은 수군으로는 고구려의 허리를 끊고 백제는 육군으로 임진강을 넘어서 북진해 올라왔을 것이다.

영락 19년(409)에 국동國東에 6성을 쌓고 남쪽을 순행하였다.

포천의 반월산성, 철원군 거성리의 거성, 안협의 만경산성, 용수동의 노기산성, 이천군의 심동리산성, 이천읍성 등으로 동남쪽에서 평양으로 통하는 길을 방어하기 위한 고구려의 동남쪽 외곽방어 체계이다.

九年己亥百殘違誓與倭和通王巡下平穰而新羅遣使白王云倭人滿其國境潰破城池以奴客
爲民歸王請命太王恩慈矜其忠誠特遣使還告以密計十年庚子教遣步騎五萬往救新羅從男
居城至新羅城倭滿其中官軍方至倭賊退
即歸服安羅人戌兵拔新羅城鹽城倭寇大潰城內
□□□□□□□□自倭背急追至任那加羅從拔城城
盡拒隨倭安羅人戌兵新羅城□□□□□□□十九
□□□□□□□□□□□□□□□□□圖□□
□□□辭□□□因□□□□□□□□□□□□
□出□□□□□□□□□□□□□□□□□□
□□殘倭潰逃拔□城安羅人戌兵昔新羅

일본정벌 훼손부분(박시형 제공)

9) 광개토대왕의 왜국 경략

• • • • •

　영락永樂 9년(399)에 백제가 서약을 어기고 왜倭와 통호하니 백제를
방비하기 위하여 대왕이 평양平壤으로 순시하였다. 이때 신라新羅의 사신
이 와서 왜가 신라를 쳐들어오니 구원하기를 요청하였다. 대부분 〈광개토
대왕비〉에서 가장 많이 훼손된 영락 10년의 부분은 거의 언급을 하지 않
고 있다. 이 부분은 현재 110자 정도가 훼손되어 있는데, 계연수를 비롯
한 학자 3분이 압록강을 건너 봉금지였던 집안으로 들어가 사다리를 만
들어 직접 올라가서 판독하여 1932년에 삼육사의 『회람잡지』에 실었던
「성능비결자징실聖陵碑缺字徵實」의 내용(이유립, 『대배달민족사』 2권, 고려가,
1987)을 소개해 보면 "영락 10년(400)에 대왕大王이 보병과 기병을 5만을
파견하여 신라新羅를 구원하고 왜를 쫓아 임나가라任那加羅에 이르러 안
나인安羅人을 술병戌兵으로 하고 시라성始羅城과 도성都城을 쳐 궤멸시키
자 항복하였다. 그들이 다시 싸우려고 훼喙, 기탄己呑, 탁순卓淳등과 모의
하여 병사를 일으키자 관병이 곧바로 탁순卓淳을 취하고 좌군左軍은 담
로도淡路島로 하여 단마但馬에 이르고, 우군右軍은 난파難波를 지나 무장
武藏에 이르니 대왕께서 곧 바로 배로 건너 축사筑斯를 공격하니 여러 적
들이 무너지매 그들을 나누어 군국을 삼고 안나인安羅人을 술병戌兵으로
하였다. 이에 신라新羅의 왕이 조공을 하였다"고 한다.

　『일본서기日本書記』 이중천황履中天皇 5년(404)조에는 "축자국築紫國
에 자리한 삼신三神이 궁중에 나타나 말하되 '왜 나의 백성을 빼앗아가느
냐 나는 너를 참사하게 할 것이다'라 하고 바람 같은 소리가 있어 공중에
서 외쳐 가로되 '검도태자왕劍刀太子王이다'라고 했고 뒤이어 천황이 담로
도淡路島에서 사냥하다가 황비가 죽었다. 이해 10월에는 축자築紫의 차지
부車持部를 파하고 그 땅을 모두 삼신三神에게 주노라"하였는데 검도태자
왕이나 삼신은 고구려의 호태왕好太王을 말하는 것이다. 왜냐하면 『신찬
성씨록新撰姓氏錄』에도 "난파연은 고구려국의 호태왕에게서 나왔다難波

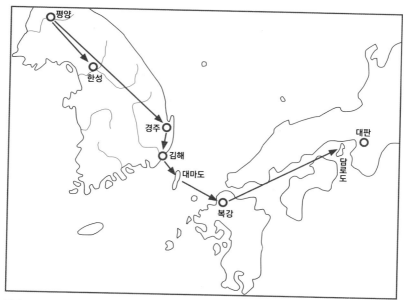

광개토대왕의 금관가야와 왜국 정벌도

連, 出自高麗國, 好太王也"이라 하여 광개토대왕廣開土大王이 신라를 침공한 왜倭를 쫓아 일본의 구주九州를 차지하고 본주本州를 침공하였음을 증명하고 있다. 그리고 그 당시 이중천황履中天皇은 담로淡路에서 싸우다가 황비皇妃가 전사당했음을 알 수 있다.

더구나 이러한 고구려高句麗 세력의 진출로 5세기에는 구주九州의 일부에 횡구식橫口式, 횡혈식석실분橫穴式石室墳이 나타나기 시작하며 1972년 나라현奈良縣 비조촌飛鳥村에서 발견된 다까마스高松 고분은 고구려 계통의 벽화壁畵가 그려져 있었고 1975년 나라현 아스카明日香에서도 고구려 계통의 고분이 발견되었다. 문정창은 고구려高句麗의 광개토대왕은 400년에 왜를 쳐서 대마도와 구주지역에 임나연정을 설치하고 405년에 이중천황을 제거한 후 406년에 고구려 계통의 반정천황反正天皇을 세운 영향으로 본다. 그를 전투가 벌어졌던 담로도淡路島 출신으로 보고 있다.

10) 신라의 호우총과 가야 지방의 횡구식 석실분

• • • • •

신라의 호우총壺衧塚에서 출토된 호우의 명문에는 '국강상광개토지호
태왕國岡上廣開土地好太王'이라는 글자가 새겨져 있는데 이것은 신라에서
광개토대왕에게 제사를 드렸던 제기로 추정되고 있다. 그 당시 신라는 영
락 22년(412)에 신라 내물왕의 아들 복호를 인질로 고구려로 보냈으며 소
백산 너머 미질부라 불리던 영덕盈德까지 고구려의 세력권으로 편입되었
다. 그러하기에 경상북도 영주의 순흥의 읍내리고분, 어숙묘 등에서는 고
구려계통의 벽화들이 나타나고 있는 것이다.

광개토대왕은 일본으로 향하던 한반도 최남진의 기지를 동래東萊에
두었는데 그 증거가 복천동고분으로 이곳에서는 지금까지 나타나지 않던
기마용 마구, 갑옷 등이 출토되고 있기 때문이다. 이 당시 백제, 가야, 왜의
동맹국 중에서 가야의 종주국 노릇을 했던 금관가야金管加耶는 고구려군
의 공격으로 전멸하여 그 중심축이 고구려의 공격에서 살아남기 위해 내
륙 깊숙이 있던 고령의 대가야大加耶로 옮겨가게 되었다. 이것이 후기가야
연맹인데 이 시대에 또 다른 축은 소가야小加耶와 함안의 아라가야阿羅加
耶였다. 광개토대왕, 장수왕 당시 가야지방에 끼친 고구려의 영향은 매우

지대한 것으로 기마용의 마구, 갑
옷, 화살촉 등이 전래되었고 수혈식
의 묘제가 고구려의 횡혈식橫穴式
고분의 영향을 받아 횡구식과 횡혈
식의 고분이 발생하게 된다.

홍보식은 영남지역 6세기 중엽
횡혈식석실묘의 출현 전에 수혈계
횡구식석실묘는 낙동강 이동에만
한정 분포되어 있는데, 이것은 수혈
계횡구식석실묘가 신라지역에서 먼

경주 호우총에서 나온 '국강상광개토지호
태왕' 명문의 호우(국립중앙박물관 소장)

저 출현하여 낙동강 이서지역으로 확산되어갔다고 보았다. 그리고 고령高靈을 중심으로 한 낙동강 서안西岸지역은 수혈계 횡구식석실묘의 단계를 거치치지 않고 6세기 중엽이 되어서야 기존의 수혈식석실묘가 곧바로 횡혈식 석실묘로 교체되어갔다고 한다. 함안34호분에서 보이는 감龕이 백제지역의 횡혈식석실묘에는 보이지 않으나 평양부근의 약수리벽화고분, 태성리2호분, 안악2호분 등 5세기 전반대 이전의 횡혈식석실묘에 있을 뿐만 아니라 인동1호분의 시상구조가 평양의 이른바 동명왕릉 부근의 진파리16호분의 것과 유사하다. 낙동강 동안東岸지역의 수혈계횡구식석실묘에서는 백제계의 유물이 전혀 나오지 않는 사실은 이것이 백제의 영향을 받은 것이 아니라 고구려의 횡혈식석실묘의 매장법이 낙동강유역의 수혈식석실묘에 직접적으로 영향을 미친 것이다. 즉 고구려 광개토대왕이 400년에 남정한 이후 남부지역에 고구려의 영향력이 증대하였고 장수왕의 평양 천도이후 시작된 적극적인 남진정책으로 인해 남부지역으로 문화가 전파되었다고 보았다.

영남지역의 갑주는 비기마용갑주와 기마용 갑주로 나누어지는데 비기마용갑주는 4세기대의 김해 예안리 150호 목곽묘 출토의 종세장판혁철주와 경주 구정동 3호 목곽묘 출토의 종장판혁철주 등에서 출토되는데 이것은 한반도 남부의 독특한 토착계 갑주이다. 기마용 갑주는 몽고발형주로 불리고 있는 복발형주와 유동이 자유로운 기마용 갑옷인 괘갑掛甲으로 구성된다. 이것은 5세기 초 이후 영남지역에서 폭발적으로 다수 출토되고 있다. 이것은 5세기 전반대의 동래 복천동고분군의 출토품이 잘 증명해 주고 있는데 이러한 갑주는 고구려에서 들어온 외래계 갑주로 기마용 마구와 함께 출토되는 것이 특징이다. 이것은 광개토대왕의 남정의 소산으로 추정된다.

즉 신라의 고구려와의 직접적인 교류의 증거로는 경주 월성로 고분에서 출토된 북방계 단갑短甲, 고구려계 녹유토기綠釉土器와 호우총에서 나온 '국강상광개토지호태왕國岡上廣開土地好太王'이라는 명문이 있는 호우

壺盃, 〈중원고구려비〉의 '고려대왕高麗大王'과 '신라매금新羅寐錦'과의 관계 등이다. 이것은 바다 건너 구주에까지 도달하게 되었는데 그 후 일본의 고분은 횡구식, 횡혈식이 나타나고 기마용의 유물이 나타나게 된다.

11) 후연, 북연과의 관계
· · · · ·

> 영락 10년(400) 후연後燕의 왕 모용성이 3만으로 침입하여 신성新城, 남소南蘇 두 성을 취하였다.
> 영락 12년(402) 광개토대왕이 군사를 보내어 숙군성宿軍城을 공격하자 연의 평주자사 모용귀慕容歸가 달아났다.

후연시대의 고분는 조양현 도금구촌의 최휼묘崔遹墓가 있고, 북연시대의 고분으로 조양시 팔보촌八寶村 고분, 북묘촌北廟村 고분, 북록촌北鹿村 고분과 대평방촌大平房村 벽화묘 그리고 북표시 서관영진에서는 북연의 왕 빙발의 동생인 빙소불馮素佛의 묘가 발굴되었다. 『독사방여기요』권 18에 이 당시 평주平州를 숙군성으로 옮겨서 설치하였는데 이곳은 영주營州인 능원凌源의 동북쪽에 있었다고 한다.

> 영락 14년(404) 후연을 공격하였다.
> 영락 15년(405) 정월에 후연의 왕 모용희가 요동성을 공격하였다. 성이 함락될 위기에 있을 때 모용희는 "먼저 성위에 올라가지 말라. 그 성을 깎아 내려 평지가 될 때까지 기다렸다가. 나와 황후가 수레를 타고 들어가리라."라고 말하였다. 그러나 성에서 방비를 더욱 튼튼히 했으므로 적은 이기지 못하고 돌아갔다.
> 영락 16년(406) 12월에 후현의 왕 모용희가 거란契丹을 치려다

가 무리가 많음을 보고 방향을 돌려 고구려의 목저성을 공격하
였으나 이기지 못하고 돌아갔다.

영락 18년(408) 3월 북연에 사신을 보내어 종족의 은의를 베풀
자 북연왕北燕王 고운高雲은 시어사侍御史 이발李拔을 보내어
보답했다.

이 당시 후연에서 풍발이 반란을 일으켜 모용희를 죽이고 고운高雲을
왕으로 추대하여 북연北燕이 성립된 것이다. 고운의 조부인 고화高和는 고
구려인으로 342년에 모용황이 고구려의 환도성을 함락 시켰을 때 포로가
되어 끌려갔으며 고운은 후연의 2대 황제인 모용보의 양자가 되었다가 왕
이 되어 광개토대왕에게 내조한 것이다. 그 후 409년에 고운이 살해되자
풍발이 북연의 왕이 되었다.

12) 덕흥리고분과 유주 지역
· · · · ·

1976년에 평안남도 대안시 덕흥리 무학산 기슭에 유주자사를 지낸 진
鎭이라는 사람의 고분이 발견되었다. 벽화와 600여자에 달하는 묵서墨書
가 발견되어 주목을 끌었다. 그중 고분 전실 북벽 상단에 적혀 있는 묘지
명墓誌銘 14행 154자와 고분 전실 서벽에 그려져 있는 13군 태수들의 직
책은 광개토대왕이 후연後燕의 유주자사와 13군 태수들을 귀복시키고 유
주幽州와 요서지방을 영유하였음을 암시한다. 유주자사를 지낸 진은 영락
18년(408년)에 묻혔는데 전실에는 유주에 속한 13군 태수의 알현도가 그
려져 있고 유주는 현재의 북경지역이다. 그중에는 요동, 요서, 낙랑, 대방,
현도를 비롯하여 창여, 북평, 어양, 상곡, 광녕, 대군, 범양, 연군 등이 포함
되어있다.

북한의 김용남은 전연이 멸망된 370년에 서쪽으로 진격하여 13군 75

유주자사 진과 유주에 소속된 태수들의 모습(덕흥리고분)

현을 가진 유주를 점령하였다고 보고 있으나, 408년에 북연의 고운이 왕이 되어 광개토대왕에게 귀부해올 당시 그들을 아우르고 그곳을 넘어 북경北京 지역까지 진출했다고 보는 것이 더 타당하다. 그리고 398년에 후연이 유주를 비여肥如에 두었는데 400년에 북위가 이곳을 공격하였다. 그후 401년에 북위가 후연의 영지를 쳐서 빼앗았다가 다시 잃었고, 402년에 후연後燕이 북위의 영지를 쳐서 빼앗고 요서태수를 사로잡았으며, 후연이 모용발을 유주자사로 삼아 영지에 두었다고 한 것을 보면 그 당시 유주幽州는 영지令支였을 가능성이 높다.

3. 장수왕의 평양 천도 이후

1) 장수왕의 평양 천도
· · · · ·

건흥 15년(427년)에 평양平壤으로 천도를 하였다.

당시 장수왕이 천도한 평양성은 현재 안학궁성安鶴宮城으로 그곳의 뒤에는 대성산성大城山城이 자리 잡고 있다. 평양성은 대동강을 이용하여 수운이 편리하고 넓은 평야를 가지고 있으며, 육로로도 교통의 요충지이며 대동강과 보통강이 있어 방어에 매우 유리하였다. 『태백일사』 고구려국 본기에 장수왕을 '장수홍제호태열제長壽弘濟好太烈帝'라고 부르면서 건흥建興이라는 연호를 사용하였다는 기록이 있다.

그런데 1915년 충북 충주시 노은면에서 출토된 불상의 광배에는 건흥오년세재병진建興五年歲在丙辰이라는 명문에 '건흥建興'이라는 연호가 나타나 있다. 〈광개토대왕비〉에 따르면 임자년壬子년인 412년에 광개토대왕이 죽었으니 즉위년 칭원법에 따라 이때가 장수왕의 즉위 원년이 되는 것이다. 즉 장수왕 재위 5년은 병진丙辰년이 되어 명문에 나오고 있는 '建興五年'은 416년 장수왕 당시에 쓰인 것이었음을 밝힐 수 있다. 그와 아울러 그의 시호를 '장수홍제호태열제長壽弘濟好太烈帝'에 대해서는 추후 연구가 필요하다. 필자는 광개토대왕은 광개토경호태왕廣開土境好太王, 문자왕은 문자호태왕文咨好太王, 양원왕은 원래 양강상호태왕陽崗上好太王, 평원왕은 원래 평강상호태왕平崗上好太王 등으로 불렸을 것으로 보고 있어 장수왕도 장수호태왕長壽好太王으로 불렸을 것으로 추정되며 '홍제弘濟'란 건흥과 다른 또 하나의 연호를 나타낸다고 본다.

대성산성의 소문봉 성벽(서일범 제공)

2) 북위와의 관계

· · · · ·

> 건흥 24년(436) 북위가 북연을 쳐서 멸하자 고구려가 북연을 도
> 와 왕인 빙홍을 데리고 와서 평곽平郭에 두었다.

당시 432년 북위가 북연를 치자 투항해온 10여군 중에서 영구, 성주, 요동, 낙랑, 대방, 현도군 등의 군민 3만을 유주로 옮겼다. 북위北魏는 선비의 한 갈래인 타브가치拓跋氏로 선비산의 선비와는 달리 대선비산大鮮卑山으로 불리는 대흥령 산맥 가장 북쪽에 있는 알선동嘎仙洞이 본향이었다. 그들은 선비족 중에 가장 늦게 남진을 시작하여 호륜호로 내려와 머물다가 다시 대동으로 남진하여 315년에 탁발의로가 대국代國을 세웠으나 376년에 전진에게 멸망당하였다. 그 후 386년 탁발규가 나라를 다시 세우고 북위北魏로 바꾸었고 태무제는 439년에 양자강 이북을 모두 통일한 후 493년에 낙양으로 천도하게 된 것이다.

> 건흥 26년(438) 고구려가 보호하고 있던 빙홍이 교만하자 북풍
> 北豊으로 끌고 와 죽였다.
> 건흥 54년(466)에는 북위가 구혼을 청하자 병사하였다고 하여
> 허사가 되었다.
> 건흥 59년(471) 고구려의 백성 노각 등이 북위로 달아났다.
> 건흥 68년(480) 고구려가 남제南齊에 사신 여로를 보내자 북위
> 北魏가 해상에서 그를 잡아 책망하였다.
> 건흥 79년(491) 장수왕이 죽자 위의 효문제가 동교에 나가 상복
> 을 입고 애도를 표하였는데, 더구나 591년에 고구려 문자왕이
> 죽었을 때에도 영태후가 동당에서 애를 발하고 망제를 지냈다.
> 이 당시 고구려는 북조인 북위뿐만 아니라 남조인 송, 제와도 교

통을 하였다.

안장왕 2년(520) 양梁의 사신이 고구려로 오다가 북위에게 붙잡혔다. 북위北魏가 고구려에 사신을 보내왔다.

고구려는 북조인 북위 뿐만 아니라 남조인 남제, 양과도 외교관계를 가지고 있었는데 북조인 북위는 해상을 오가던 고구려, 양나라 사신들을 체포할 정도 매우 민감하게 반응을 하였다. 이 당시 양나라가 고구려의 안장왕에게 영동장군도독영평주제군사고려왕寧東將軍都督營平州諸軍事高麗王에 봉한 것을 보면 그 당시 고구려가 요동지방의 영주營州와 평주平州를 차지하고 있었음을 알 수 있다.

이 당시 효문제의 후궁에는 고구려 사람으로 471년경 북위로 들어와 여위장군이 된 고양의 딸이 있는데 그녀는 선무제를 낳았다. 그러나 497년에 그녀는 황후였던 풍후에게 암살을 당하게 된다. 선무제는 황제에 오르자 자기 어머니를 문소황후로 추존하고 외할아버지 고양高颺을 발해공渤海公으로 추서하여 고양의 손자인 고맹高猛에게 세습하게 하였으며, 외삼촌인 고조高肇를 평원공平原公에 책봉하였고, 고조의 동생인 고현高顯을 징성공澄城公으로 책봉하였다. 재위 3년에는 산동지방인 청주에 고려묘高麗廟를 짓게 하였다. 그리고 선무제는 후궁인 고구려 출신의 고귀비高貴妃을 총애하여 그녀를 황후에 봉했는데 그녀는 아들이 6살에 효명제가 되자 섭정을 하게 된 영태후靈太后이다. 그러하기에 효문제, 영태후 등이 고구려의 장수왕, 문자왕 등이 죽었을 때에 애도를 표하게 된 것이다.

3) 유연 제국과의 동몽골 지두우의 분할 점령
• • • • •

유연柔然이란 4세기 중엽부터 5세기 중엽에 걸쳐 지금의 몽골지역에서 흥기했던 종족을 말하며 유유, 예예라고도 한다. 기원이 동호 또는 흉

장수왕의 유연과의 지두우 분할 점령

노의 별종이라고도 하나 몽골족 계통으로 보인다. 수렵과 유목을 주산업으로 삼았던 약소 종족이었다. 3세기 말에서 4세기 초에 걸쳐 선비족鮮卑族의 탁발부拓拔部에 속해 있다가 전진前秦 부견의 공격을 받아 일시 멸망했다. 그 후 차츰 세력이 성장하여 몽고지역의 탁발부가 중국으로 들어가 북위北魏를 건국하자 그들을 대신하여 몽골지역을 지배하면서 북위와 대립하게 되었다. 그리고 4세기 후반에는 오손烏孫을 침략했다.

『위서魏書』 거란전에 의하면 북위와 대립하고 있던 이들이 479년에 고구려와 함께 대흥안령大興安嶺 지역에 자리 잡고 있던 지두우地豆于를 분할할 계획을 추진한 일이 기록되어 있다. 서요하상류의 서자목륜하를 장악하고 있었던 장수왕은 유연과 함께 명마名馬의 고향인 석림곽륵 초원과 호륜패이 초원에 자리 잡고 있었던 지두우를 점령한 것이었다. 이들에게서 얻은 준마들은 철갑기마병을 중심으로 기마부대로 운영되었던 고구려의 군사력에 매우 중요한 것으로 석림곽륵초원 동오주목심 액길뇨이額吉淖爾 호수의 소금과 함께 군사적, 경제적으로 중요한 전략적 자산이었다.

그러나 유연은 내란과 함께 여러 차례 북위의 공격을 받으면서 약해졌다. 그 뒤 수隋나라가 일어나 남조의 진陳을 멸망시키고 통일제국을 건설한 뒤 알타이산 지역에서 유연에게 복속되어 제철업에 종사하고 있었던 투르크족 계통의 돌궐突厥이 흥기하면서 555년에 유연을 멸망시켰다.

이로써 돌궐은 유연의 뒤를 이어 대제국을 건설하고, 유연은 한족漢族에 동화되는 과정을 밟았다. 실위족室韋族의 일파인 몽골실위蒙兀室韋를 몽골족의 선조로 보기도 하는데 박원길은 『몽골비사』에 나오는 몽골족의 선조인 알랑고아의 아버지 메르겐의 코리Kohri족을 주목하고 있으며 그들의 원향이 바이칼 호수임을 밝혀 우리민족의 한 갈래일 가능성을 제시하고 이들이 후일 몽골실위가 되었음을 밝히고 있다. 이와 아울러 징기스칸이 제사를 드렸던 부르칸칼돈의 원형 또한 바이칼 호수의 동쪽 바르코진에 자리잡은 바르한언더르산임을 밝히고 있다.

4) 장수왕의 백제 한강유역 정복
・・・・・

> 건흥 63년(475년) 장수왕이 백제의 한성漢城을 쳐서 개로왕蓋鹵王을 죽이고 한강유역을 차지했다.

장수왕은 도림道林이라는 스님을 보내 거짓으로 도망온 것처럼 개로왕에게 접근하게 하였다. 도림은 바둑을 좋아하던 개로왕과 바둑 내기를 하면서 친해져서 그로 하여금 대규모의 궁궐과 선왕의 묘를 다시 건설하게 하여 백성의 원망을 사게 만들었다. 도림은 민심이 이반된 것을 알고 고구려로 가서 장수왕에게 고하자 쳐내려와 백제의 한성漢城을 함락하였다. 이 당시 고구려의 본진은 아차산성이며 한성은 현재 하남시 고골로 그곳에 있는 교산동토성과 이성산성을 7일간 공격하자 남한산성으로 물러나 항전하였다. 개로왕은 서문을 열고 달아나다가 잡혀 아차산성으로 끌려가서 이전에 백제의 장수였다가 그의 학정에 불만을 품고 고구려로 투항한 재증걸루再曾桀婁에게 죽임을 당했다. 현재 아차산성 아래의 우미내고분은 바위 위에 자리 잡고 있어 흙에 묻힌 것이 아니라 죽은 자를 모욕하는 것으로 필자는 고구려에게 죽임을 당한 개로왕의 무덤으로 보고 있다. 현재 몽촌토성에서는 사이장경호라는 고구려의 전형적인 토기가 출토되었을 뿐만 아니라 아차산에서는 고구려의 보루들이 많이 발견되었다. 그중에서 아차산 정상에 있으며 가장 큰 규모의 아차산 제3보루와 시루봉보루 및 구의동보루가 서울대학교 박물관에 의해 발굴되어 수많은 유물들이 출토되었다.

아차산의 개로왕무덤

5) 중원고구려비와 남성골 산성

· · · · ·

장수왕은 475년 백제의 한성을 침공하여 함락하고 개로왕蓋鹵王을 잡아서 아차산성으로 끌고와 죽였는데 고국원왕故國原王이 백제 근초고왕에게 죽임을 당한 한을 푼 것이다. 이로써 고구려는 한강유역을 차지하고 아산만牙山灣과 죽령竹嶺 이북의 땅을 차지하고 충주忠州를 남진기지로 삼아 그곳에 국원성國原城을 설치하였다. 현재 장미산성으로 그 부근에는

금강변의 남성골산성

〈중원고구려비中原高句麗碑〉를 비롯하여 고구려양식의 봉황리 마애불과 두정리고분 등이 산재되어있다.

이 비는 〈광개토대왕비〉와 같은 형태의 4면비로 비문 앞머리에는 고려태왕高麗太王이란 명문이 있으며, 전부대사자前部大使子, 제위諸位, 하부下部, 사자使子, 발위사자拔位使者, 대형大兄 등 고구려의 관직명이 보이고 신라를 동이東夷, 신라왕을 매금寐錦

이라고 표현하고 있고 신라왕 및 신하들에게 의복을 하사한 것으로 신라에 대한 우월성과 동북아시아 지역에서 고구려 중심의 국제질서가 성립되었음을 의미한다. 더구나 '신라토내당주新羅土內幢主'라는 것으로 보아 신라의 영토 내에 고구려군이 주둔하였음을 알 수 있다.

필자는 정영호가 창원 문곡리의 개소문성, 대전 신동의 소문성 등에 고구려 세력이 남진하였다고 주장한 것과 대전 월평동의 월평산성에서 고

중원고구려비

구려와 관련된 유적들이 나타나고 있음을 근거로 고구려가 금강錦江 이남의 대전 유성구지역으로 진출함을 말미암아 백제의 성왕聖王이 위협을 느껴 수도를 웅진에서 사비로 천도할 수밖에 없었음을 주장하였다. 그 후 청원군 부강리의 남성골산성이 발굴되었는데 이 산성은 금강변 해발 106m의 야산에 구축된 둘레 360m의 고구려산성으로 목책, 치, 온돌과 부뚜막을 갖춘 집터, 토기가마, 단야로 등과 연질토기, 화살촉, 쇠도끼, 금귀고리, 철제표비 등 5세기 후반의 고구려유적과 유물들이 나타나고 있다.

6) 신라, 백제와의 관계
· · · · ·

건흥 56년(468) 왕이 말갈병사 1만을 이끌고 나가 신라의 실직 주성(삼척)을 쳐서 빼앗았다.

건흥 69년(481) 신라의 호명성(청송) 등 7성을 취하고 미질부(흥해)로 쳐들어가니 백제, 가야의 구원병이 오나 파하였다.

건흥 72년(484) 신라의 모산성(진천)을 대파하였다.

건흥 77년(489) 신라의 호산성을 함락하였다.

문자왕 명치 3년(494) 신라와 살수원(청주)에서 싸워 대파하였으나 백제가 도와주었다.

명치 4년(495) 백제의 치양을 치자 신라가 도와주었다.

명치 5년(496) 우산성을 쳐들어가나 니하(강릉)에서 대패하였다.

명치 6년(497) 신라의 우산성을 쳐서 빼앗았다.

신라는 광개토대왕 당시에 금관가야와 왜의 협공을 받아 고구려에게 구원을 청하여 겨우 살아났다. 그 후 신라에서는 실성, 내물, 복호 등이 인질로 고구려로 보내어 졌는데 내물왕이 즉위한 이후로는 박, 석, 김의 삼성의 교체가 끝나고 김씨가 왕위를 독점하게 되었고 고대국가로써의 체제를 정비하였다. 그 후 국력이 증대되어 삼척, 청송, 진천, 청주 등에서 고구려와 전투를 벌였으며 더 나아가 강릉까지 북진하게 되었던 것이다. 『태백일사』 고구려본기에는 문자왕의 연호를 명치明治라고 하였고 그의 시호를 문자호태열제文咨好太烈帝라고 하였는데 『삼국사기』 권 제19, 고국려국본기에서는 문자명왕文咨明王이라고 하면서 주석에 혹은 '명치호왕明治好王'이라고도 불렸다고 명기하고 있어서 그의 정식명칭은 '문자호태왕文咨好太王'이었고 연호가 명치明治였음을 정확히 보여주고 있다.

7) 백제 무녕왕의 북진과 고구려의 한강유역 상실
· · · · ·

명치 10년(501)에 백제가 수곡성을 쳐들어왔다.
명치 12년(503)에 백제의 무녕왕이 수곡성(신계)을 쳐들어왔다.
백제의 마수책(포천)과 고목성(연천)을 쳤다.
명치 16년(507년)에 백제의 한성(하남시)을 치려고 횡악(북한산성)에 주둔하였다가 격퇴 당하였다.
명치 21년(512) 백제의 가불성과 원산성을 쳤다.
안장왕 5년(523) 패수(예성강)에서 백제와 싸워서 졌다.

백제의 무녕왕은 한강유역을 다시 차지하고 북진하여 수곡성水谷城인 황해도의 신계까지 진출하였으며 마수책은 포천, 고목성은 연천, 패수는 예성강 등에서 고구려와 충돌을 벌였다. 『양서梁書』 백제전에 521년에 무녕왕이 남조인 양梁나라에 보낸 국서를 보면 여러 번 고구려에 파멸 당했다가 이제 와서 백제가 다시 '강국強國'이 되었다고 하였으며 '무녕武寧'이라는 시호의 의미와 〈무녕왕 묘지명武寧王 墓誌銘〉에 황제의 죽음에만 쓰이던 '崩'이라는 글자는 이러한 시대적 정황을 잘 드러내고 있다.

8) 안장왕의 재남진
· · · · ·

안장왕 11년(529) 백제의 북변 혈성穴城을 쳤다.

『삼국사기』 지리지와 『조선상고사』를 참조해보면 이것은 안장왕이 태자 시절에 고양 지역에 잠입하여 그 지역 세력가의 딸인 한주와 정을 통하였는데 그 처자가 그곳의 태수에게 압박을 받자, 안장왕의 여동생 안학공주安鶴公主를 사모하였던 을밀乙密이 그녀를 얻기 위해 결사대를 조직하여 나가 놀이패로 가장해 연회석에서 그들을 치자 고구려 10만 명의 군대가 입성하였다. 이때 한주가 고봉高峰에서 봉화를 올려 공격하여 한강유역을 다시 차지하였고, 행주산성 지역을 한주와 안장왕이 만났다고 하여 백제에서는 계백현이라고 불린 것을 왕봉현王逢縣으로 고친 것이다.

강화도의 혈구산

그리고 혈성穴城은 강화도로 백제시대에는 갑비고차甲比古次라고 불렸는데 고구려가 차지한 후에는 혈구군穴口郡으로 바뀌었고 신라가 차지한 후에는 해구군海口郡이 되었다. 필자가 고구려시대에 제사를 드렸던 동굴을 혈구산穴口山 정상부에서 찾았는데 국내성에 있는 국동대혈國東大穴과 그 형태가 똑 같았다. 그리고 그 남쪽아래 벌판에는 습진벌성習陣伐城이라는 성이 있어 고구려 당시에 이곳에 혈구진이 설치되어 있었음을 보여주고 있다.

9) 고구려의 한강유역 재상실과 온달장군의 전사
· · · · ·

> 양원왕 7년(551) 백제의 성왕은 신라의 진흥왕과 함께 고구려를 쳐서 한강유역을 차지하였다.
> 양원왕 8년(552) 신라의 진흥왕은 백제를 쳐서 한강유역을 빼앗았다.
> 영양왕 1년(590)에 신라에게 빼앗긴 죽령과 계립령 이북의 땅을 찾기 위하여 온달장군이 출전하나 전사하였다.

이 당시 평강공주의 남편으로 평원왕平原王(559~590)의 사위가 되었던 온달장군이 죽은 곳은 단양군 영춘면의 온달산성溫達山城이다. 북벽 바로 아래에는 남한강이 흐르고 남쪽에는 소맥산맥이 흐르는 곳으로 해발 427m의 성산 정상부를 두르고 있는 테뫼식산성으로 전체둘레 682m이다. 이곳이 죽령과 계립령으로 통하는 요충지로 소맥산맥을 넘어 북진하는 신라를 막았던 곳이다. 온달장군溫達將軍은 춘천→홍천→횡성→원주→제천→영월→단양으로 진출하여 영춘永春에 있는 온달산성에서 전사한 것이다. 현재 춘천에서는 방도리, 신매리, 천전리 등에서 고구려 고분이 발견되고 있고 필자의 조사에 의하면 영월의 왕검성·태화산성, 정선의 고성리산성·송계리산성, 제천의 가은암산성·성산성, 단양의 죽령산성·공문산성 등이 고구려가 사용한 산성으로 보이기 때문이다. 특히 죽령 바로 아래의 순흥고분에서는 고구려 벽화의 영향을 받은 신라고분이 발견되고 있어 이러한 사실을 더욱 확실히 해주고 있다.

현재 한강변의 아차산성峨嵯山城에서 온달장군이 죽었다고 향토사학자인 김민수가 주장하고 있으나, 현재 아차산성에는 온달과 관령된 지명이 하나도 남아있지 않은 반면 영월의 향토사학자 윤수경尹洙慶의 조사에 의하면 영춘의 온달산성溫達山城, 주위에는 온달과 연관된 온달산성, 온달동굴溫達洞窟, 장군목將軍項, 대진목大陣項, 온포동, 공주굴公主窟, 장수물將軍水, 온달발자국, 분산골, 장방터, 이동산移動山, 피바위, 진담, 쉬는돌, 망굴여울, 면위실免危谷, 꼭두방터上防壘, 중간방터, 아래방터 등 100개의 지명이 산재하고 있다. 그리고 영춘이 고구려 때에 '을아단현乙阿旦縣'으로 불렸는데 '을乙'이란 '위上'의 뜻으로 남한강 상류의 위쪽에 있는 아단성阿旦城이라는 뜻이기 때문이다. 더구나 온달산성 바로 아래 강 건너 태장이에는 온달장군묘로 추정되는 고구려의 계단식적석총이 남아 있어 그의 시신을 평양으로 옮겨가기 전에 잠시 모셨던 가묘로 추정된다.

남한강변의 온달산성

10) 안학궁성과 대성산성

· · · · ·

안학궁성安鶴宮城은 장수왕 15년(472)에 천도한 곳으로 북쪽에는 대성산, 남쪽에는 대동강이 흐르는 평지로 성의 양쪽은 해자로 둘러있으며 네모난 토성으로 한 변이 622m이다. 토성의 밑 부분은 돌로 쌓고 그 위에 흙을 덮은 것으로 높이는 약 12m이다. 남쪽에는 3개의 성문이 있으며 1개의 수구문이 있다. 나머지 3면에는 성문이 1개씩 있다. 건물은 남궁, 중궁, 북궁, 서궁, 동궁 및 정원이 있다. 이중에서 남궁은 외전, 중궁은 내전, 북궁은 침전이며, 동궁은 태자궁, 서궁은 궁인들의 거처였다.

대성산성大城山城은 안학궁의 북쪽에 있는데 산성으로 북쪽을 제외하고는 강을 건너야 되는 곳이다. 이곳은 소문봉, 을지봉, 장수봉, 북장대, 명림봉, 주작봉 등 6개의 봉우리의 능선을 연결한 타원형으로 둘레는 7,076m이다. 성벽에는 65개의 치가 있으며 평균 109m마다 설치되어 있다. 성문은 20개가 있으며 사방 4개의 문만 출입문이고 나머지는 암문이며 정문인 남문은 성벽이 2중으로 되어있다. 성안의 연못은 170여 개가 있다. 이곳의 건물지에서 나온 기와는 장군총, 태왕릉, 천추총 등에서 나온 4~5세기의 것과 비슷하다.

11) 장안성

· · · · ·

장안성의 동쪽 성벽(서일범 제공)

장안성의 외성(서일범 제공)

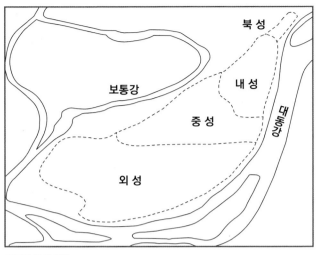

보통강

북성

내성

대동강

중성

외성

고구려의 장안성

　장안성長安城은 평원왕平原王 28년(586)에 천도한 성으로 현재의 평양 시가를 두르고 있는 성이다. 이것은 지금까지 평지성과 산성으로 이루어져 있던 도성의 단점을 극복하여 이 둘을 나성羅城으로 둘러 하나로 묶은 것이다. 그 안에는 북성, 내성, 중성, 외성 등으로 나누어져있는데 내성에 궁전, 중성에는 관청과 귀족, 외성에는 민가, 북성은 방어성으로 되어있다. 평양平壤은 북으로는 보통강, 남으로는 대동강이 감싸고 흐르는 복주머니와 같은 특이한 지형이다. 평양 한가운데에 높이 솟아 있는 해발 96.1m의 모란봉과 을밀대, 만수대의 높고 험한 산능선을 북벽으로 이용하고, 동쪽과 남쪽으로 대동강 기슭을 따르다가 다시 서쪽으로 보통강 기슭을 거슬러 올라 축조되었다. 이 성은 산성과 평지성을 연결시킨 평산성平山城에 속하는 것으로 둘레는 23㎞, 성안의 면적은 11.85㎢이다. 북성의 영명사永明寺터에서는 돌계단, 돌사자와 고구려시대의 주춧돌, 와편 등이 출토되었다. 만수대 부근에서 고구려 시대의 건물지, 보통강 부근에서 고구려시대의 성문이 발견되었다. 그리고 성문의 문지방돌도 나왔는데 문지방돌에는 수레바퀴가 다니던 홈이 패어 있었으며, 성벽의 여러 곳에는 축성할 때에 새긴 고구려시대의 명문들이 발견되었다.

12) 망명부여의 투항과 두막루국
· · · · ·

문자왕 3년(494)에 부여의 잔왕屡王이 투항해 옴으로써 고구려
역사상 최대의 판도를 가지게 된 것이다.

조선 후기 이종휘의 『동사東史』에도 "남제의 명제 건무 원년(서기 494년)에 부여의 줏대가 없는 잔왕屡王이 그 나라를 고구려에 바치고 들어가니 부여씨가 마침내 제사가 끊기게 되었다."라고 기록되어 있어 잔왕을 끝으로 망명부여의 기록이 사라지게 된다. 망명부여는 346년 현왕 때에 전연의 모용황의 침입을 받아 멸망당하였다. 그왕의 아들인 여울이 후연에서 부여왕에 책봉되었다는 기록은 있지만 이 당시 망명부여가 독립된 국가는 아니었다. 『위서魏書』 고구려열전에 정시 연간(504~507)에 고구려의 사신이 와서 말하기를 황금은 부여에서 나오는데 이제 부여는 물길에게 쫓겨나 고구려에서 그들을 받아들여 살게 하였다고 하여 이러한 사실을 증명해주고 있다. 『위서』 물길연전 태화 9년(485)에 물길이 북위에 사신을 보냈는데 그 근처에 사신을 같이 보낸 나라 중에 대막로국大莫盧國이 있는데 이것이 바로 두막루豆莫婁이다.

『위서』 두막루전에 두막루국은 물길의 북쪽 1천리에 있는데 옛날의 북부여다. 실위室韋의 동쪽에 있으며 동쪽은 바다에 닿았으며 사방 2천리이다. 집에 거주하고 창고가 있었다. 산과 구릉, 큰 연못이 많고 동이지역에서 가장 넓어 오곡을 키우기에 알맞았다. 그 군장은 모두 육축六畜의 이름으로 관직을 삼았고 음식은 조두를 사용하였다. 옷은 고구려와 비슷하며

대인은 금, 은으로 치장하였다. 형벌이 엄해 살인자는 죽이고 그 집안 사람들은 노비로 삼았다고 한다.

『책부원귀冊府元龜』 외신부 조공조에는 북제 후주 천통 3년(567)과 5년(569)에 대막루국이 사신을 보내온 기록이 있으며 개원 12년(724)에도 달말루국이 사신을 보냈다고 한다. 『신당서新唐書』 동이전 달말루조에는 개원 11년(723) 달말루의 2군의 수령이 조공하였는데 그들은 스스로 북부여의 후예라고 말한다. 고구려가 그 나라를 멸하자 유민들이 나하那河를 건너 그곳에 거주하였다. 혹은 타루하他漏河라고도 하는데 동북쪽으로 흘러가 흑수黑水로 들어간다. 그리고 『책부원귀』 외신부 조공조에 개원 12년(724) 달말루의 대수령 낙가제가 와서 조공하였다고 한다.

이러한 사실들을 보면 광개토대왕이 영락 20년(410) 동부여東扶餘를 쳐들어갔을 때에 이탈한 일부 세력들이 그곳을 떠나 눈강 부근으로 옮겨가 두막루국을 세워 8세기 당시까지 명맥을 유지했음을 보여주고 있으며 그 후 726년경에 발해로 편입되었다고 보고 있다.

13) 요동지역의 상황
· · · · ·

> 안원왕 4년(534) 동위東魏가 고구려에 사신을 보내자 고구려도
> 동위에 사신을 보냈다.
> 양원왕 3년(547) 고구려가 백암성과 신성을 고쳐 쌓았다.

북위는 이 당시 동위東魏(534~550)와 서위西魏(535~556)로 갈라지게 되었으며 국경을 맞대고 있던 동위와 외교관계를 맺은 것이다.

백암성白巖城은 요령성 등탑현에 있는 연주성燕州城으로 이 산성은 동북이 높고 서남이 낮은 독립된 구릉상에 위치하며, 성의 동남쪽 절벽 아래

에는 태자하가 서쪽으로 굽이쳐 흐른다. 성벽은 동·서·북벽은 견고하게 돌로 쌓았으며, 남쪽은 태자하 연안의 험준한 절벽을 이용하여 성벽을 구축하지 않았다. 성벽의 전체둘레는 2.2km, 높이 약 10m, 너비 4m 정도로 축조방식은 안팎을 모두 돌로 축조한 내외협축이다. 서쪽 성벽에는 70m 간격으로 5개의 치雉가 돌출되어 있다. 치의 크기는 대략 길이 5m, 너비 5.3m로 치의 하단부는 커다란 돌을 다듬어 계단식으로 들여쌓은 되물림과 모서리를 둥글게 하는 굽도리라는 고구려 산성의 전형적인 성벽 축조방식을 보여주고 있다.

신성新城은 고구려가 요동으로 진출하던 초기에 요동지역을 지키기 위해 새로이 구축한 요새였음을 알 수 있는데 현재 무순의 고이산성高爾山城으로 비정되고 있다.

> 양원왕 7년(551) 돌궐突厥이 신성을 쳐들어와 포위하였으나 물리치자 백암성을 공격 하였다. 왕이 고흘에게 군사 1만 명로 쳐서 100여 명을 죽이고 잡았다.

550년 초에 몽골 초원에서 유연제국에 들어있던 알타이지역의 제철산업에 종사하고 있었던 돌궐이 급속히 성장하여 552년에는 유연을 공격하여 통치자였던 아나괴를 죽이고, 동쪽으로는 거란을 압박하고 북주와 결탁하여 북제를 멸망시켰다. 그 후 태도를 바꾸어 요서지역에 남아있던 북제의 잔존 세력들을 도와주게 된다. 그리고 거란족을 정복할 목적으로 그들을 보호하고 있었던 고구려로 쳐들어온 것이다. 당시 거란족은 이들에게 밀려 1만가를 거느리고 고구려로 투항한 상태였다.

양원왕을 『삼국사기』 고구려본기에서는 '양강상호왕陽崗上好王'이라고도 불렸다고 기록하고 있는데, 필자는 이것을 〈광개토대왕비〉의 시호인 '국강상광개토경평안호태왕國罡上廣開土境平安好太王'과 비교해 본다면 '양강상호태왕陽崗上好太王'이 정식 명칭이라고 본다.

평원왕 32년(585) 왕이 수나라가 진陳을 멸망시키고 중국을 통
일했다는 소식을 듣고 병기를 수리하고 곡식을 저축하여 방비
를 강구하게 하였다.

581년 수나라를 세운 양견의 부친인 양충楊忠은 북위가 서위西魏, 동
위東魏로 분열될 때 우문태宇文泰를 따라 서위을 건국하는 데 공헌하여
대장군이 되었고, 수국공随国公의 지위를 얻었다. 568년 양충이 죽으면서
아들인 양견이 대장군 수국공의 지위를 물려받게 되었다. 그 후 북주北周
(557~581년)의 무제武帝는 숙적인 북제北齐(550~577년)를 멸망시키고, 남
조인 진陳을 멸망시키기에 앞서 북쪽의 돌궐에 대한 원정을 준비하던 중
년에 병사하였다.

578년 북주의 무제의 뒤를 계승한 선제宣帝는 기행을 그치지 않다가 재
위 8개월 만에 퇴위하며 천원황제天元皇帝를 칭하며 정제靜帝에게 자리를
물려주고 정무를 돌보지 않았다. 이 당시 정제를 보필하던 양견의 신망이
높아지면서 580년 선제가 죽자 양견은 섭정으로 전권을 장악하게 되었다.
이에 반발하여 여러 곳에서 반란이 일어났으나 양견楊堅은 이것들을 물리
치고 북주의 패권 장악하여 수국공에서 수왕隋王의 자리에 오른 후 581년
에 정제로부터 선위를 받아 수隋나라를 건국하여 문제文帝가 되었다.

평원왕은 『삼국사기』 고구려국본기에 '평강상호왕平崗上好王'으로도
불렸다고 하며 『태백일사』 고구려국본기에는 그의 시호가 '평강상호태열
제平崗上好太烈帝'라고 되어있다. 필자는 광개토대왕을 『삼국사기』 고구려
국본기에서는 '광개토왕廣開土王'이라고 부르는 것을 고구려시대에 세워
진 〈광개토대왕비〉에서는 '국강상광개토경평안호태왕國岡上廣開土境平安
好太王', 모두루묘의 묘지명에는 '국강상대개토지호태성왕國罡上大開土地
好太聖王', 신라 호우총의 호우에는 '국강상광개토지호태왕國罡上廣開土地
好太王' 등으로 부르고 있는 것을 참고하여 본다면, 평원왕은 '평강상호태
왕平崗上好太王'이 정식 명칭일 것으로 본다.

5장

고구려인은
어떻게 살았는가

1. 고분 벽화

1) 적석총
• • • • •

고구려의 고분은 돌을 사용한 적석총積石塚이 가장 많다. 초기에는 성황당과 같이 돌무더기를 쌓는 무기단식 적석총에서 한단의 기단을 만든 기단식적석총, 3단정도의 기단을 만든 계단식방단적석총, 적석총의 가장 발달된 형태인 횡혈식적석총, 적석총위에 흙을 쌓은 봉토적석총 등으로 발달되었다.

장군총

2) 봉토석실분
• • • • •

고구려의 고분은 적석총에서 횡혈식석실분으로 발전하였는데 이것은 시신이 들어가는 널길과 시신을 난치하던 널방石室으로 구분되며 그 외에 전실과 측실도 있다. 이 고분은 모죽임식 말각천정抹角天井과 벽화를 가진 것이 특징이다.

오회분 5호묘

3) 벽화고분
•••••

횡혈식석실분橫穴式石室墳에는 많은 벽화가 그려져 있는데 초기의 벽화는 벽면에 회를 칠한 후에 그림을 그린 프레스코 기법을 사용하였고 후기에는 커다란 통돌 위에 직접 벽화를 그렸다. 분포로는 국내성이 있던 집안지역에는 무용총, 장천1호분, 각저총 등 13기가 존재하며 평양을 비롯한 북한지역에는 호남리고분, 고산리고분, 개마총 등 평양지역에 9기를 비롯하여 쌍영총, 강서대묘, 안악 3호분, 진파리고분 등 23기가 있어 도합 46기 정도가 남아있다.

4) 벽화내용의 변천
•••••

벽화壁畫는 인물풍속도, 인물풍속 및 사신도, 사신도 등 3가지로 나누어지는데 인물풍속도를 그리던 시기가 사신도를 그린 시기보다 앞선다. 인물풍속도人物風俗圖는 벽에 기둥을 그려 집안처럼 꾸미고 천정에는 해, 달, 별, 구름 등을 그려 하늘을 표시하고 실내에는 주인을 벽의 중심부에 배치하고 행렬도, 수렵도, 가무, 씨름 등 생전에 주인이 즐기던 것들과 부엌, 방앗간, 푸줏간, 우물, 마구간, 외양간 등 실생활들이 그려져 있다.

5) 사신도
. . . . .

사신도四神圖는 방위에 따라 동쪽에는 청룡, 서쪽에는 백호, 남쪽은 주작, 북쪽은 현무, 중앙에는 황룡이 그려져 있다. 그리고 천정에는 신선, 비천상, 기린도, 봉황, 연꽃무늬, 인동무늬, 해, 달, 별, 신선 등이 그려져 있는데 특히 공양도와 비천도는 불교의 신앙을 반영한 것이다.

현무도(강서대묘)

2. 옷차림

1) 남자의 복식
. . . . .

고구려의 남자들은 말 타기에 적합한 합바지와 저고리를 입었다. 합바지의 끝은 현재 한복과 같이 매고 부츠 같이 생긴 가죽신을 신었는데 그 끝이 버선코와 같아 말을 탔을 때에 등자에서 발이 빠지지 않게 하였다. 저고리의 깃은 매우 넓고 가슴에서 오른쪽이 왼쪽을 덮었던 것을 중국인들이 좌임左衽이라 하여 오랑캐의 복장이라고 불렀다. 그것은 활을 잘 쏘기 위해 고안된 복장이었음을 알 수 있다. 춘추전국 시대의 조나라 무령왕은 이러한 말타기 편한 북방 유목민의 복장을 받아들여 흉노를 쳐부수었다고 한다.

(1) 바지와 저고리

바지에는 통이 좁은 것을 궁고窮袴라 하여 일반백성들이 입었고, 통이 넓은 것은 대구고大口袴라 하여 지배층들이 입었다. 저고리는 앞이 완전히 터져 있으며 곧은 깃을 달고 섶은 어김식으로 좌임이다. 허리에는 띠를 매게 되어있다. 조의선인이란 검은 색의 허리띠를 맨 선비인 고구려의 화랑을 말한다.

(2) 겉옷

겉옷에는 두루마기와 덧저고리가 있는데 예절을 차릴 때는 긴 두루마기를 입었고 보통 때는 덧저고리를 입었다. 지배층들은 신분에 따라 호화로운 두루마기를 만들어 입었는데 안악 3호분에서 수레를 탄 왕은 흰 두루마기를 입었으며 그 아래의 관리들은 연녹색 두루마기, 정절을 든 기수

고구려 귀족의 옷차림(무용총)

는 누런색 두루마기를 입었다. 그리고 집안에서는 진한 자주색 바탕에 넙적한 붉은 선으로 울긋불긋하게 장식한 다채로운 두루마기를 입고 있어 호화로운 5색 비단의 겉옷을 착용했음을 알 수 있다.

(3) 상투와 머릿수건

오회분 4호묘에는 외상투가 보이고, 오회분 5호묘의 문지기는 쌍상투를 하고 있다. 그리고 안학 3호분의 마부와 고취악대, 무용총의 사냥하는 인물들과 약수리고분의 사냥하는 사람과 말몰이꾼, 팔청리 고분의 기예를 하는 인물과 심부름을 하는 사람들이 머리 수건을 착용하고 있다. 머리 수건은 활동하기에 편리한 것으로 신분에 관계없이 모두 사용하였으며 귀족들은 사냥할 때에 더러 사용하긴 했지만 일반 백성들이 주로 사용하였음을 알 수 있다. 900년 전의 소하서문화의 석상과 500년 전의 홍산문화에서 도소남신상陶塑男神像과 옥으로 된 상투꽂이인 옥고玉箍가 출토된 것을 보면 우리 민족이 이미 이때부터 상투를 했음을 보여주고 있다. 이것은 인간이 정수리를 통해서 하늘과 소통하는 것을 상징하는 것으로 보인다.

(4) 절풍과 책

절풍折風이란 검은색의 태와 그 앞쪽 흰색의 가리개를 붙이고 양옆에 끈을 달은 것으로 이것을 쓰게 되면 태는 이마부분의 머리에 닿고 가리개는 상투를 가리며 끈은 쓰개가 벗어지지 않게 턱에 걸었다. 절풍이란 바람을 가른다는 글자 그대로 활동하는데 실용성 있고 매우 간편해 무용총의 사냥꾼의 절풍은 새의 깃을 양쪽에 꽂아 아름답게 장식되어 있다. 집안의 돌간흙 무덤에서는 절풍과 비슷한 금동관이 출토되기도 하였다. 중국의 『위서魏書』에는 고구려에서 중국의 변과 같이 생긴 절풍을 썼고 새깃을 옆에 꽂는데 귀천의 차별이 있었다고 전한다. 그리고 발해의 용두산 고분군에서도 금동으로 된 조우관鳥羽冠이 나오기도 하였다. 책幘에는 뿔난 책과 뾰족하게 솟은 책 두 가지가 있는데 중국의 책과는 달리 뒤가 없다고

수렵도(무용총)

하였다. 벽화의 주인공들은 대부분 관을 쓰고 있는데 책처럼 생긴 내관과 성긴 비단으로 만든 외관을 쓰고 있다.

(5) 왕의 백나관

안악 3호분의 주인공은 왕만이 사용할 수 있는 흰 비단으로 만든 백라관白羅冠을 썼는데 대신들은 청색의 비단으로 만든 청라관, 다음은 붉은색의 비단인 나羅로 만든 홍라관을 썼다.

(6) 행전과 신발

무릎 아래에는 바지 위에 끈을 매거나 행전을 쳐서 활동하기에 편리하도록 하였는데 넓은 천이나 누비 천으로 발목 위에서 무릎 아랫부분을 감싸고 끈으로 동여매고 있다.

왕의 복식과 백라관(안악 3호분)

남자의 신은 2가지로 목이 달린 것과 목이 없는 것으로 나뉜다. 목이 달린 것은 목이 비교적 길고 앞이 약간 들려 있으며 코가 도드라진 것이다. 목이 없는 것 중에는 코가 도드라지지 않은 것도 보인다.

2) 여자의 복식
• • • • •

고구려 여인들의 옷차림에는 저고리, 바지, 치마, 겉옷, 띠, 머리치장, 머리쓰개, 신발 등이 있다. 백성들은 통이 좁고 소박한 옷을 입었으며 지배층의 여인들은 통이 넓고 비단 등으로 만든 화려한 옷을 입었다. 치마는 여인들만 사용하였는데 주름치마는 매우 특징적이다. 겉옷에는 두루마기가 있는데 색깔과 무늬가 매우 다양하다. 그리고 통저리와 통치마가 원피스처럼 맞달린 것으로 둥근 깃을 사용하기도 하였다. 저고리와 겉옷에는 반드시 여러 가지 색깔의 띠를 맸다. 그리고 앞치마는 시중드는 여인들만 사용하였다.

(1) 머리모양

머리모양에는 올린 머리와 내린 머리가 있다. 올린 머리에는 얹은머리와 머리를 높이 틀어 올린 것이 있다. 틀어 올린 것에는 외고리, 쌍고리, 세고리 등이 있는데 고관 등 높은 신분의 여인들은 쌍고리로 틀어 올리고 거기에 금, 은, 옥 등으로 만든 비녀와 많은 머리꽂이, 귀걸이 등으로 호화롭게 치장 하였다. 내린 머리는 처녀들의 머리 형식이었던 것으로 보인다. 특히 안악 3호분에 그려져 있는 왕비의 머리는 양 옆으로 고리처럼 올려서 매우 화려하다.

왕후의 복식과 머리모양(안악3호분)

(2) 머리쓰개와 신발

머리쓰개에는 머리 수건과 털모자가 있는데 머리 수건은 옛 기록에 '건 괵巾幗'이라 하여 고구려 여자머리 쓰개의 하나였으며 털모자는 겨울용이 었던 같다. 신발은 목 달린 것과 목 없는 것이 있다. 이 두 가지 다 코가 도 드라진 것이 특징이다.

3. 집살림

1) 집살림
. . . . .

고구려인들의 살림집에서 방안은 온돌溫突시설인데 벽화 속 지배층을 살펴보면 주인공들은 평상이나 좌상 또는 걸상 위에서 생활하며 화려한 방에서 여러 사람들의 시중을 받고 있다. 이들이 좌상과 평상에 앉을 때 에는 모두 올방자를 틀고 앉아 있다. 좌상坐床은 혼자 앉는 것이고 평상平 床은 2명 이상이 앉을 때에 사용하며 평상에 앉기도 하고 누울 수도 있었 다. 그리고 이 두 곳에 오를 때는 신을 벗었던 것을 알 수 있다. 걸상에 앉 아서 손님을 맞이하기도 하였는데 이때는 신을 벗지 않았다. 방안은 벽 쪽 에만 약간 높은 쪽구들을 놓았는데 이곳은 잘 때만 사용하였고 평상시에 는 약간 낮은 생바닥에 습기를 막고 위생적인 평상을 놓아 더운 때에도 효 과적으로 생활하였다.

2) 부엌살림
. . . . .

부엌은 우물, 방아, 창고 등이 그려져 있는데 부뚜막에는 시루를 걸어 놓고 음식을 만들고 있다. 부뚜막 아궁이에 굴뚝이 직각으로 구부러져서 달려 있는 이것은 마선구 1호 무덤에서 나온 유약 바른 풍로나 운산 적석 무덤에서 나온 쇠풍로와 비슷한 것이다. 우물은 용두레 우물로 용정龍井이라는 지명은 일제하 우리민족이 이동해 용두레 우물을 사용하였기 때문에 생긴 것이다. 그리고 마선구 1호 무덤의 벽화에는 발로 딛는 디딜방아와 그 옆에는 키질을 하는 모습이 그려져 있다. 약수리 무덤에는 외양간 옆에서 여물을 써는 장면과 소들의 코에 코뚜레를, 푸줏간에는 노루, 돼지, 닭, 꿩 등을 쇠갈고리에 꿰어 매단 모습이 담겨있다.

부엌(안악 3호분)

3) 수레
• • • • •

차고車庫에는 바퀴 위에 가마 같은 것을 올려놓고 그 위에 꺾인 풍을 친 수레, 바퀴 위에 가마 같은 것을 올려놓고 그 처마 위에 잇닿아 풍을 친 수레, 앉은 자리 위에 양산 같은 것을 세운 수레 등 지배층들이 타고 다니던 각종수레들을 넣어두었다. 이러한 수레는 고조선시대에 이미 있었으며, 북부여의 해모수도 수레를 타고 다녔다는 기록이 나오고 있고 낙랑국에서도 일산이 달린 수레장식들이 출토되었다. 고구려는 이러한 전통을 더욱 발전시켜서 여러 가지 형태의 수레를 개발하였다.

수레(안악 3호분)

4. 음악과 무용

1) 악기

. . . . .

　벽화에 나타난 악기는 21종이며 문헌을 참고해 보면 이외에도 15종의 악기가 더 있어 총 36종 이상의 악기가 있었다. 악기는 현악기, 관악기, 타악기로 나누어지며 현악기絃樂器에는 4현금, 6현금과 완함이 있었고 그밖에 탄쟁, 추쟁, 수공후, 와공후, 봉공후, 오현 등이 있었다. 4현금은 고유의 악기이며 그것을 발전시킨 것이 6현금인 거문고로 왕산악이 유명하다. 관악기管樂器로는 뿔나팔, 장적, 횡적, 소, 나패 등이 있었으며 문헌에는 의자적, 생, 호로생, 소적, 대적, 도적 등이 있었다고 한다. 타악기打樂器로는 세운 북, 매단 북, 말 북, 메는 북, 장고, 거는 북, 흔들 북 등 여러 가지 북과 메는 종 및 요가 있으며 문헌에는 철판이 더 있다. 벽화에는 여러 가지 연주장면들이 나오는데 가장 많이 나타나는 것은 거문고와 완함 그리고 큰뿔 나팔이다.

　기악伎樂에는 독주와 합주가 있으며 독주는 실내악과 야외악, 합주는 고나 현악과 고취악으로 나누어진다. 고구려에서는 고취악鼓吹樂이 발전되

거문고(무용총)

었는데 궁정 고취악은 춤과 관련된 무악이 있고, 행렬고취악은 군대대열 고취악과 시위대열 고취악으로 나누어진다. 특히 고국원왕능으로 추정되는 안악 3호분에 250여 명이 그려진 왕의 행렬도行列圖에는 무장한 보병, 기병의 군사대열과 여러 가지 의장기물을 들고 있는 의장병, 그리고 타악기와 관악기를 연주하는 고취군악대가 그려져 있어 왕의 행차에 대한 위엄을 나타내기 위하였던 것이다.

완함(삼실총)

2) 무용
·····

고구려의 무용에는 독무, 쌍무, 군무, 탈춤, 칼춤, 창춤, 북춤 등이 있다. 독무獨舞는 안악 3호분에는 긴저, 완함, 거문고를 가진 3명의 악사가 연주하는 곡에 맞추어 한사람이 춤을 추는 독무가 그려져 있다. 쌍무雙舞는 통구12호분의 벽화에 한사람의 거문고 반주에 맞추어 두 여자가 춤을 추고 있다. 군무群舞는 3명, 4명, 5명 등이 춤을 추는데 대부분 여자들이 유연한 동작으로 춤을 추고 있고 두루마기나 바지저고리를 입은 경우도 있고 혹은 긴소매 저고리를 입었는데 노란색, 붉은색, 검은색 등으로 색조를 잘 맞추었다. 씩씩한 동작의 춤들은 칼, 창, 북 등을 가지고 추고 있으며 이들은 모두 남자들로 고구려인의 전투적인 기상을 잘 나타내고 있다.

군무와 합창단(무용총)

5. 공예와 산업

1) 기와
·····

기와는 바탕흙을 부드럽게 갈고 채로 쳐서 성형을 한 후 고온으로 구워서 만든다. 숫기와의 표면에는 식물무늬, 기하무늬, 기타 무늬가 있는데 기하무늬에는 노끈무늬, 돗자리무늬, 멍석무늬, 격자무늬, 물결무늬 등이 있다. 암기와 막새무늬는 덩굴무늬, 수막새기와는 연꽃무늬, 인동초무늬, 괴면무늬 등이 있다. 4세기 이전에는 붉은 기와가 많이 만들어졌고 5세기 이후에는 붉은 기와와 함께 회색 기와가 많이 만들어졌다.

2) 벽돌과 황유단지
·····

벽돌은 방형, 장방형, 부채형 등이 있는데 방형은 금강서터에 쓰였는데 집의 바닥에 깔았던 것이며 장방형벽돌은 평양, 집안, 원오리 등에서 나왔다. 대부분 무늬나 글자가 새겨진 것이 많다. 무늬는 기하무늬와 식물무늬 등이 있다. 집안에서 나온 벽돌 중에 태왕능太王陵에서는 태왕능 산과 같이 편안하고 산악과 같이 굳건하길 원하는 '원태왕능안여산고산악願太王陵安如山固山岳', 천추총千秋塚에서는 천년 만년 영원히 굳건하기를 비는 '천추만세영고千秋萬歲永固'라는 글씨가 새겨져 있다. 황유단지들은 그 유약의 빛깔이 부드럽고 그릇에 단단히 붙어있다. 그릇 가운데에는 평양시 삼석구역에서 나온 벼루가 있으며 마선구 1호 무덤이나 통구에서 나온 유약 바른 부뚜막이 있다.

야철신(오회분 4호묘)

3) 제철산업
·····

고구려 고분에는 야철신冶鐵神이 그려져 있어서 고구려의 제철이 매우 성행하였음을 보여주고 있다. 자강도 시중군 노남리와 중강군 노성리 등에서는 제철 유적이 나오는데 특히 노남리의 철제품은 다른 유적의 것에 비해 규소와 망간의 함유량이 많아 높은 온도에서 제련된 것임을 알 수 있다. 이러한 철기는 주조와 단조 등에 의해 만들어졌는데 보습, 후치, 수레부속, 가마 등의 부속품 등이 주조되었고 괭이, 호미, 도끼 등은 단조로 생산되었다. 이러한 농기구는 농업생산력을 더욱 높일 수가 있었다. 특히 무기와 마구는 물론 말 갑옷 등과 같이 다양한 것들이 만들어졌는데 이러한 무기는 고구려의 군사력을 더욱 강화 시켰다.

4) 제지산업
• • • • •

대성산에서는 불상과 함께 종이가 나왔으며, 청암리토성에서도 금동 뚫음무늬장식품과 함께 종이가 나왔다. 마섬유로 된 이 종이는 섬유들이 치밀하고 균일하게 엉킨 것으로 오늘날에도 흰빛을 유지하고 있다. 고구려 종이의 색조는 다양해서 금, 은박으로 화려하게 장식한 것도 있었다.

5) 관모장식
• • • • •

고구려의 장식품에는 관모장식, 귀걸이, 기타 장식품 등이 있는데 관모 장식冠帽裝飾의 대표적인 것은 진파리 7호분에서 나온 해모양 뚫음 무늬 금동장식이 있다. 이외에도 해뚫음 무늬 장식품은 청암리 토성에서 2개가 나왔는데 하나는 보관형이고 다른 하나는 광배형이다. 박선희는 『고구려 금관의 정치사』를 통해서 칠성산 211호와 서대묘에서 나온 금동제관식, 우산하 922호분과 마선구 2,100로분의 금제관식, 천추묘에서 나온 금제 관식, 태왕릉의 금관 등을 소개하고 있다.

6) 귀걸이와 기타 장식품
· · · · ·

　귀걸이는 그리 많지는 않지만 고리(태환)식과 가는고리(세환)식의 두 가지로 나누어진다. 봉황장식은 평북 선천군 용호동1호분에서 2개가 나왔는데 얇은 금동판을 오려서 봉황의 선 자세를 형상화 한 것이다. 호우는 경주의 호우총壺杅塚에서 나온 것으로 청동으로 만든 납작밑사발모양의 그릇에 뚜껑이 있다. 그곳에는 '국강상광개토지호태왕國罡上廣開土地好太王'라는 글자가 새겨져 있어 신라에서 자기를 도와준 광개토대왕에게 제사를 지냈던 것을 알 수 있다. 은합은 경주의 서봉총에서 나온 것으로 연수延壽 원년 신묘년 3월 중에 태왕이 삼가 단지를 3근 6량을 써서 만들었다고 하였다. 초두는 평양부근에서 나왔다고 전해지는 쇠로 만든 것이 있다.

7) 소형의 금동불상
· · · · ·

　고구려의 금동불상에는 아미타여래상, 석가여래상, 미륵보살상, 지장보살상 등이 있다. 이것은 단신상과 삼존상이 있는데 단신상은 좌상과 입상, 반가사유상 등으로 나누어진다. 단신상은 평양시 대성산성에서 나온 보살상과 경남 의령군과 강원도 영월군에서 나온 여래입상, 평양시 평천구역과 영월군에서 나온 미륵보살반가사유상 등이 있다.

고구려의 연가칠년명금동불(국립중앙박물관 소장)

8) 석공예
· · · · ·

돌로 만든 공예품에는 돌사자, 돌불상, 돌다리미 등이 있다. 북한의 중앙 역사박물관에는 고구려 때의 돌사자상이 있는데 영명사터 계단석 옆면에 새겨진 돌사자상과 비슷하다. 돌불상은 황해도 황주부근에서 나온 석조여래좌상이 있으며 충북 청원군 북일면 비중리의 석조삼존불상이 있다. 돌다리미는 밑면이 반듯한 타원형의 몸체에 반고리형의 손잡이가 있는데 손잡이 둘레에는 새겨진 연꽃무늬는 벽화에서 나오는 것과 같다.

9) 기타
· · · · ·

벽화를 보면 피혁공업은 가죽말갑옷, 가죽신, 털모자 등을 만들었음을 알 수 있다. 집안에서는 백옥으로 만든 귀달린 잔이 나왔는데 티 없이 맑은 옥돌로 아담하고 맑고 부드러운 빛을 내도록 하였다. 강서중무덤에서 나온 칠화조각은 검은 칠을 두껍게 먹이고 잘 갈은 이후에 붉은색과 흰색으로 그림을 그렸다. 안악 3호분, 통구 12호 무덤 등에서도 칠화조각이 나왔다.

6. 기예와 풍속

1) 기예
· · · · ·

뿔나팔을 불면서 말 타기 재주를 하는 사람, 높은 장대에 올라가 서서 춤을 추는 사람, 작은 공 여섯 개와 작대기를 서로 엇갈려 던져 올리는 사람, 긴 검을 가지고 격검연기를 보여주는 사람, 오른손에는 환두대도를 왼

손에는 굽은 활과 같은 것을 가지고 칼춤을 추는 사람 등이 고분벽화에 그려져 있는데 이것은 고구려인들의 낙천적이고도 상무적이고 기질을 잘 나타내주고 있다.

2) 결혼풍습
• • • • •

고구려인들은 데릴사위 제도라는 것을 가지고 있어 사위가 장가들면 장인의 집에서 거처했다. 그들이 지내던 집을 서옥壻屋이라 했다. 그래서 현재에도 김서방, 이서방이라고 부른 것은 '김씨라는 사위가 거처하는 방'이라는 뜻이다. 동예의 민며느리제도와는 반대로 고려시대에도 이러한 유풍이 많이 남아 있었다고 한다.

3) 장례풍습
• • • • •

장례는 3년 상을 지냈으며 왕의 경우에는 빈청을 차려서 장례 전까지 시신을 안치하였다. 그리고 왕인 된 후에는 죽기 전에 자기의 능자리를 잡아 먼저 만들었는데 이것을 수릉壽陵이라 하였다. 그런데 평양으로 천도한 장수왕의 경우에는 국내성에 있을 때에 미리 만든 것으로 현재는 장군총이라고 부른다. 그가 평양에서 죽은 후에 과연 이곳까지 시신이 옮겨져 장사 지냈는가 하는 것은 매우 의문이다. 장군총이나 태왕릉 등에는 관을 놓았던 관대가 두개가 있는데 하나는 왕, 다른 하나는 왕비의 관이 놓였던 것으로 왕의 것이 더 높고 크다.

그런데 오회분 5호묘의 경우에는 관대 3개로 왕이 왕비 죽은 후에 다른 왕비를 맞이하였는데 이것을 계비繼妃라고 한다. 그런데 왕의 것은 큰 통돌을 썼고, 첫째 왕비의 것은 머리 부분이 잘려져 있고, 계비의 것은 허리부분이 잘린 돌로 구성되어 있었다. 배총陪塚이란 왕의 무덤인 큰 무덤의 뒤에 딸린 무덤으로 현재 5회분의 뒤에 4회분이 배총으로 되어있고 장군총의 뒤에도 장군총의 축소판처럼 생긴 배총이 현재까지도 남아있다. 이러한 배총은 왕이 생시에 총해하였던 인물들이 묻힌 것이다. 중국에서도 서안에는 한 무제의 배총으로 흉노족을 물리친 곽거병의 묘가 남아있다.

7. 천문

1) 천문도
· · · · ·

고구려의 고분벽화 중에서 별자리와 해와 달 등의 천체를 그린 고분이 20여기가 발견되었는데 4세기경에 만들어진 고분 속에서 나온 초기의 별그림들은 매우 사실적으로 그려져 있다. 장수왕이 평양으로 수도를 옮긴 후의 것은 점차 종교적 색채가 가미 되면서 형식이 정착되고 있다. 즉 북쪽에는 북두칠성, 남쪽에 남두육성, 동쪽에 심수와 방수, 서쪽에

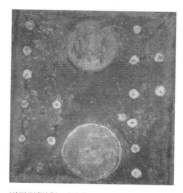
별자리(장천 1호분)

쌍삼성를 두었는데 남북에 남두와 북두가 자리하는 것은 고정적이지만, 동서의 쌍삼성 대신에 해와 달이 그 기능을 대신하고 있는 경우도 있었다. 각각의 방위에는 7개의 별자리들을 배속하여 사방을 28수가 둘러싸도록 하였다. 그리고 벽의 사방에는 사신도가 그려져 있었다.

덕흥리고분에 그린 28수 별그림들은 조선시대의 〈천상열차분야지도 天象列次分野之圖〉에 나오는 별자리 모양과 일치하는 완전한 형태를 보여

주고 있으며, 각 별자리의 이름도 적어 놓고 있다. 〈천상열차분야지도〉라
는 천문도의 석각본은 평양지역에서 발견된 고구려시대의 천문도를 바탕
으로 조선 초기 태조 4년(1395)에 다시 석각한 것이다. 이러한 별자리들은
중국 수나라 때 정립된 보천가에 나오는 별그림과 개념상으로 일치하지만
고구려가 200~300년 정도 앞서고 있어서 우리문화의 우수성을 보여주고
있다.

2) 다카마스 고분의 천문도
• • • • •

　일본의 아스카에서 발견된 횡혈식석실 고분인 다카마쓰 고분高松塚의
벽화에는 치마저고리를 입은 부인의 모습이 그려져 있는데 이것은 고구려
의 수산리고분 벽화와 매우 닮아있다. 그리고 청룡, 백호, 주작, 현무 등
사신도가 그려져 있는데 이것은 강서대묘의 사신도와 비슷하여 고구려의
영향을 받은 것이 확실하다. 이와 아울러 다카마스고분의 천정 중앙에는

다카마스고분의 사신도

원형 금박을 칠하고 붉은 선으로 표현한 별자리가 자리 잡고 있다.

3) 키토라キトラ 고분의 천문도
•••••

　백제의 불교문화가 꽃피웠던 일본 아스카에서 발견된 기토라고분의 벽화 중에서도 북두칠성의 별에 금박을 입혀 놓았으며 별과 별 사이를 붉은 선으로 연결하고 성좌의 둘레에 원형의 테를 둘러놓은 것이 특색이다. 천문도의 특징은 전몰과 출몰의 경계선과 주극성들과 출몰의 경계선, 그리고 천구의 적도선과 해가 지나다니는 길인 황도가 정확히 표시되어 있다. 별들은 밝기에 따라 크기를 다르게 하여 노란색으로 그렸으며, 빨간 선으로 별들을 이어서 표시하고 있다. 이 고분에서 확실하게 확인된 별개수가 438이고, 별자리는 22개라고 한다. 그러나 원래는 약 1,400여 개의 별들이 있는 것으로 추정하고 있다. 이러한 모든 특성들은 고구려의 천문도를 본 따 조선 초기에 제작된 〈천상열차분야지도〉와 매우 흡사하다는 것을 알 수 있다.

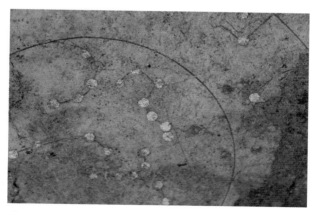

기토라 고분의 별자리

일본의 고천문학자들은 이 천문도에 나오는 별들의 위치로 관측 장소를 연구해본 결과인 이 별자리들은 A.D. 300년에 북위 38~39° 지방에서 본 밤하늘의 별자라는 것을 밝혀냈다. 당시 이 위도에 존재하는 나라로는 고구려와 북위가 있으나, 고구려 별자리을 참고한 〈천상열차분야지도〉에 나타난 28수二八宿 별자리의 좌표를 보면 〈기토라 천문도〉와 일치하고 있어서 이 별자리가 평양지역을 중심으로 관측한 자료들로 제작된 것으로 고구려인들에 의해 제작된 것임을 알 수 있다.

6장

수, 당 전쟁과
고구려의 승리

1. 수나라와의 전쟁과 살수대첩

1) 수의 중국 통일과 대운하 건설
• • • • •

(1) 수의 남북조 통일

중국은 삼국시대를 통일한 진晉이 흉노, 선비 등에 의해 양자강 북쪽을 빼앗기고 양자강 이남의 건강(남경)으로 천도한 시대를 5호 16국시대라 한다. 북중국은 선비족이 세운 북위北魏를 통일을 하면서 남북조시대南北朝時代(420~589)가 전개된다. 이 당시 남쪽은 송(420~479), 제(479~501), 양(502~556), 진(557~589)으로 이어지고 북중국은 북위(398~533)가 동위(534~549), 서위(535~556)로 그리고 북제(550~577), 북주(557~580)로 나누어진다.

수隋나라는 581년에 양견이 건국하여 8년만인 589년에 양자강 이남의 진陳나라를 점령함으로 남북조시대를 마감하고 중국 전체를 통일했으며 중앙집권적 통치제도를 완비하였다. 6세기 말경에는 460여만 호에 인

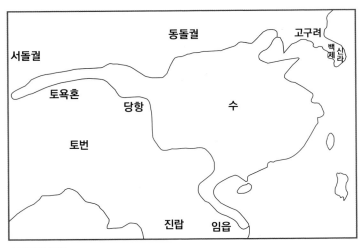

수나라의 통일

구가 2,400여만 명에 이르렀다. 수나라는 583년에 호구조사를 실시하여 그 당시 파악된 40만 명의 장정 이외에 160만 명을 새로이 등재해 장정의 수가 200만 명에 이르게 되었다.

부병제를 실시해 병농일치의 군사제도를 확립하였으며 지방에는 주와 현을 설치하였다. 지방에는 상설군부로 표기장군부를 두었는데 이것은 후일 응양부가 되었고 표기장군도 응양장군으로 바뀌었다. 이들은 주현의 행정체제와는 분리되어 병부와 직결되는 군사체계로 확립되었다.

(2) 대운하의 건설

중국을 통일한 수나라는 장안 옆에 별도로 대흥성大興城을 건설하고 수도로 정하였으나 식량 공급에 어려움을 겪었다. 이를 극복하고자 584년에 대흥에서 동관까지 광통거廣通渠를 건설하였다. 그의 뒤를 이은 양제는 605년에 낙양에서 산양까지 통제거通濟渠와 산양에서 양주까지 한구邗溝를 만들었다. 그리고 고구려를 정벌하기 위하여 609년에 판저坂渚에서 탁군涿郡까지 영제거永濟渠, 611년에 경구에서 여항까지 강남하江南河를 건설하였다.

산동 지역의 대운하

이 운하들은 모두 새롭게 판 것이 아니라 황하黃河, 회화淮河, 장강長江, 전당강錢塘江, 해하海河등의 강물들을 연결시켜 놓은 것으로 약 4~5천리에 달하는 대공사였다. 이것은 남북의 물류유통과 교통이 편리해져 중앙 집권 강화에 도움을 주었다. 특히 고구려를 치기위해 강남의 군량미를 북경지역으로 운송하는 데 매우 중요한 역할을 하였다.

필자가 하북성, 산동성, 강소성 등에 있는 운하들을 답사하여 보니 현재도 여러 개의 배를 연결하여 석탄을 나르는 뱃길로 사용하고 있었다.

2) 당시의 국제적 상황
· · · · ·

이 당시 고구려는 광개토대왕(9391~412), 장수왕(413~491), 문자왕(492~518)에 이르는 전성기를 지나 안원왕에 이르러 외척들 간의 정권 다툼으로 극심한 혼란에 빠졌으며 그 뒤를 이어 8세의 어린나이에 왕위에 오른 양원왕 때에는 한강 유역을 빼앗기게 되었다. 평원왕(559~589)때에는 정국이 점차 안정되어 현재의 평양지역인 장안성으로 천도하여 도약의 기틀을 만들었다. 거란契丹은 동으로는 고구려, 서로는 돌궐의 압박을 받아왔던 족속으로 584년 돌궐의 공격을 받자 수에게 의탁하게 되었다. 그밖에 해, 말갈 등의 족속이 있었는데 특히 말갈은 고구려에 복속되어 있었다.

돌궐突厥은 6세기 중엽에 부족이 통일을 이룩하면서 중국을 공격하였으나 왕위 계승을 둘러싼 내분으로 582년에는 동돌궐과 서돌궐로 갈라져 그 세력이 약화되어 갔다. 584년에 사발략가한沙鉢略可汗이 수나라와 화친을 하였다. 그러나 동돌궐東突厥은 고구려와 결탁하여 수나라를 공격하고자 하였다. 이 당시 고구려는 584년, 597년에 수나라에 사신을 보내 수나라의 내정을 탐지하였다.

3) 1차 전쟁과 강이식 장군의 승리
.....

영양왕 9년(598) 고구려의 영양왕은 말갈족으로 편성된 1만의
기병을 직접 지휘하여 수나라의 영주營州를 공격해 들어갔으나
격퇴당했다.

이 당시 영주에는 북제北齊의 잔존 세력인 영주자사 고보녕이 돌궐, 거
란, 말갈 등을 규합하여 수나라에 저항하고 있었는데 583년에야 평정되
었다. 그 후 조양 지역에는 총관부를 설치하여 영주자사營州刺史 위충이
총관을 겸임하였고 그 휘하에 정예병력이 배치되어 있었다. 그러나 고구려
가 이곳을 쳐들어오자 수나라 위충의 즉각적인 반격으로 후퇴하게 되었고
이에 따라 수나라는 대대적인 공격을 감행하게 되었다.

『삼국사기』 권 제19, 고국려국본기에서는 영양왕嬰陽王을 주석에 양
강상호왕陽崗上好王이라고 부르기도 한다고 나온다. 『태백일사』 고구려본
기에는 영양왕을 '영양무원호태열제嬰陽武元好太烈帝'라고 하였다. 필자는
양원왕을 '양강상호태왕陽崗上好太王', 평원왕은 '평강상호태왕平崗上好太
王'이라고 정식으로 불렀을 것으로 보아 『삼국사기』의 기록을 근거로 '양
강상호태왕陽崗上好太王'으로 불렸을 것으로 본다.

영양왕 9년(598) 2월 수의 문제文帝(541~604)는 고구려 원정군
을 편성 하였는데 5번째 아들인 한왕 양량과 왕세적을 행군원
수로 임명하고 그 아래에 50여명의 행군총관을 배치한 수군과
육군 30만이었다. 수군은 6천명으로 수군총관에는 주라후가
임명되었다. 행군총관이 지휘한 육군은 단위부대가 6천 명씩
으로 보병은 4천명, 기병은 2천명으로 편성되었다. 이들은 현재
북경부근에 있는 탁군涿郡에 집결하여 출전하였으며 수군은 산

만리장성의 동쪽 끝인 산해관

동반도의 동래東萊를 출발하였다. 6월 임유관臨渝關에 다다랐
으나 장마로 인하여 역질이 돌고 수군은 폭풍으로 배가 침몰하
여 돌아갔는데 죽은 자가 10명에 8, 9명이었다.

　　신채호는 『조선상고사』에서 수나라의 육군이 만리장성 부근의 임유관
臨楡關 전투에서 고구려의 강이식姜以式 장군에게 대패하게 되었으며, 수
군은 압록강 하구 서쪽의 장산군도長山群島 부근에서 왕제인 건무建武가
이끄는 고구려의 수군에게 패하였다고 하였다. 그러나 중국인들의 기록은
이러한 사실을 은폐하고 장마와 폭풍우 또는 태풍 등의 자연재해로 10중
8, 9를 잃었다고 기록하여 사실을 은폐하고 있다.

　　임유관臨楡關은 산해관山海關을 축성하기 이전에 있었던 관문으로 유
관楡關으로도 불렸으며 무녕현撫寧縣과 산해관 사이에 있는데, 명明나라
때에 산해관을 지은 후에는 관문의 기능을 잃고 역참의 기능만 남아있다.
특히 윤명철의 조사에 의하면 장산군도의 석성도石城島라는 큰섬에는 고
구려의 성이 남아있다고 하였으며, 그 건너 육지의 장하莊河에는 성산산성

이 자리 잡고 있어 쳐들어오는 수나라를 수륙으로 막아내고자 하였다. 성
산산성城山山城은 해발 290m의 산에 있는 둘레 2,898m의 포곡식包谷式
산성이다. 성의 서북쪽에는 벽류하의 지류인 협하가 흐르고 있다. 이 강
건너 서북쪽의 입자산에는 길이 5km의 석축산성이 축조되어 마주보고
있어서 성산산성을 보조하는 역할을 해주고 있다.

요하 하류의 전경

4) 2차 전쟁과 을지문덕의 살수대첩
· · · · ·

영양왕 18년(607)에 돌궐지역을 순행하다가 동돌궐東突厥의 계
민가한啓民可汗의 장막에서 고구려의 사신과 만나게 됨으로써
외교적인 마찰이 일어나게 되었다.
영양왕 21년(610)에 총동원령을 내려 병력을 북경부근인 탁군
涿郡에 집결시켰다. 그리고 노하진과 회원진에는 원정기간동안
소요될 군량미를 마련하였고 부자들에게는 군마를 바치도록
하였다. 611년에는 양제가 탁군으로 가서 직접 감독을 하였으

며 유주총관 원홍사로 산동반도의 동래東萊에 파견하여 전선 3
백 척을 건조하도록 하였다.

598년(영양왕 9년) 수의 1차 공격이 실패로 돌아가자 재차 공격을 하려
고 하였으나 그 당시 명망 높은 유학자인 유현이 반전론을 펼쳐 전쟁이 일
어나지 않았다. 그러나 문제의 뒤를 이은 양제煬帝(605~616)가 즉위하면
서 전쟁이 일어나게 되었다. 그는 둘째 아들로 그 형인 황태자 양웅이 폐위
됨에 따라 태자에 책봉되었다가 즉위하게 된 것이다. 그는 초기에 고구려
와 평화적이었으나 고구려가 동돌궐의 계민가한과 동맹을 맺자, 고구려의
사신에게 고구려의 왕이 입조할 것을 강요하고 거부할 경우 정벌하겠다고
협박하였다. 고구려가 이를 무시하자 수나라는 돌궐과 제휴하여 고구려의
접근을 차단하는 동시에 608년 토욕혼을 정벌하였다.

(1) 요하 전투

영양왕 23년(612) 1월 탁군에 집결한 수의 고구려 원정군은 1백
13만 3천 800명으로 좌군 12군과 우군 12군 및 황제의 중앙
군 6군으로 편성되었으며, 각 군軍은 보병 80대 4단, 기병 40대
4단, 치중 4단, 산병 4단, 고취악대 등으로 되어있다. 단團은 10
대隊로 구성되어있고 대는 100인人 단위로 되어있다. 군의 사
령관은 대장大將, 단은 편장偏將이 지휘하였다. 황제의 친위부
대인 어영에는 육군六軍으로 편성되어 80리에 걸쳐 있었다.
3월에 수 양제가 요하遼河에 도달하여 우문개로 3곳에 부교를
설치하게 하여 도하작전 중에 부교가 짧아 제1군 총사령관인 맥
철장과 호분낭장 전사웅, 맹차 등이 전사당하는 등 많은 사상자
를 냈다. 20여일을 지체한 후 또 다시 도하작전을 감행하여 성
공하여 요동성遼東城을 쳤으나 성문을 닫아걸고 굳게 지켰다.

6월에 요동성 서남쪽에 육합성六合城을 설치하여 수 양제가 그 곳에 머무르면서 전군을 지위하였다.

『자치통감』에는 이 당시 수나라의 정규군 좌군 12군, 우군 12군으로 총113만 3,800명으로 군량미를 수송할 사람들은 두 배인 200만의 보급 부대로 구성된 300만 대군이었다. 이들은 612년 1월 3일부터 하루에 1개 군씩 출발하였는데 총 40일이 걸렸으며 그 길이가 960리에 달하였다. 이렇게 방대한 규모는 있어본 적이 없었다고 하였다. 그리고 수나라는 5월 초순부터 요동성을 포위하여 우문개와 하주가 제작한 운제, 충차, 발석거 등을 이용해 성을 공격하였으나 고구려군은 성벽 주위에 철질려鐵蒺藜 라는 마름쇠를 집중적으로 매설하여 이들의 접근을 무력화 하였다. 이러한 공격에도 끝내 요동성을 함락시키지 못하고 6월까지 지체되고 있었다.

요동성의 전경 모형(요양박물관)

(2) 평양성平壤城 전투

영양왕 23년(612) 수나라의 수군총사령관 내호아來護兒가 거느린 수군은 산동반도에서 출발하였는데 수백 리에 뻗혀있었다. 대동강하구에 상륙하여 갑병 4만 명을 평양성을 공격하였다.

내호아는 고구려의 왕제 건무建武가 조직한 500명 결사대의 매복에 걸려 대패하여 수천 명만 살아 이끌고 달아나, 선박이 정박해 있는 대동강 하구의 해포에 주둔한 채로 나가지 않아 전투는 소강상태에 들어갔다. 이들은 8월 중순에 이르러 우문술의 별동대가 대패했다는 소식과 함께 퇴각 명령을 받고 본국으로 돌아갔다.

(3) 살수대첩薩水大捷

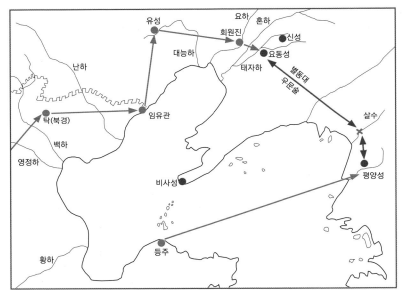

수나라의 공격과 살수대첩

영양왕 23년(612) 수양제는 요동의 노하진瀘河鎭, 회원진懷遠鎭에 있던 정예부대를 별동부대로 편성하여 우문술宇文述로 하여금 30만 5천명으로 평양을 공격해 들어갔다.

영양왕 23년(612) 7월 24일에 회군 하던 중 살수薩水(청천강)에 이르러 을지문덕乙支文德 장군의 수공작전에 말려들어 신세웅이 전사당하고 궤멸당하여 쉬지도 못하고 하루 밤을 세워가며

450리를 달아나 압록수에 도달하였는데 우문술이 이끈 30만 5
천명 중에서 요동성으로 돌아간 자가 겨우 2천700명뿐이었다.
8월 25일에 수양제는 전군에 철군을 명령하였다.

이 당시 고구려의 을지문덕이 적을 탐지하기 위하여 갔는데 수양제가
그를 죽이려 하나 상서우승 유사룡이 말려 죽이지 못하였다. 그러나 수양
제는 우문술에게 별동대를 조직해 그를 쫓아 평양성을 치게한 것으로 이
들은 100일 분량의 식량으로 1인당 3섬石씩 지급받았으나 군사들이 너무
나 무거워 천막 안의 땅에 다 묻고 나갔다. 그들은 평양에 접근하기도 전
에 식량부족에 시달렸고 강행군으로 군사들은 지쳐 있었으며 미리 와있었
던 내호아가 이끄는 수군과의 연락도 두절되었다. 이에 적진에 들어와 정
탐을 한 을지문덕乙支文德은 이들에게 하루에 칠전칠패하여 지는 척 계속
달아나 이들을 고구려 깊숙이 유인하였으나 굶주림으로 회군하게 되었다.
이때 살수인 청천강을 막아 중들로 하여금 걸어서 건너가게 하여 그들을
유인해 수공水攻을 하여 궤멸시켜 버렸으니 '살수대첩薩水大捷'이다.

5) 3차 전쟁과 양현감의 반란
· · · · ·

영양왕 24년(613) 정월에 30만 대군을 현재 북경인 탁군에 집
결 시키도록 명령을 내렸다. 3월에 수양제가 낙양을 떠났다. 4
월에 왕공인王恭仁으로 별동대를 이끌고 신성을 공격하였다. 5
월에는 수양제가 이끄는 주력부대는 요동성遼東城을 운제, 충
차 등으로 공격하는 동시에 지도地道라 하여 성 밑에 갱도를 파
게하였으나 함락하지 못하자 포대 1백만 개를 만들어 흙을 담
아 쌓아서 어량대도魚梁大道를 축조하니 그 폭이 30보요 높이

는 성처럼 높아 군사들로 하여금 그 위에 올라가 공격하게 하
고, 그 좌우에 팔륜누거八輪樓車라는 이동식 고가사다리차를
배치하여 높은 위치에서 성안을 내려다보면서 공격하게 하였다.
6월 초에 반란을 일으키자 요동성전투에 임하고 있던 그와 친
한 병부시랑 곡사정은 고구려로 투항하였다. 그래서 6월 28일
철군명령이 떨어져 퇴각하자 고구려군은 수나라 군사들을 쫓아
가 요하遼河를 도하하는 그들에게 대대적인 공격을 퍼부었다.

　이 당시 곡사정이 고구려로 투항한 것은 수나라에서는 운하의 군량미
수송을 담당하던 양현감楊玄感이 반란을 일으킨 것 때문이다. 곡사정은
그와 매우 친하였기 때문에 고구려로 달아난 것이다.
　평안남도 순천군 용봉리에서 발견된 요동성총遼東城塚이라는 고분의
벽화에는 이 당시 고구려의 요충지였던 요동성의 성곽도가 그려져 있는데,
외성과 내성으로 되어있다. 내성은 외성의 서남쪽에 자리 잡고 있으며, 내
성의 동남쪽에는 2층과 3층의 고층건물이 있어 관아 건물로 추정된다. 내
성과 외성사이에는 고층과 단층건물들이 여러 채가 있어 상업지구로 보인
다. 문은 3개가 있는데 동문과 서문이 서로 마주보고 있어 동서의 간선도
로가 있었음을 알 수 있다. 내성의 동문과 외성의 동문에는 문루가 있으
며 성벽 위에는 적대, 각루, 여장 등의 시설물들이 있으며 외성의 안쪽에
는 '遼東城'이라고 쓰여 있다.

6) 4차 전쟁과 수의 멸망
· · · · ·

　영양왕 25년(614) 2월초에 수 양제는 다시 고구려 원정을 다시
준비하게 하고 3월에 고양을 출발하게 하였으나 탁군涿郡(북경)

에 이르는 동안 수많은 도망병이 생겼으며 각지에서 반란이 일어나기 시작하였다.

7월에서야 비로소 회원진懷遠鎭에 도착하여 요동성으로 나갈 준비를 하였다. 한편 수군도 산동반도의 동래東萊를 출발하여 비사성卑奢城에 이르렀다. 고구려는 사신을 회원진에 있는 수양제에게 보내는 동시에 고구려로 망명해온 곡사정斛斯政도 함께 보냈다. 양제는 고구려의 제의를 받아들여 8월에 회원진에서 퇴각하기 시작했다. 수군도 비사성을 떠나 동래로 회군하였다.

613년에 양현감의 반란은 8월에 진압되고 이 반란에 동조한 3만여 명이 처형당하였다. 그것이 마무리 되자 다시 고구려를 쳐들어왔으나 민중에서는 요동가서 개죽음하지 말라고 왕박王薄이 지은 "요동으로 가지 말라, 지금까지 온 행로 너무 어려웠다네. 넓은 강 건너려 해도 배가 없고 높은 산은 구름 끝에 접해 있구나. 된서리에 옷은 너무나도 얇고 큰 눈에 뼈는 도려내는 듯하네. 해 지는 겨울 산을 쉼없이 걸어가다가 얼음 언 땅 빗속에 누우면 심장이 찢어지리. 요동으로 가지 말라, 고구려 병사가 범과 이리 같으리라. 긴 칼이 내 몸을 부수고 날카로운 화살이 내 뺨을 뚫으리. 목숨이 다만 한순간에 사라지면 절개있는 협객인들 그 누가 슬퍼해주리. 공을 세워 대장되고 큰 상을 받는데도 나 홀로 무엇하러 쑥대밭에 죽으리莫向遼東去, 從來行路難, 長河渡無舟, 高山接雲端, 清霜衣苦薄, 大雪骨欲剜, 日落寒山行不息, 陰氷臥雨摧心肝, 莫向遼東去, 夷兵似虎豹, 長劍碎我身, 利鏃穿我腮, 性命只須臾, 節俠誰悲哀, 功成大將受上賞, 我獨何爲死蒿萊"하는 〈무향요동랑사가無向遼東浪死歌〉라는 노래가 퍼져 나가면서 수많은 도망병들이 속출하였다.

신채호의 『조선상고사』에는 이 당시 국서를 가지고 곡사정을 인도하러 간 고구려 사자가 수양제의 어영에 가니 어떤 장수가 이를 비방시 분개하여 쇠뇌를 품에 품고 사신의 수행원에 가만히 끼어서 뒤를 따라 들어가 수

양주에 있는 수양제의 능

양제의 가슴을 쏘아 맞추고 달아났다. 이로써 수양제의 넋을 빼앗고 고구려의 사기가 왕성함을 보였다. 그 활을 맞고 돌아간 수양제는 병 들고 회노도 심하고 국내가 더욱 대란하여 수년이 지나지 않아 암살당하여 수나라가 망하리라고 하였다. 그런데 『태백일사』 고구려국본기에는 이 당시 고구려의 사신과 함께 조의皂衣 가운데 일인一仁이라는 자가 자원하여 따라가 수양제가 타고 있는 배에 올라 표를 바쳤다. 그가 표를 받아 펼쳐서 읽는 도중에 갑자기 소매 속에서 작은 활인 소노小弩를 꺼내어 쏘자 양제가 놀라 자빠져 실신하였다. 우상 양명이 서둘러 양제를 업게 하여 작은 배로 갈아타고 후퇴하며 회원진으로 명을 내려 철군하게 하였다고 하였다.

617년(영양왕 28년)에 수나라에서 130여 군데에서 반란이 일어났으며 강남지역에 대한 통제력을 상실하고 있었다. 5월 산서지방의 태원에서 당국공 이연李淵도 수나라에 반기를 들었는데 그는 양제와 이종사촌 간이었다. 그는 거병 후 동돌궐에 사신을 보내 동맹을 체결한 후 7월에 이건성과 이세민 두 아들로 3만의 군사로 수도인 장안으로 보냈는데 11월에 20만 대군으로 불어나 수도를 점령하여 양제의 손자인 양유를 황제로 추대하고 실권을 장악하였다. 수양제는 남방인 양주에 머물며 방탕한 생활을 계속하다가 618년에 우문술의 아들인 우문화급에게 살해당함으로서 40

년 만에 수나라가 멸망하였다.

2. 당나라와 연개소문의 쿠데타

1) 당의 건국과 고구려
· · · · ·

> 영류왕 2년(619) 2월에 고구려는 당에 사신을 보내 당의 건국과
> 고조의 즉위를 축하하였다.
> 영류왕 5년(622) 수나라와의 전쟁 당시 포로를 서로 교환하였다.
> 영류왕 7년(624) 당고조가 고구려에 도교의 도사들을 파견하여
> 도교를 전하였다.
> 영류왕 8년(625) 고구려가 사신을 보내 당에 불교와 도교의 교
> 법을 구하였다.
> 영류왕 9년(626) 신라와 백제가 당에 사신을 보내 고구려가 길
> 을 막고 있어서 조공하지 못한다고 하자, 당 고조가 고구려에 사
> 신 보내 서로 화해하도록 하였다.

615년 산서성의 태원太原 유수로 당국공唐國公에 봉해졌던 이연도 반
란을 일으켰다. 그 후 수양제가 살해당하자 이연李淵은 마지막 황제인 양
유로부터 선위를 받아 황제에 즉위해 당唐(618~626)을 세웠으니 고조高
祖(618~626)이다. 626년 그의 뒤를 이어 이세민이 오르니 그가 태종太宗
(627~649)이다. 그는 628년에 반란세력들을 모두 토벌하여 통일왕조를
수립하게 되었다. 이 당시 고구려는 618년 9월에 주전파인 영양왕嬰陽王
(590~617)이 죽고 그 아우인 고건무가 왕위에 오르니 그가 영류왕營留王
(618~641)이다. 그는 피폐해진 국력을 회복시키고자 당과 평화적인 외교

활동을 벌려 나갔다.

2) 고구려와 신라의 관계
• • • • •

603년 고구려가 신라新羅의 북한산성北漢山城을 공격하므로 진평왕眞平王이 친히 일만의 군사를 이끌고 가서 막았다. 608년 고구려가 신라의 우명산성牛鳴山城을 쳐서 빼앗았다. 629년 신라가 용춘, 서현, 김유신을 보내 고구려高句麗의 낭비성娘臂城을 쳐서 빼앗았다. 638년 고구려가 신라의 칠중성七重城을 치나 알천에게 패하였다.

고구려는 백제로부터 한강유역을 빼앗은 신라를 쳐서 청주淸州지역까지 밀고 내려갔으나 신라의 공격에 의해 다시 임진강臨津江 이북으로 밀려 올라갔음을 알 수 있다. 윤일녕은 감악산紺岳山의 비석을 또 다른 진흥왕순수비로 보고있으며 『세종실록지리지』, 『여지도서』, 『신증동국여지승람』, 『연려실기술』, 『대동지지』 등에서는 철원鐵原의 고석정孤石亭 옆에는 진평왕眞平王의 비가 남아있다고 한다. 이것을 보면 신라가 임진강을 중심으로 한 적성과 철원지역을 매우 중요시 여겼음을 알 수 있다.

3) 당 태종의 즉위와 천리장성의 축조
• • • • •

영류왕 9년(626) 당나라에서 태종이 즉위하였다.
영류왕 11년(628)에 고구려가 사신을 당에 보내 당태종이 돌궐의 길리가한을 사로잡은 것을 축하하였다.

영류왕 14년(631)에 당 태종이 고구려가 세운 전승기념물인 경관을 헐고 수나라의 전몰 군사들의 위령제를 지냈다. 이로서 양국 간의 관계가 급속히 악화되자, 이에 대비하여 고구려는 부여성으로부터 요동반도의 끝인 비사성까지 천리장성千里長城을 쌓았다.

영류왕 23년(640) 왕이 태자를 당나라에 보내 우호적인 관계를 유지하고자 하였다.

영류왕 24년(641)에 당 태종이 진대덕을 고구려에 사신으로 파견하여 각지를 돌아보며 지형 정보를 수집하게 하였다.

영류왕 25년(642) 영양왕과 더불어 강경한 남수북진의 주전파였던 동부대인인 연개소문淵蓋蘇文을 천리장성 축조하는 책임자로 임명하여 수도를 떠나 멀리 요동지방으로 보내 버렸다.

영양왕은 연개소문과 함께 용감하게 수나라와 싸워 100만 대군을 물리쳐 왔지만 그의 동생인 영류왕榮留王은 비굴하게 당나라에 평화를 구걸하고 공격보다는 방어에 치중하였다. 그와 아울러 최대의 정적이며 주전파였던 연개소문을 약화시키기 위하여 천리장성 축조를 핑계로 조정과는 먼 요동 지역으로 축출하였다. 이것은 공격은 최선의 방어라는 고구려의 기본 입장과는 거리가 먼 정책이었다. 왜냐하면 당태종은 그것을 이용하여 사신을 보내서 고구려의 지형을 정찰하게 하였기 때문이다.

4) 연개소문의 쿠데타
• • • • •

영류왕 25년(642) 연개소문은 쿠데타를 일으켜 영류왕營留王

과 백여 명의 중신들을 살해한 후 영류왕의 조카인 보장왕寶藏
王(642~668)을 옹립하고 스스로 대막리지大莫離支가 되어 전권
을 장악하였다.

영양왕과 더불어 강경한 남수북진南守北進의 주전파였던 서부대인 연
개소문淵蓋蘇文은 공격적인 연개소문의 전술과는 달리 방어적인 천리장
성千里長城을 축조하며 당에 미온적인 영류왕에 불만을 품고 있었기 때문
에 쿠데타를 일으켜 영유왕과 정적 100여 명을 모조리 죽여 버리고 정권
을 장악한 것이다. 그와 아울러 전시체제로 전환하여 평시에 쓰던 대대로
를 버리고 수상으로서 계엄사령관을 겸직하여 정치와 군사를 모두 장악
한 대막리지大莫離支가 되었던 것이다.
　『삼국사기』 고구려본기 영류왕 25년조에는 그가 서부대인西部大人이

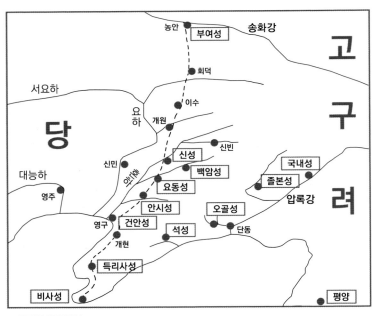

고구려의 천리장성

라고 하였으며 김부식은 열전에서 그의 성은 천泉 씨로 스스로 물속에서 탄생하였다고 사람들을 미혹하였고 그의 부친은 서부대인西部大人 대대로였기에 그가 이어 받았다고 한다. 그 외양이 웅위하고 의기가 호방하다고 하고는 뒤이어 성품이 잔인하다고 비하하고 있다. 김부식은 『삼국사기』 본문에서도 당태종을 부를 때에 그가 우리의 황제도 아닌데 '제帝' 또는 그의 시호인 '태종太宗'이라고 표기하고 있을 뿐만 아니라 패륜을 저지른 당태종에 대해서는 함구하고 그의 성덕에 대해서 침이 마르도록 극찬을 하고 있다. 연개소문의 아들인 〈천남생묘지명泉南生墓誌銘〉에는 그의 증조부는 자유子遊, 조부는 태조太祖로 나란히 막리지를 하였고 아버지인 개금盖金은 태대대로太大對盧를 지냈다고 하였으며 그의 아들인 〈천헌성묘지명泉獻誠墓誌銘〉에도 같은 내용이 기록되어있다.

『태백일사』 고구려국본기에는 그는 봉성鳳城 출신으로 아버지는 태조太祖, 할아버지는 자유子遊, 증조부는 광廣이라 하였고 영양왕 15년(604)에 태어나 9살 때에 조의선인皁衣先人이 되어 그 수하들과 함께 동고동락하였으며 하늘을 공경하며 도량이 넓어 모두 감동하여 복종치 않는 자가 하나도 없었었다고 한다. 그의 아버지 연태조는 서부대인으로 영양왕 9년(598) 때에 왕이 그로 하여금 수나라의 총관 위충을 공격하게 하였다고 한다. 필자는 이것들을 종합하여 그의 가계가 광→자유→태조→연개소문→천남생→천헌성으로 되어있고 서부대인으로 봉황산성鳳凰山城이 그의 고향으로 그의 성은 연淵이었는데 사대주의자인 김부식과 당나라에 끌려간 천남생의 기록에서는 당나라 건국자인 이연李淵의 이름을 피하기 위하여 천泉씨로 바꾸고는 물속에서 태어났다는 등 허황된 이야기를 만들어 내고 있다.

5) 신라의 사신 김춘추의 투옥과 토끼화상
·····

보장왕 원년(642) 백제의 의자왕은 신라를 공격하여 40여 개
의 성을 빼앗고 대야성을 쳐서 김춘추의 사위인 김품석을 죽였
다. 그래서 선덕여왕은 이찬인 김춘추를 고구려에 보내 구원병
을 청하였다. 그러나 연개소문은 오히려 김춘추를 감금하고 한
강유역의 고구려 옛 땅을 반환할 것을 요구하였다. 김춘추는 약
속을 하고 돌아갔으나 지키지 않았다.

이것은 고구려가 이미 백제와 동맹을 맺고 있었기 때문에 벌어진 일로
그 당시 연개소문은 신라가 고구려에게 빼앗긴 소백산 북쪽 죽령, 마목현
이북의 땅을 돌려 달라고 하였으나 거절하였다. 감옥에 갇힌 김춘추가 선
도해先道解라는 관리에게 패물을 주면서 풀어줄 것을 설득하자 그가 〈토
끼화상〉이라는 우화를 들려주었다. 김춘추金春秋는 연개소문을 만나게
해달라고 하여 자기가 돌아가서 왕을 설득하여 돌려주겠다고 거짓으로 고
하여 풀려나 달아났다. 『태백일사』 고구려국본기에는 이 당시 연개소문은
김춘추에게 "사사로운 원수를 잊어버리고 세나라가 백성들의 뜻을 모으
고 힘을 합쳐서 곧 바로 당나라의 장안성을 쳐들어가 도륙을 한다면 당나
라의 괴수를 사로잡을 수 있을 것이오"라고 제의를 하였다고 한다.

6) 도교 수입의 진실
·····

보장왕 2년(643) 연개소문은 당에 사신을 보내 도교의 도사를
보내줄 것을 원하자 도사 숙달 등 8명과 노자의 도덕경을 보냈

다. 그러자 당태종은 내심으로는 고구려를 치고자 하는 의사를 가지고 있었으나, 고구려왕에게 '상주국 요동군공 고구려왕'이라는 칭호를 내려 고구려를 안심시키기 위한 외교적인 조치를 하였다.

신채호는 『조선상고사』에서 조의선인 출신인 연개소문이 우리나라의 전통적인 선교仙敎를 버리고 그 아류인 중국의 도교를 수입할리 만무하며, 이것은 연개소문이 아니라 친당정책을 구사했던 영류왕營留王이 당의 환심을 사기 위하여 벌린 일인데 사대주의자이며 유학자인 김부식이 마치 연개소문이 도교道敎를 수입했기 때문에 고구려가 망한 것처럼 깎아내리기 위해서 조작한 것으로 보고 있다.

7) 신라와 당의 결탁
•••••

보장왕 2년(643) 고구려와 백제의 틈바구니에서 위기에 처한 신라의 선덕여왕은 당나라에 사신을 보내 구원을 요청하였다.
보장왕 3년(644) 당이 상리현상을 사신으로 보내 신라에 대한 침공을 중지하라고 고구려를 위협하였으나 연개소문은 듣지 않았다.
7월에 당태종은 고구려를 정벌할 것을 결심하고 전함 400척을 건조하게 하였으며 요동을 공격하여 안라산安羅山(조양시 동남)에 이르러 운제, 충차 등의 공성무기를 만들게 하고 고구려의 형세를 탐지하였다. 당은 고구려에 사신을 보내 최후통첩을 하였다. 이에 연개소문은 무력충돌을 회피하기 위하여 사신을 보냈으나 그들을 감옥에 가두고 말았다. 그러자 연개소문도 당의 사

신을 가두었다. 당태종은 표면적으로는 국왕을 시해한 연개소
문을 응징하기 위해 정벌하고자 한다고 하였다.

당태종은 산동반도에서 전함을 건조하고 요동에서는 성을 공격할 수
있는 공성무기들을 제조하게 하여 고구려를 공격할 준비를 완료하였다.
당태종唐太宗이라는 인물은 황제가 되고자 자기의 아버지 이연을 충동질
하여 반란을 일으키게 하였고 현무문의 변을 통해 자기의 형제들을 죽이
고 아버지를 압박하여 왕위에 오른 자로 조선시대의 태종 이방원과 같이
천륜을 저버린 패악한 인물이다.

『태백일사』 고구려국본기에는 "안시성 사람들은 이세민의 깃발이 오
는 것을 멀리서 바라보면서 성위에 올라 북을 치고 떠들며 침을 뱉고 그를
조롱하였다"고 하여 이와 같은 패륜적 행위에 대하여 침을 뱉으며 욕설을
퍼부은 것이다. 그러자 당태종은 몹시 화를 내면서 성을 함락시키면 성안
의 남녀노소를 가리지 않고 모조리 흙구덩이에 생매장 하겠다고 하자, 안
시성 사람들이 이 말을 듣고 더욱더 성을 굳게 지키니 성을 공격하여도 함
락되지 않았다고 한다.

8) 사마르칸트의 아프락시아 궁전의 벽화
• • • • •

사마르칸트에 있는 소그디아왕국의 바르후만왕이 650년경에 아프락
시아 궁전에 그린 벽화에는 조우관을 머리에 쓰고 환두대도를 허리에 찬
2명의 고구려 사신이 그려져 있다. 이것은 그 당시 동아시아의 강국康國으
로 당나라와 맞섰던 연개소문이 서돌궐西突厥과 연계하여 당나라를 압박
하기 위해 머나먼 사마르칸트까지 사신을 파견하였던 것이다. 『구당서』 돌
궐전에는 668년 고구려 왕조의 멸망 후 고구려의 막리지 고문간高文簡이
돌궐 제2제국인 후돌궐後突厥(638~734)의 통치자였던 묵철극한黙啜可汗

사마르칸트 아프락시아 궁전 벽화의 고구려 사신-필자 그림

(691~716)의 사위로 되어 수십년간 당나라에 대해 고토수복을 위한 투쟁을 계속하였던 것을 보면 이 당시 고구려와 돌궐이 매우 밀접한 관계를 유지하고 있었음을 알 수 있다.

9) 당 태종의 해외정복과 정관의 치
· · · · ·

618년 당나라가 건국되고 북쪽에 있는 동돌궐東突厥이 619년에 쳐들어왔으나 시필가한始畢可汗이 죽으므로 회군하였다. 627년 동돌궐에서 내분이 일어나자 630년 당태종은 10만의 군사를 보내 힐리가한頡利可汗을 생포하고 그들을 복속하였다. 638년에는 서돌궐西突厥에 내분이 일어나자 이들을 압박하여 들어갔다. 그 후 638년 변경을 쳐들어온 토번吐蕃(티벳)을 격파하여 그들을 복속하였으며, 641년 당태종은 조카딸인 문성공주를 티벳을 통일한 송첸캄포왕에게 시집을 보냈다. 이 당시 문성공주가 부처를 모시고 감으로 티벳의 전통신앙과 어우러져 티벳 불교인 라마교가 탄생하게 된 것이다. 639년 당태종은 실크로드 지역의 여러 소국들을 복속하고 640년에는 고창국高昌國(투르판)을 멸망시켰다.

이로써 당은 동돌궐, 서돌궐, 해, 거란, 토욕혼, 토번, 고창국 등을 아우

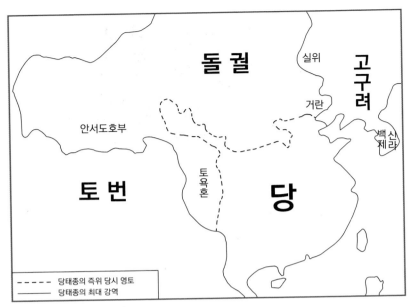

당태종의 해외정복과 고구려

른 대제국으로 성장하게 되었다. 당이 건국한 10여 년인 태종 2년(628)에 중원을 통일하였으나 오랜 전쟁으로 인구가 격감하여 수나라의 전성기에 비해 3분의 2나 감소된 300만호 정도였다. 3여 년간의 흉년이 지난 후 630년 풍년으로 경제적으로 안정을 되찾자 부병제라는 병제를 완비하였다.

부병제는 병농일치의 군사제도로 20세부터 60세까지의 장정들 중 농한기에 군사훈련을 받은 군사들에게 수도경비와 국경방어의 임무를 부여하였다. 중앙에 총부가 있고 그 아래에 16개의 위尉가 있는데 전국 630여 개의 절충부折衝府가 40~60여 개씩 묶여져 16위에 속하였다. 절충부 아래에는 200명 규모의 단團이 있고 그 아래에는 100여 명의 여旅, 여 아래에는 50명 정도의 대隊, 대 아래에는 10여 명 단위의 화火가 편성되어 있다. 부병은 활 1개, 호살 30개, 횡도, 호록, 여석의 장비와 맥반 9두, 미 2두 등을 자비로 마련하였다.

당나라는 건국할 당시에 돌궐의 막강한 군사력에 눌려 그들의 요구에 여러 차례 굴복하였다. 그러나 오래지 않아 돌궐에 내분이 일어나자 당과 돌궐의 관계는 역전된다. 이세민李世民은 고창국과 실크로드 일대를 장악하고 돌궐을 정복하여 당나라의 영토를 크게 넓혀 대제국으로 성장하였다. 또한 조세제도, 토지제도, 군사제도를 정비하였고 율령제도를 완성했다. 당 태종이 이룩한 치세를 두고 '정관의 치'라고 부르며, 중국인들이 그들의 역사에서 가장 자랑스러워하는 한의 무제, 당 현종의 개원의 치와 더불어 칭송을 받는 황제이다. 더구나 당태종이 신료들과 정치에 대해서 주고받은 대화를 엮은 언행록인 『정관정요貞觀政要』는 예로부터 제왕학帝王學의 교과서로 여겨지고 있을 정도이다.

3. 당과의 전쟁과 안시성 전투의 대승리

1) 당 태종의 대규모 전함 건조
• • • • •

보장왕 3년(644) 당태종이 7월 염립덕에게 400여 척을 전함을 건조하게 하였다. 그리고 영주도독 장검에게 고구려의 요동지역을 공격하게 하여 그 형세를 살피게 하였다.
9월에 고구려가 사신을 보내 당의 내부 상황을 정탐하게 하였으나 그들을 감금하였다.

당태종은 산동에서 400여 척의 전함을 건조하도록 하고 고구려에 사신을 보내 정탐을 시켰다. 연개소문은 영류왕이 당나라 사신 진대덕의 지형 정찰을 눈치 채지 못하고 노출한 것과는 달리 당태종의 야욕을 미리 알아채고는 당의 사신을 감옥에 잡아넣는다. 두우杜佑가 쓴 『통전通典』을 보

봉래각에서 바라본 묘도열도의 장도

면 이 당시 당나라에는 누선, 몽동, 투함, 주가, 유정, 해골 등의 6가지의 전함戰艦들이 있었다고 한다. 누선樓船이란 지휘를 맡은 장수가 타던 병선으로 보통은 3층의 누각으로 되어있는데 오아五牙라는 누선은 5층으로 높이가 무려 100척에 달하며, 전후좌우에 6개의 박간拍竿을 설치하였는데 높이가 50척이었고 군사 800명까지를 수용할 수 있었으며 그 안에서 말이 달릴 수 있다고 했다. 여장이 설치되어 있고 철판으로 노弩와 창矛을 설치하는 구멍이 있으며 마치 성과 같이 돌을 쌓고 포차를 설치하였다.

몽동艨艟은 좁고 긴 형태의 배로 우피牛皮로 선체를 싸서 화살과 돌을 막으며 전후좌우에 노와 창을 설치하는 구멍이 있다. 큰 배와는 달리 빠른 속도로 적진에 돌진하여 나아가 적선敵船과 충돌하여 파괴하는 것으로 돌격, 정찰, 통신연락 등에 쓰이던 병선이다. 투함鬪艦은 배의 포판 위에는 5척 정도의 건물을 세우고 뱃전 위에는 높이 3척 정도의 여장女墻을 세워서 배 위에 있는 사람의 하반신이 가려지도록 했다. 좌우 현에 노를 각각 7자루씩 걸었다. 수군의 중요한 작전선이다. 주가走舸는 다수의 수부와 소수의 정예병사가 탑승하여 쾌속 돌진하는 병선으로 해상에서 공격용으로 매우 중요하다.

유정遊艇은 뱃전 위에 상앗대와 4척의 상이 설치되어있는데 빠르기 때문에 전진과 정지, 회군, 진을 펼치는 것 등 지휘를 도와주는 역할을 하

당의 수군의 발진기지인 산동성 봉래의 수성

며 군사 정찰 등을 수행하는 병선이다. 해골海鶻은 머리가 낮고 꼬리가 높으며 앞이 크고 뒤가 작아 마치 해골의 형상을 하고 있다. 뱃전의 좌우에는 판을 설치하였는데 마치 지느러미와 같은 날개모양이었다. 이것은 강한 바람과 큰 파도가 불어 옆으로 넘어지지 않게 하는 것이다. 그 상하좌우에는 우피로 덮고 있다. 이배는 큰 풍랑이 일거나 열악한 악천후 속에서도 강이나 바다에서 전투를 벌일 수 있는 우수한 병선이었다. 수군에는 도刀, 검劍, 모矛, 창槍, 활弓, 노弩 이외에도 교노차絞車弩, 포차炮車, 박간拍竿 등을 설치하였다. 당나라 때 노弩에는 벽장노擘張弩, 각궁노角弓弩, 목단노木單弩, 대목단노大木單弩, 죽간노竹竿弩, 대죽간노大竹竿弩, 보원노伏遠弩 등 7종류의 노가 있었는데 가장 유명한 것이 교차노였다.

교노차絞車弩는 700보로 약 1000m 정도를 날아감으로 성루城壘를 공격하는데 사용되었다. 특히 교차노絞車弩는 12개의 큰 돌을 날릴 수 있었으며 칠지전七支箭을 동시에 발사할 수 있었다. 노 중에서 위력이 가장 크고 멀리 날아가 성루에 적중하여 파괴를 시켜 무너뜨렸기 때문에 육군의 중요한 진지의 방어 장비로 사용되었을 뿐만 아니라 수군에서는 돌격과 적의 병선에 타격을 주는 병기로 중요하게 사용되었다. 포차炮車는 돌을 멀리 날려 보낼 수 있는 투석기이다. 박간拍竿는 근접한 적을 격파하기 위한 것으로 대형 전함에 설치되었는데 특히 초대형의 누선인 오아五牙에는 6지支의 박간이 설치되어 있었다고 한다.

2) 당태종의 친정과 제1차 전쟁
· · · · ·

보장왕 3년(644) 10월에는 방현령을 수도방위의 최고책임자로 임명하여 도성방위를 맡기고 당태종은 장안에서 낙양으로 떠났다.

11월에 장량으로 군사 4만과 전함 500척을 거느리고 내주를 떠나 바다를 통해 평양으로 향하도록 하였다. 이세적은 보병과 기병 6만으로 요동을 치게 하였다.

12월 유주(북경지역)에 원정군의 집결이 완료되자 운제와 충차 등 각종의 공성무기의 제작을 독려하고 각각 진군하였다.

보장왕 4년(645) 2월 12일 소유를 낙양유수로 삼아 낙양의 경비를 강화 시키고 친히 군사를 이끌고 정주로 떠나며 태자 치에게 국정을 맡게 하였다.

3월 이세적은 영주의 치소인 유성柳城을 출발해 회원진으로 들어가는 척하면서 통정진通定鎭으로 들어갔다.

4월 1일 이세적은 통정진으로부터 요하遼河를 도하하여 동진하였다.

당태종은 전쟁준비를 마친 후 자기가 친정을 하는 사이에 반란이 일어날 것을 대비하여 국정을 태자에게 위임하고 신임하던 방현령으로 수도 방위를 맡겼다. 그는 산동으로부터 수군을 출발시키고 육군을 요동을 치게 하였다. 그는 장안→낙양→정주→유주→영주의 유성→통정진→요하에 당도하게 된 것이다. 유성柳城은 요하 서쪽 대능하 유역 조양朝陽 지역의 고분에서 '유성도'라는 명문이 나오고 있어 조양이 유성이었음을 증명해주고 있다.

그런데 탁涿이라 불리던 북경北京 지역에서 요동지역 최대의 장애물이었던 요하에 이르르는 길에는 여러 갈래의 루트가 존재하고 있다. 즉 ① 남방 루트: 북경→진황도→흥성→금주→반금→해성 ② 중간 루트: 북경→능원→조양→부신→신빈→본계 ③ 북방 루트: 북경→난평→적봉→고륜→무순 등 세 갈래 길이 존재하고 있다. 그 외에도 철령에서 통요를 거쳐 임서 방향으로 서요하 상류를 따라 이동하였던 초원草原 길은 대동과 태원을 거쳐 당나라의 수도였던 장안성을 바로 타격할 수 있는 루트로, 모본왕 당시 고구려가 태원까지 공격한 사실이 이것을 증명해 주고 있다.

당나라가 이동한 유주는 현재의 북경, 유성은 조양, 통정진은 신빈 등으로 비정되고 있어서 ②번의 중간길을 택하고 있음을 볼 수 있다. 현재에 가장 빠르고 평탄한 길은 ①번으로 요서회랑遼西回廊이라고 하여 산해관

연산의 산해관과 요서회랑 모형

에서 금주까지 매우 좁고 평탄한 해변길이긴 하지만 고대에는 대능하, 요하, 태자하 등 여러 개의 크고 작은 하천들이 어우러져 늪지를 이루고 있는 요택遼澤이 자리 잡고 있어서 고대에는 기피하였던 통로였다. 박지원은 『열하일기』에서 이곳의 요서회랑을 지나면서 "지금 이 요서의 벌판은 산해관까지 1,200리, 사면에 도무지 한 점의 산도 없이 하늘 끝과 땅 끝이 풀로 붙인 듯 실로 꿰맨 듯이 맞닿아 있다"고 표현하였다.

3) 개모성 전투와 요동성 전투
· · · · ·

보장왕 4년(645) 4월 5일에 이도종은 수천 명을 선두부대로 편성하여 통정진에서 신성新城으로 진출하여 농성을 벌리는 고구려군을 유인하였으나 고구려군은 반응을 보이지 않고 대치만 하고 있었다. 그러자 이도종은 4월 15일 일부의 군사를 신성 남쪽에 배치시킨 후 주력부대를 이끌고 개모성으로 진격하였다.그 당시 이세적의 군사도 가세하여 개모성蓋牟城을 공격해 4월26일에 함락되어 2만 명을 포로로 잡고 10여만 섬의 식량을 빼앗고 개주를 설치했다. 개모성을 취한 후 나아가 요동성을 공격하였다. 그는 이곳에서 4월 20일에 북평에 도착한 당태종의 본대를 기다렸다.

보장왕 4년(645) 5월 3일 당 태종은 행군의 길이를 단축하기 위해 200리의 요택遼澤을 도하하여 10일에 통과하였다. 한편 국내성에서 출발한 보기 4만 명의 고구려 구원병이 5월 8일에 요동성 서쪽 교외에 도착하여 외곽을 방위하였다. 이도종은 4000기의 정예부대를 이끌고 이들과 접전하였다. 처음에는 고구려군이 이겼으나 이도종과 이세적과 협공하자 고구려군은

1000여명이 전사당하고 요동성 동남쪽 외곽으로 퇴각하였다.

5월 10일 요동성에 도착한 당 태종太宗은 교외의 마수산馬首山 일대에 진영을 설치하고 석포와 충차 등의 공성무기로 요동성을 공격해 들어갔다. 이에 고구려군은 성벽이 파괴된 곳에 나무를 높이 세워 누대를 만들고 그곳에 밧줄을 엮어 만든 그물을 매달아 차단망을 형성해 적의 침투를 막았다. 이러한 상황 속에서도 당군에 의해 차단된 고구려의 구원부대는 요동성 외곽에서 접근을 못하고 있었다.

5월 17일에 요동성遼東城 쪽으로 남풍이 거세게 휘몰아치자 이 틈을 타서 화공을 가하여 차단망을 소각하게 하고 정예군으로 운제와 팔륜루차를 타고 성에 접근하여 성으로 오르게 하였다. 성안이 화염에 휩싸이고 수많은 돌덩이가 날아오는 동시에 당군이 성벽을 넘어 성안으로 진입하였다 이로써 난공불락의 요동성이 함락되었다. 이로써 1만 명이 전사당하고 1만 명의 군사와 남녀 4만 명이 포로가 되었고 그곳에 보관되었던 50만 섬의 곡식을 빼앗기고 요주로 바뀌었다.

당군은 통정진을 거쳐 신성으로 진출한 후 별동대를 구성해 이도종으로 개모성蓋牟城을 치게 하여 개모성을 점령한 후에 요동성을 공격하였다. 당태종은 마수산에서 전군을 지휘하여 화공을 펼치고 운제라는 고가사다리와 팔륜누거라는 성의 높이 정도의 누각을 만들어 8개의 바퀴로 미는 것 등을 총동원하여 요동성을 함락하였다. 수나라는 요동성을 한 번도 함락하지 못하고 망해버렸는데 당태종은 그들보다도 더 월등한 전력을 갖추고 최고의 강적이었음을 알 수 있다.

개모성蓋牟城 심양시 소가둔구의 해발 125m의 탑산에 있는 탑산산성塔山山城으로 둘레 1,300m의 포곡식 산성이며 서남쪽에는 태자하의 지류인 사하가 흐른다.

요동성은 고구려 건국자 주몽의 사당인 주몽사朱蒙祠가 존재할 정도로 요동에서 가장 중요한 요충지였다. 이 성은 도시의 개발로 그 흔적이 남아있지 않지만 현재 요양에 있었다고 하며 평안남도 순천군 용봉리에서 발견된 요동성총이라는 고분의 벽화에는 외성과 내성으로 구성된 요동성의 성곽도가 그려져 있다. 내성은 외성의 서남쪽에 자리 잡고 있으며, 내성의 동남쪽에는 2층과 3층의 고층건물이 있어 관아건물로 추정된다. 문은 3개가 있는데 동문과 서문이 서로 마주보고 있어 동서의 간선도로가 있다. 내성의 동문과 외성의 동문에는 문루가 있으며 성벽 위에는 적대, 각루, 여장 등의 시설물들이 있다.

4) 백암성 전투

· · · · ·

보장왕 4년(645) 5월 28일 백암성白巖城으로 진출하였는데 항복의사를 밝혔던 성주 손벌음이 당군이 성벽 앞에 당도하자 쇠뇌를 집중적으로 발사하였다. 오골성에서 출동한 1만 명의 고구

백암성과 요동벌판

려의 구원병은 연산관連山關 일대의 매복하고 있던 계필하력의 당군에게 걸려 수많은 사상자를 내었다. 6월 1일에 당태종이 도착하였다. 이에 백암성白巖城이 항복해 옴으로써 1만 명의 포로가 되었고 암주가 설치되었다.

요녕성 등탑현에 있는 연주성燕州城으로 비정되는 백암성白巖城을 구출하려고 요녕성 단동시의 봉황산성鳳凰山城으로 비정되는 오골성에서 출발한 고구려 구원병들이 요녕성 본계시의 연산관에게 매복에 걸려 대패하고 백암성이 함락된 것이다. 필자가 백암성으로 비정되는 등탑현의 연주성을 답사해 보니 하얀색의 석회암으로 쌓여 있고 내성인 아성牙城에는 연개소문의 여동생인 연개소정이 하늘에 제사를 드렸다는 천단이 남아 있었으며 이곳에 오르면 요동벌이 한눈에 내려다 보였다.

5) 당 수군의 비사성 점령
· · · · ·

보장왕 4년(645) 2월 말경 유주에 집결한 당의 수군은 장량의 지휘로 백하 하구에서 선단을 구성하여 산동반도의 동래에 4만 3천명과 전함 500척이 집결되어, 3월 중순에 동래東萊를 떠나 묘도열도를 따라 동북쪽으로 북진하여 요동반도 남단으로 항진하여 5월 2일 요동반도 끝의 비사성卑奢城을 공격해 함락하였다. 이들은 8000명을 포로로 잡고 일부는 압록강하구로 항진하였다.

당나라의 수군의 발진기지는 산동반도의 동래東萊에 있는 수성水城으로 산동반도에서 요동반도까지 점점이 늘어서 있는 묘도열도廟島列島

고구려의 수군기지인 비사성(전성영 제공)

의 장도長島 또한 당의 병참기지 역할을 하였다. 한편 고구려의 수군기지
는 요동반도 가장 끝에 자리 잡은 비사성으로 당은 이곳을 점령해야만 보
급을 원활히 해줄 수 있는 것이다. 그러나 윤명철은 요동반도 남쪽을 끼고
압록강으로 들어가는 중간에 점점이 박혀있는 장산군도長山群島의 광록
도·대장산도·해양도·석성도 등에는 고구려 산성이 있어 당 수군의 접근을
저지하는 매우 중요한 역할을 한다고 보았다. 필자가 고구려 비사성으로
요동반도 제일 끝에 있는 금주의 대흑산성을 답사하여 보니 성위에 서면
서쪽으로 발해만 쪽의 바다와 동쪽으로 압록강 하구 쪽 바다가 모두 조망
되는 천해의 요새였다.

6) 안시성 전투
• • • • •

보장왕 4년(645) 당태종이 이끄는 주력부대는 6월11일 요동성
을 떠나 6월 20일에 안시성 교외에 도착하였다.

당태종이 건안성을 공격하려하자, 이세적이 건안성은 남쪽, 안시성은 북쪽에 있는데 건안성쪽에 공격을 집중한다면 요동성에서 수송해오고 있는 보급로가 안시성의 군사들에 의해 차단될 우려가 있으므로 안시성을 공격하자고 하여 그대로 하였다. 안시성의 군민들은 당태종이 황제로서의 위엄을 과시하기 위해 기치를 앞세우고 일산을 받쳐 든 모습을 나타낼 때마다 일제히 성에 올라 북을 치고 고함을 치고 욕설을 퍼부었다. 이에 성이 함락될 경우 남자들을 모두 생매장 하겠다고 하니 안시성 성민들은 더욱 거칠게 항전하였다. 그러자 당태종은 안시성을 포기하고 오골성烏骨城으로 나가고자 하였으나, 장손무기는 만약 이 성을 두고 오골성으로 나가면 배후를 공격당하기 쉬우므로 안시성을 격파하고 건안성을 취한 다음 오골성으로 진군해야 할 것을 주장하였다.

당태종은 이 의견을 받아들여 안시성 공격을 독려하고 성의 높이와 비슷한 토산土山을 이도종으로 하여금 쌓게 하였다. 그러자 안시성의 고구려인들도 성을 굽어보지 못하도록 성벽을 증축하였다. 한편 당군은 6, 7회에 걸쳐 교대로 출격하면서 충차와 포차 등으로 성을 파괴시켰다.

7) 안시성 외곽 전투의 진실
• • • • •

보장왕 4년(645) 6월 21일 고구려는 북부욕살 고연수와 남부욕살 고혜진이 안시성을 지원하기 위하여 말갈병을 포함한 15만 명을 이끌고 안시성 동남쪽 근교에 도착하여 대치하였는데 그 길이가 60여 리에 뻗어있었다.

6월 22일 고연수는 당군의 유인 매복전술에 걸려들어 3면으로 포위 공격당하였다. 이로서 고구려군은 2만 명이 전사당하고 패퇴하였다. 아울러 안시성 동쪽의 강에 설치된 교량을 모두 철거

하여 고구려 증원군의 퇴로를 없애고 포위 공격하게 하였다. 이에 고연수와 고혜진은 23일에 3만 6800명의 군사를 이끌고 항복하였는데 말갈병 포로 3300명은 모두 생매장하고 나머지는 당으로 끌고 갔다고 한다.

　　김부식은 『삼국사기』 고구려본기에 안시성 외곽 전투에서 안시성을 구원하러온 북부욕살 고연수高延壽와 남부욕살 고혜진高惠眞이 이끄는 15만명의 군사 중 2만명이 당군에게 전사당하였고 그들이 스스로 당태종에게 항복하였다고 한다. 그러나 신채호는 『조선상고사』에서 당태종이 안시성을 비롯하여 고구려에서 패한 것을 마치 승리한 것처럼 조작하다 보니 15만 명의 대군을 이끈 고연수, 고혜진의 욕살들이 싸워 보지도 못하고 스스로 투항하였다고 망발을 하고 있다고 지적하였다.

　　더구나 『태백일사』 고구려국본기에는 정반대로 북부욕살 고연수와 남부욕살 고혜진이 관병과 말갈병 15만 명을 이끌고 안시성과 연결된 높은 산의 험한 곳에 진지를 쌓고 병력을 종횡무진으로 풀어 당나라의 군마를 빼앗으니, 당군이 감히 접근하지도 못하고 돌아가려 해도 진흙길이 가로막혀 가만히 앉아 패할 수밖에 없었다. 대로 고정의의 계략대로 고연수가 안시성에서 40여리 떨어진 곳까지 나아가 적이 오면 막고, 적이 도망가면 곧 추격을 멈추어 날쌘 병사들을 보내 보급을 끊거나 식량을 불태우고 빼앗았다. 이세민이 뇌물을 썼으나 속는 척 하고 지구전을 펼치면서 번개와 들이쳐 이세민이 포위될 뻔하여 두려워하였다. 사방으로 감시관을 보내 더욱더 방비를 굳게 하고 산에 의지하여 진지를 굳히고 허를 틈타 수시로 기습을 감행하니 당군의 사상자는 늘어만 갔다고 되어 있다.

　　이것을 보면 안시성 외곽전투 또한 승리였음을 알 수 있다. 당시 고구려는 전국을 오부五部로 나누고 그곳에 욕살褥薩을 설치하였는데 안시성의 외곽전투에 남부욕살 고혜진과 북부욕살 고연수가 참가했다는 것은 고구려가 만주지역의 군사력 모아 총력을 기울였다는 것을 보여주는 것으로 이 당시 연개소문은 오골성에서 이들을 파견하고 전투를 총괄하여 지휘하고 있었던 것이다.

왜냐하면 신채호는 『조선상고사』에서 연개소문은 당태종이 쳐들어온다는 급보를 접하자 요동의 전지휘 장수들이 모아놓고 오골성에서 주재한 작전회의에서 "오골성을 방어선으로 삼아 용장과 정예 군사를 배치하고 안시성주 양만춘에게는 나아가 싸우지 말고 겨울이 와서 마초가 사라지고 강물이 얼 때까지 기다리며 성을 지키라 하고 오골성주烏骨城主 추정국鄒定國에게는 안시성 외곽에서 그를 도우라 하였다. 그리고 자신은 뒤로 돌아 당태종의 퇴로를 끊어서 그를 포위하여 잡을 것이다"라고 하였다고 한다. 정말 신출귀몰하고도 기가 막힌 전략이 아닐 수 없다. 100만 대군을 물리친 안시성 전투는 양만춘 혼자만이 이룩한 것이 아니라 연개소문 지휘하에 안시성주 양만춘의 농성籠城 전술과 외곽의 고정의, 고연수, 고혜진 등의 후방교란後方攪亂 전술 그리고 연개소문의 퇴로차단退路遮斷 전술 등의 삼박자가 모두 맞아 떨어진 우리나라 역사에서 가장 찬란한 승리였다.

안시성으로 비정되고 있는 해성의 영성자성 내부

8) 연개소문의 총지휘부 오골성이었던 봉황산성

•••••

당태종이 안시성을 우회하여 나가서 치고자했던 오골성烏骨城은 그 당시 총지휘를 맡고 있었던 연개소문이 자리 잡고 있던 성이다. 현재의 단동시 봉성현에 있는 봉황산성鳳凰山城 으로 그 당시 오골성주는 추정국鄒定國이었다. 산성의 평면은 전체적으로 타원형으로 둘레는 15,995m로 도시가 들어설 수 있는 최대의 고구려산성으로 남쪽만 빼놓고 동, 북, 서쪽은 모두 험준한 산으로 둘러싸여있는 요새이다.

산성 내부에는 광활한 평지가 펼쳐져 있고 마을이 자리 잡고 있다. 산성은 내성과 외성으로 구성되어 있고, 내성이 성의 중심을 이루고 있다. 성 안에서는 고구려 시기의 붉은색 노끈무늬기와가 많이 발견되었고, 연화문 와당과 토기의 저부나 손잡이도 발견되고 있다. 이 성은 석축의 성벽은 7,525m이며, 비교적 잘 남아 있는 부분은 2,355m 정도이다. 동북벽의 길이는 4㎞이며, 높이는 6~8m, 상부 폭은 2m 정도이다. 남쪽의 골짜기 입구에는 흙과 돌을 혼합하여 높은 성벽을 쌓았으며, 동북쪽의 성벽이 보존이 가장 잘 되어 있다.

연개소문의 지휘 본부였던 봉황산성의 성벽

성벽의 각 모서리에는 적의 동태를 살피던 각루를 구축하였으며, 일부에는 치를 만들어 적의 침입에 대비하였다. 성문은 남문과 북문이 확인되고 있는데, 남문은 이 산성의 중심 성문으로 계곡에 설치되어 있으며, 군사들이 통행할 수 있는 유일한 통로이다. 남문지의 폭은 약 5m로 옹성을 가지고 있다. 북문은 양쪽 산줄기 사이의 중간 부분인 계곡 입구에 위치하며, 폭은 3m 정도이고 역시 옹성이 딸려 있다. 필자가 답사하여 보니 성 전체가 높은 산으로 둘러싸여 있는 천혜의 요새로 남쪽만이 물길이 흘러 평탄하여 이곳에는 평지에 쌓아올린 고구려시대의 석축의 성벽이 그대로 남아있었다.

9) 양만춘의 활시위에 의한 당태종의 부상과 총퇴각
· · · · ·

보장왕 4년(645) 당태종의 명령으로 당군들은 60일에 걸쳐 50여만 명이 동원되어 완성된 토산土山은 안시성의 동남쪽 성벽보다 두어 길 높아 성안을 한눈에 내려다 볼 수가 있었다. 그러나 토산이 무너지면서 안시성의 동남쪽 성벽을 덮쳐 성벽이 붕괴되자 고구려군이 수백 명이 성벽 틈으로 쏟아져 나와 토산을 지키던 당군을 섬멸하고 순식간에 토산을 점령해버렸다. 당 태종은 그 책임을 물어 부복애를 참형에 처하고 토산을 다시 차지하도록 독려하였다.

신채호는 『조선상고사』에서 이 당시 성안에서는 무너진 곳을 목책으로 막고 있었는데 토산이 무너지자 무너진 성벽 사이로 양만춘이 결사와 함께 나와 그것을 차지하고 참호를 파고 지키며 그 위에 설치된 당차, 석포 등을 빼앗아 도리어 당군을 공격하였다고 한다. 더구나 당 태종이 눈에 화살을 맞고 낙마하는 순간 안시성주 양만춘이 성문을 열고 총공격을 감행하자 당군들이 큰 혼란이 일어나 말과 사람이 서로 밟으며 달아났다고 한다.

필자가 보기에는 당 태종은 이성을 잃고 전군을 집결시킨 상태에서 맨 앞에 나와 토성 축조 책임자였던 부복애를 질책하고 있었는데, 그 광경을 내려다보고 있었던 안시성의 성주 양만춘 장군은 황제의 깃발이 나부끼며 백마를 타고 황금갑옷과 투구를 쓴 당 태종을 향해 독화살을 날려 그의 눈에 맞추었다고 본다. 그가 말에서 떨어짐과 동시에 안시성의 성문이 열리고 고구려군에 물밀듯이 밀어 닥쳤다. 모두가 부동자세로 질책을 듣고 있었던 당의 군사들은 우왕좌왕 하면서 죽어 나갔고, 말에서 떨어진 황제를 구하기에 급급하였다. 간신히 황제를 구출한 당군은 뒤에서 맹추격해 오는 고구려의 양만춘을 피해 가장 빠른 해변 쪽 길을 택하게 되었다고 본다.

그런데 김부식의 『삼국사기』 고구려국본기 보장왕 상에는 "황제는 요동 지방은 일찍 추워져서 풀이 마르고 물이 얼기 때문에, 군사와 말을 오래 머무르게 할 수 없으며, 또한 군량이 떨어질 것이라고 생각하여 군대의 철수를 명령하였다. 먼저 요주와 개주의 주민을 선발하여 요수를 건너게 하고, 안시성 밑에서는 군사를 동원하여 시위를 하고 돌아갔다. 성 안에서는 모두 자취를 감추고 나오지 않았다. 성주는 성에 올라가 절을 하며 작별하였다. 황제는 그가 성을 굳게 지킨 것을 가상히 여기고, 겹실로 짠 비단 1백 필을 내려주어 임금을 섬기는 것을 격려하였다."고 하여 안시성주 양만춘이 적국의 황제를 체포할 수 있는 절호의 기회를 포기하고 마치 손을 흔들며 작별 인사까지 해주고 있는 명청한 인물로 조작하고 있는 것이다. 우리가 상식적으로 생각해 보아도 황제가 눈알에 화살이 박혀 말에서 떨어져 죽을 절체절명의 순간인데, 선물을 준비하고 손을 흔들어줄 정신이 어디에 있으며 그러한 절호의 기회를 양만춘과 같은 지략이 높은 용장이 놓칠 리가 없다.

김부식이 『삼국사기』에서 논하기를 "당 태종은 어질고 명철하여 좀처럼 보기 드문 뛰어난 임금이다. 난을 평정하기는 탕왕湯王과 무왕武王에 견줄 만하고, 이치에 통달하기는 성왕成王이나 강왕康王과 비슷하였으며, 병법에는 기묘한 전술이 무궁하여 가는 곳마다 대적할 상대가 없었다. 그러나 동방 정벌의 공이 안시성에서 무너졌으므로 그 성주야말로 비상한 호걸이라고 이를 만하다. 그러나 역사 기록에는 그의 성명을 전하지 않고 있다. 이는 양자楊子가 이른바 '제齊와 노魯의 대신은 역사에 그 이름이 전해지지 않는다.'라고 한 것과 다름이 없으니, 매우 애석한 일이다."라고 하여 을지문덕과 함께 100만 대군을 물리친 세계 전쟁사에 영원히 빛나는 고구려의 영웅인 안시성주 '양만춘'의 이름을 감추고 있는 것이다.

그러나 『자치통감』 권 198, 당기 14에 당태종이 이세적에게 말하기를 "내가 듣기로는 안시성은 험하고 정예군사로 그 성주는 재주와 용기가 있어서 연개소문이 쿠데타을 일으켰을 때에 그가 안시성을 굳게 지키고 굴복하지 않으니 연개소문이 쳤으나 함락시키지 못함으로써 그 성을 그에게 주었다吾聞安市城險而兵精, 其城主材勇, 莫離支之亂, 城守不服, 莫離支擊之不能下, 因而與之"라고 하여 양만춘이라는 인물은 쿠데타를 일으킨 연개소문에게도 굴복하지 않은 용장이며 조국에 충성했던 충신이었음을 알 수 있다.

일설에는 연개소문의 부하들이 100여명의 정적을 죽여버린 후 양만춘을 죽이자고 하니 그가 말하기를 "그를 죽인다면 만약에 당태종이 쳐들어 올 때 누가 있어 요동을 지킬 수 있다는 말인가. 그 사람만이 요동을 지킬 수 있다."고 죽이지 못하게 하였다. 만약 이 때 연개소문이 사욕을 쫓아 소인처럼 그를 죽였다면 고구려는 망했을 것이다. 양만춘楊萬春이 당태종의 눈을 맞춘 사실은 고려 말 이색의 〈정관음貞觀吟〉이라는 시에 "현화絃花가 백우白羽에 떨어졌구나"라고 하였고, 조선시대에는 윤근수가 쓴 『월정만필』에도 '안시성주 양만춘'이라 하였으며 박지원의 『열하일기』와 김창흡의 글에도 "만고에 남을 양만춘 장군이 꼬부랑 수염의 눈을 쏘았구나"라고 안시성주 양만춘의 이름과 그가 당태종의 눈을 쏘아 맞춘 것이 언급되어 있어 세계의 전사상 가장 빛나는 전과이다.

10) 당태종의 요택에서 임유관까지 고난의 행군
· · · · ·

보장왕 4년(645) 9월 18일에는 당 태종이 전군에 철군 명령을 내렸는데, 겨울이 오자 마초가 시들고 결빙이 되고 군량이 고갈되어 더 이상 주둔할 수 없었기 때문이라고 하였다. 개모성의 주민 7만 명을 요서지방으로 이주시키고 이도종의 정예기병 4만으로 후미를 엄호하게 하였다.

9월 20일 요동에 이르러 요수遼水의 요택遼澤을 건너려 하였는데, 그곳 습지의 진흙 때문에 수레와 말이 통과할 수 없었다. 황제는 장손무기에게 명령하여 1만 명의 군사에게 풀을 베어 진흙길을 메우게 하고, 물이 깊은 곳에서는 수레를 다리로 삼아 건너도록 하였다. 당태종도 스스로 나무를 말의 안장걸이에 묶어서 일을 도왔다고 한다.

10월 1일에 당태종이 포구蒲溝에 이르러 말을 멈추고, 진흙길 메우는 작업을 독려하였다. 모든 군대가 발착수渤錯水를 건넜다. 바람과 눈이 휘몰아쳐서 군사들의 옷이 젖고 동사자가 많이 생겼다. 당태종은 길가에 불을 피워놓고 군사를 기다리도록 하였다.

10월 11일에 영주에 도착해서야 비로소 정신을 차리고 전사자들에 대한 애도를 표하는 제사를 지냈다.

10월 21일에 임유관에 도착하여 길에서 태자를 만났다.

신채호는 『조선상고사』에서 이 당시 연개소문이 3만 명의 군사를 이끌고 영금하 유역의 적봉진赤峰鎭과 만리장성을 넘어 상곡上谷을 공격해 취하자 어양漁陽에 와있었던 당의 태자 치治가 놀래어 봉화를 올렸다고 한다. 그리고 북경北京의 북문인 안정문 밖 50리 순의順義에는 고구려의 연

당태종이 고전한 요동지역의 요택

개소문이 주둔하였다고 전해지는 '고려영高麗營'촌이 남아있고 또 동북쪽에도 소고려영, 남문인 정양문 밖에도 고려영, 하간현河間縣 서북 12리에도 고려성 등이 남아있어 그 당시 북경지역이 연개소문의 손에 떨어졌음을 알 수 있다.

특히 당태종이 한우락薤芋濼에 이르러 발이 진흙탕에 빠져 요동치 못하여 사로잡히게 되자 설인귀가 달려와 그를 구출하였고 유흥기가 고구려군을 막았다고 한다. 『독사방요기요读史方舆纪要』 요동조에는 "니하泥河는 요동 70리에 있는데 한우초薤芋草가 많이 있어 한우락薤芋濼이라고도 부른다."고 하였고 『성경통지盛京通志』 해성고적고에 "당태종의 말이 빠진 곳唐太宗陷馬處"라고 하였으니 해성 부근에 흐르는 해성하와 태자하의 강물을 말하는 것으로 이 강은 '어니하於泥河'라고도 불려 그 이름에 '진흙泥'이라는 글자가 붙어 있으니 진흙이 토직된 뻘층을 이루고 있었음을 나타내 준다.

당태종 안시성이 있는 해성에서 해안길을 따라 금주錦州로 이동했던 길에는 해성하海城河, 태자하太子河, 혼하渾河, 쌍대자하雙臺子河, 요하遼河, 요양하繞陽河 등 여러 개의 물줄기가 하구 쪽으로 한꺼번에 몰려 들면

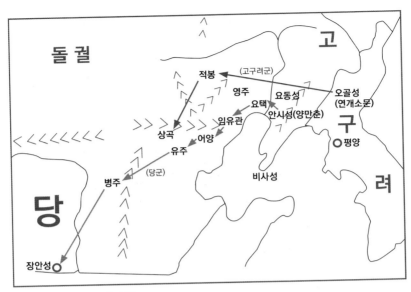

안시성 패전 후 당태종의 퇴각로

서 진창이 되어 갈대밭이 울창하게 우거져 있었던 것을 알 수 있다. 필자가
이 지역을 답사하여보니 요하 하구는 정비가 잘된 지금에도 거의 바다와
같이 넓은데 제방을 쌓지 않은 그 당시는 비가 오면 강과 강이 범람하여
서로 맞닿아서 바다처럼 보였을 것이며 이때 몰려온 토사가 쌓여 오랜 세
월 진흙으로 바뀌었음을 알 수 있다. 왜냐하면 투르판의 애정호라는 호수
가에 접근했다가 갑자기 진흙으로 발이 빠져 애를 먹은 경험이 있었기 때
문이다.

신채호는 『조선상고사』에서 당태종이 200리에 걸쳐 펼쳐진 진창의 요
택遼澤을 간신히 빠져 나와 10월에 임유관에 이르렀으나 이미 연개소문
은 요동전투를 안시성주 양만춘과 오골성주 추정국에게 맡기고 자신은 3
만의 정병을 이끌고 적봉赤峰(현재의 적봉)과 상곡上谷(현재의 延慶)을 지나
어양漁陽(현재의 薊)에 있던 당의 태자를 공격하여 북경 지역을 차지하였
다. 급보를 들은 당태종은 도리어 양만춘에게 눈에 화살을 맞아 총퇴각을

하여 임유관에 이르렀으나 연개소문이 당태종의 앞을 막고 양만춘이 뒤에서 추격해 오니 당태종이 어찌 할 바를 모르고 있었다. 이 당시 당태종이 임유관臨渝關에 도착하여 길에서 태자를 만났다고 한 것을 보면 이곳까지 달려온 태자 치治가 포위망을 뚫고 들어와 간신히 그의 아비를 구출하였다고 하였다고 본다.

더구나 『태백일사』 고구려국본기에는 당태종이 요택, 포구, 발착수 등에서 헤매고 있을 때에 이들을 급히 추격하여 오골성주 추정국은 적봉赤峰을 지나 하간현河間縣으로 쳐들어가게 하고, 안시성주 양만춘은 곧 바로 신성新城으로 나아갔다. 당군들은 갑옷과 병기를 마구 버리면서 도망가 드디어 역수易水를 건넜다. 연개소문은 고연수에게 용도성桶道城을 개축하게 하고 다른 군사들로 상곡上谷을 지키게 하였다.

필자는 신채호 선생의 견해와 견주어 볼 때 이 당시 연개소문이 적봉으로부터 상곡까지 진출하여 북경일대를 장악하였던 것으로 추정된다. 『해동역사』 고구려 세기에는 당태종이 임유관에서 태자를 만났을 때에 두 계절이 지나도록 바꾸어 입지 못하여 옷에 구멍이 났다고 하였으니 그 몰골이 비참하기 이를 데 없었음을 알 수 있게 해준다. 땅이름학회의 이형석에 의하면 임유관이 있었던 무녕현 부근에서 고구려성을 발견하였는데 이것이 이 당시 연개소문에 의해 쌓은 것일 가능성이 높다.

임유관 부근의 고구려성(이형석 제공)

11) 당태종의 북경에서 장안의 행로
·····

> 보장왕 4년(645) 11월 7일에 유주인 북경에 당도하였다. 12월
> 14일 병주에 도착하였는데 태자가 당태종의 종기를 입으로 빨
> 아냈다.
> 보장왕 5년(646) 3월 7일에야 당태종이 장안성에 도착하였다.

『자치통감』 권198, 당기 14에서 이 당시 태자가 당태종의 종기를 입으
로 빨아냈다는 것을 보면 독화살을 맞은 눈에서 피고름이 나오고 있음을
알 수 있다. 그가 요동에서 얻은 병으로 죽었다고 하였으니 그는 눈의 독
이 뇌로 들어가 죽게 된 것이다. 그러나 중국의 사서는 이를 은폐하고 이질
로 죽었다고 조작하고 있다. 그리고 당 태종이 성공하지 못한 것을 깊이 후
회하고 탄식하면서 "만일 위징魏徵이 있었다면 나에게 이번 원정을 못하
게 하였으리라"고 말했다. 다시 정리해보면 안시성 총퇴각(645년 9.18)→요
택(9.20)→포구, 발착수(10.1)→영주(10.11)→임유관(10.21)→유주(11.7)→
병주(12.14)→장안성 도착(646년 3.7)이 된다.

당태종이 쌓은 요서 지방의 봉수대

이 당시 당태종은 고구려 원정을 나가면서 태자 치에게 전권을 맡겼는데 수나라와 같이 반란이 일어날 것을 대비하여 장안에서 요동까지 10리마다 봉수대를 설치하면서 쳐들어갔다. 이것은 만약의 사태를 대비하여 자기에게 무슨 일이 생기면 태자로 하여금 북경까지 자기를 구출하러 나오라고 당부한 것이다. 즉 안시성에서 양만춘 장군이 쏜 화살이 당태종의 눈에 꽂혀 낙마하자 봉화를 올렸던 것이다. 당태종이 안시성에서 쫓겨서 요택, 포구, 발착수 등의 진창길을 허우적거리다가 간신히 빠져나와 한 달이 넘어서야 만리장성의 산해관인 임유관에 이르러 구출하러온 태자를 만나 간신히 구출되어서 북경인 유주, 태원인 병주를 거쳐서 장안성인 서안에 다다르게 된 것이다. 필자가 안시성으로 비정되고 있는 해성의 영성자산성英城子山城을 답사하여 보니 판축으로 된 남문지를 지나 성내로 들어가니 전체가 산으로 둘러싸여 있는 포곡식의 토성으로 그 남쪽에는 당태종이 쌓았다고 전해지는 토축이 지금도 남아있었다.

7장

멸망과
고구려의 부활

1. 고구려의 멸망과 부흥 운동

1) 당의 재침공
· · · · ·

보장왕 5년(646) 5월 왕이 당에 사신을 보내나 화친을 거절당하
였다.

보장왕 6년(647) 2월 당 태종이 고구려를 다시 치기로 결정하고
5월에 육군은 남소성南蘇城 등을 공격해 점령하고, 한편 당의
수군은 해상으로 이동해 7월에 요동반도 남단의 석성石城을 공
격해 함락시킨 당군은 적리성積利城으로 이동하는 도중 고구려
군 1만 명과 싸워 200명을 죽였다.

석성石城이란 요동반도 남부 요령성 장하현에 있는 해발 290m의 성산
에 자리 잡은 성산산성으로 성의 서북쪽에는 벽류하碧流河의 지류인 협하
夾河가 흐르고 있다. 서쪽이 높고 동쪽이 낮은 계곡을 끼고 있는 포곡식包
谷式 형태의 산성이다. 성벽은 산 능선을 따라 잘 다듬은 돌로 쌓았으며,
성벽의 길이는 2,898m에 이른다. 문지門址는 모두 4곳이 남아 있는데, 성
의 북서쪽 정상부에는 잘 다듬은 돌을 쌓아 피라미드 형태로 축조한 구
조물이 있어 천단으로 추정된다. 성의 서북쪽 건너 입자산砬子山에는 길
이 5km의 석축산성이 축조되어 성산산성과 서로 마주보고 있어 보조적인
방어기능을 하였을 것으로 보인다. 특히 이 성은 당의 수군이 압록강으로
진입하는 길목을 석성도와 함께 지켰던 중요한 요충지였음을 알 수 있다.

보장왕 7년(648) 4월 당은 오호도烏胡島의 진장 고신감이 바다
로 침입했다가 고전하고 후퇴하였고, 9월에 당의 설만철이 압록
강鴨綠江을 거슬러 올라가 박작성泊灼城을 공격하자 성주 소부

손이 기병 1만을 이끌고 성 밖에 저지선을 구축하였다. 이때 고
구려는 고문으로 오골성烏骨城, 안시성安市城의 군사 3만으로
박작성을 지원하게 하여 당군을 치나 패퇴한다. 당군도 박작성
공격을 멈추고 철수하였다.

박작성泊灼城은 현재 단동의 동북 15km 압록 강변에 있는 호산산성虎
山山城으로 우물 속에서 고구려 당시의 배가 출토되기도 하였다. 이곳에
는 고구려성벽이 일부 남아있는데 중국인들이 만주를 자기네 땅으로 만들
기 위한 동북공정의 일환으로 이러한 사실을 감추고 뜬금없이 장성을 쌓
은 후 만리장성이 이곳까지 연결되었으며 북한까지도 연결되었다고 조작
하면서 고구려성은 수풀 속에 방치해 놓고 있다.

박작성인 압록강변의 호산산성

2) 당태종의 죽음과 철군

• • • • •

보장왕 7년(648) 6월에 설만철의 군사가 압록강鴨綠江에서 회군하여 돌아오자 당태종은 7월에 강위를 강남지역에 파견에 전함을 건조하게 하고 이도유로 묘도열도의 오호도烏胡島에 군량미와 각종병기를 비축하도록 하였다. 그리하여 8월에 대형선박 1,100척을 건조하여 병력과 물자를 수송할 준비를 갖추도록 하였다. 이 당시 병석에 있던 방현령은 고구려의 원정을 반대하는 상소를 올렸으며 649년 5월에 당태종이 죽으면서 고구려를 치지 말 것을 유언하였다.

수나라의 공격에 뒤를 이어서 끊임없이 고구려를 공격해왔던 당태종은 동돌궐, 서돌궐, 해, 거란, 토욕혼, 토번, 고창국 등을 정복하여 당나라를 국제적인 대제국으로 만든 사람이었다. 그러나 다른 전쟁에서는 나서지 않았던 친정親征을 단행한 고구려 정벌에서 안시성의 성주 양만춘이 쏜 화살에 눈을 맞아 애꾸가 되었다. 더구나 요택이라는 200리 길의 수령에서 허우적거리며 북경에 도착해서는, 이미 그곳을 점령한 연개소문에게 퇴로가 차단되어 죽을 지경에 이르렀지만 달려온 태자에 의해 구출되어 겨우 목숨을 건졌다.

신채호는 『조선상고사』에 당태종이 죽은 사인을 〈구당서舊唐書〉에는 내종內腫, 〈신당서新唐書〉에는 한질寒疾, 〈자치통감資治通鑑〉에는 이질痢疾이라고 횡설수설하고 있다고 비판하였다. 중국에서 한무제와 함께 가장 자랑하는 황제의 사인하나 알지 못한다는 것은 그가 눈에 맞은 독화살로 인하여 독이 뇌로 들어가 죽게 된 것을 창피하게 생각하여 조작 은폐하고 있는 것이다. 왜냐하면 『자치통감』 권198, 당기 14에 보면 이 당시 태자가 당태종의 종기를 입으로 빨아냈고, 그의 눈에 맞은 독화살로 인하여

당태종의 능

피고름이 나오고 있었음을 알 수 있다.

당 태종은 고구려를 빼고 모든 나라들을 평정하였는데 친정을 하였음에도 불구하고 성공하지 못한 것을 깊이 후회하고 탄식하면서 "만일 위징魏徵이 있었다면 나에게 이번 원정을 못하게 하였으리라."고 말하면서 자기 아들에게 고구려를 치지 말라고 유언을 하게 된 것이다.

3) 당 고종의 고구려 평양성 공격

· · · · ·

> 보장왕 13년(654) 고구려 보장왕이 안고安固로 고구려군과 말
> 갈군을 함께 끌고 가 거란을 쳤다가 신성에서 거란契丹의 굴가
> 에게 대패함.

대하굴가大賀窟哥(649~669)는 거란의 추장으로 대하돌라大賀咄羅, 대하마회大賀摩會의 후손이며 이진충李盡忠의 조부이다. 628년에 대하마회가 무리를 이끌고 당나라에 귀부하였다. 645년 당 태종이 추장인 굴가에

게 좌무위대장군과 이씨李氏를 하사했다. 그 뒤 648년에 해와 거란 거주 지역을 총괄하는 송막도독부松漠都督府를 영주에 설치하고 굴가를 도독으로 임명했다. 이 당시 고구려가 당나라를 지원하고 있었던 거란을 쳤다가 패한 것이다.

> 보장왕 17년(658) 당의 정명진과 설인귀가 요동遼東을 쳐들어옴.
> 보장왕 19년(660) 11월에 당의 육군은 계필하력이 고구려를 쳐들어왔고, 한편 유인궤가 바닷길로 오다가 배가 뒤집혔다.

당시 당 고종高宗(649~683)은 신라 김춘추의 외교로 660년에 나당연합군을 구성하여 신라는 5만 명으로 황산벌로, 당나라는 소정방이 10만 명으로 수군을 이끌고 덕물도를 거쳐 기벌포에 상륙하여 백제百濟를 멸망시키고 의자왕, 왕자들, 대신 93명과 백성 1만 2,890명을 포로로 끌고 가고 공주에 웅진도독부熊津都督府를 설치하여 다스렸다.

윤일녕에 의하면 이 당시 백제가 멸망된 것은 명백한 작전 실패라고 하였다. 왜냐하면 그 당시 한강유역에는 가장 넓은 구역인 한주漢州(廣州)로 남천정(이천)과 골내근정(여주) 등 2개의 군단이 배치되어 있었는데 김유신 장군은 남천정南川停에서 5만 명의 군사를 데리고 움직였다. 이것을 탐지한 백제 의자왕은 북쪽으로 모든 군사력을 집중시켰다. 그 사이에 경주에서 출발한 무열왕은 상주上州(尙州)의 금돌성으로 왔으며 야간행군으로 백제의 눈을 피해서 내려온 김유신은 영동을 지나 탄현을 넘어서 황살벌(연산)로 들어갔다. 그 당시 김유신의 군사들을 놓쳐버린 의장왕은 신라군이 북쪽이 아니라 동쪽인 탄현(금산) 쪽에서 갑자기 출몰하자 북쪽의 군사들을 움직이지 못하고 수도경비사령관이었던 계백장군으로 5,000명을 급파하게 된 것이다. 이 당시 북쪽의 군사를 움직이지 못한 것은 또 하나의 군단인 골내근정骨乃斤停이 쳐들어올 것을 대비해야 했기 때문이다.

더구나 덕물도(덕적도)로 집결한 100척에 타고 있던 13만 명의 당군이

백제의 계백장군이 전사한 황산벌의 벌판

금강錦江하구로 쳐들어오면서 포위공격을 당하게 됐다. 계백이 전사하자 사비에서 난공불락의 웅진성(공주)으로 피하여 북쪽에 살아남은 군사력으로 결사항전을 결행하고자 하였으나 웅진성주 예식진禰寔進이 배반을 하여 의자왕을 결박하여 소정방에게 바침으로써 백제가 멸망당하게 된 것이다. 그러나 북쪽에서 살아남은 임존성, 주류성 등을 중심으로 부흥운동이 일어났다.

보장왕 20년(661) 4월 임아상, 계필하력, 소정방, 소사업 등이 육군과 수군으로 나누어 고구려를 쳐들어갔다. 당 태종이 친정하려하자 황후가 반대하여 그만두었다.

7월에 소정방으로 수군을 이끌고 바다를 건너 평양성平壤城을 포위하여 토산을 쌓아 공격을 하였으나 고구려군의 저항이 완강하여 겨울이 와서 추위가 심하여 사기가 저하 되었다.

9월 연개소문이 그의 아들 남생을 보내 압록수를 지키게 하였는데 계필하력의 육군은 압록강 서편에서 연개소문의 아들인 남생이 이끄는 정병에게 저지되어 도강을 하지 못하였다가, 강이 결빙되자 고구려군의 방어망을 뚫고 수십 리를 쳐들어가 3만을 죽임으로 남생이 달아났다. 회군 명령이 내려져 돌아갔다. 보장왕 21년(662) 2월에 당의 방효태가 고구려와 사수蛇水에서 참패를 당해 그의 13명의 아들들과 함께 전사당하였다. 이에 소정방이 평양성이 함락되지 않고 큰 눈이 내리자 포위를 풀고 본국으로 되돌아갔다.

이 당시 평양을 포위하고 있었던 당군이 보급을 요청하여 군량미를 가지고 오던 신라의 김유신도 혹독한 추위와 험한 산길을 헤치고 천신만고 끝에 평양까지 왔으나, 당군이 철수하자 그 또한 돌아갔다.

4) 연개소문의 죽음과 고구려의 멸망
. . . . .

보장왕 24년(665)에 연개소문이 병으로 죽자 장자인 남생이 그 뒤를 이어 대막리지가 되었다.

6월 남건男建, 남산男産 두형제가 형에게 반기를 들어 형을 쳤다. 이에 남생男生이 패하여 국내성으로 달아나 그 아들 헌성을 당에 보내 구조를 요청하였다. 8월 남건이 스스로 대막리지가 되었다. 당은 남생에게 관작을 내려주고 계필하력으로 그를 돕게 하고 12월에 이세적李世勣이 대군을 이끌고 고구려를 치게 하였다. 연개소문의 동생인 연정토淵淨土는 내분이 일어나자 12성 713호 3,543인을 데리고 신라로 투항하였다.

보장왕 26년(667) 9월에 당의 이세적은 고구려의 서쪽 요새인 신성新城을 함락하고 설인귀와 더불어 서쪽의 남소성南蘇城, 목저성木底城, 창암성倉巖城 등을 빼앗았다.

보장왕 27년(668) 2월에 이세적이 북쪽의 부여성扶餘城을 취하였다. 그러자 남건이 군사 5만 명을 보내 부여성을 구원하러 보내어 이세적과 설하수薛賀水에서 그들을 대파하여 3만여 명을 살상하고 대행성大行城으로 점령하였다. 9월 압록책鴨綠柵을 격파하고 욕이성辱夷城을 빼앗고 평양성平壤城에 이르렀다.

이 당시 신라의 왕제인 김인문金仁問이 이르러 함께 평양성을 포위 공격하였다. 이에 남산南産은 백기를 들고 항복하였다. 남건男建은 성문을 닫고 항전하였으나 당군에게 잡혀 보장왕과 중신들과 함께 장안으로 압송되었으니 668년(보장왕 27년) 9월 2일이다. 이 때 고구려는 5부, 176성, 697,000호였는데 당은 평양에 안동도호부安東都護府를 설치해 설인귀를 두었고 전국토는 9도독부, 42주, 100현을 설치하였으며 28,200호를 당나라로 옮겼다.

5) 고구려의 부흥운동
∙∙∙∙∙

고구려가 멸망되자 여러 곳에서 부흥운동이 일어났는데 그중에서도 수림성의 검모잠은 670년 6월에 대오강의 남쪽에 이르러 당의 관리와 승려인 법안을 죽이고 서해의 사야도(덕적도의 소야도)로 가 연정토의 아들인 안승安勝을 왕으로 모시고 한성(황해도 재령)을 근거지로 삼아 신라에게 구원을 요청하였다.

그러나 안승은 검모잠과 불화로 그를 죽이고 4,000호를 이끌어 신라로 달아나자 신라는 그를 금마저(익산)에 두고 고구려왕에 봉하였다. 신라

고구려의 후예로 후고구려를 세운 궁예의 도성 모형(철원군청 제공)

는 674년에 그를 보덕왕으로 삼고 문무왕의 딸과 혼인시켰으며 후일 소판으로 임명하고 경주로 데려가자 그의 족자인 대문大文이 반란을 일으키자 토벌하였다. 그의 후예로 외가의 성을 따르며 그곳에서 숨어 지내며 자라난 자가 바로 궁예弓裔로 후고구려後高句麗를 일으킨 것이다.

　대부분 궁예를 신라왕의 아들로 알고 있는데 이것은『삼국사기』를 쓴 김부식이 속했던 고려를 건국한 왕건王建은 고구려족이긴 하지만 왕족이 아니기 때문에 정통성에서 궁예에게 밀리므로 그를 어차피 멸망될 신라 왕족으로 만드는 것이 좋다고 판단해 고구려 왕족이 아니라고 곡필을 한 것이다. 그의 왕국 태봉泰封이 도읍을 정했던 철원 고암산 아래 풍천원楓川原의 왕궁터는 현재 북방한계선과 남방한계선 사이에 들어있어서 남북한 어느 곳에서도 접근하기 어려워 잡초 속에 묻혀있다.

6) 소고구려국
• • • • •

　677년 보장왕을 요동주 도독 조선왕으로 봉하여 요동으로 보내어 유민들을 안위하게 하였다. 안동도호부가 평양에서 신성으로 옮겨오자 이것을 통괄하게 하였는데 말갈과 내통하여 반란을 꾀하자 681년에 소환하였다. 다음해에 보장왕이 죽었다.

686년 보장왕의 손자로 태자 복남福男의 아들인 고보원高寶元을 조선군왕으로 삼았다. 698년 고보원이 좌응양위대장군에 오르고 다시 충성국왕에 봉하여 안동도호부를 다스리게 하였으나 나가지 않았다.

687년 보장왕의 3자인 고덕무高德武를 안동도독으로 삼았는데 스스로 나라를 세웠다.

818년 고덕무는 당나라에 사신을 보내어 악공을 바치었다.

고구려가 멸망될 당시 압록강 이북의 여러 성들이 당에게 굴복하지 않고 줄기차게 대항하자 당은 평양지역에 있던 안동도호부를 요동지역의 신성으로 옮기고 보장왕을 요동주도독 조선왕에 봉하고 고구려 유민들을 다스리게 하였다. 그러나 그는 말갈족과 연락하여 당에 대한 투쟁을 시작하였고 이러한 사실이 탄로나 당으로 끌려갔다. 이 당시 신라는 고구려, 백제의 유민들을 끌어들여 당나라와 전쟁을 치르는데 그중에서도 675년 임진강, 한탄강변에서 벌어진 매초성買肖城 전투에서 이근행이 이끈 20만의 당군을 물리치고 군마 3만 380필을 노획하는 대승을 거두고 평양에서 원산만까지를 차지하게 되었다. 이로 인하여 당나라는 평양이남을 신라의 땅으로 인정하기에 이르렀다. 이것이 소위 말하는 '통일신라統一新羅'이지만 그들은 드넓은 만주를 잃어버린 한심한 통일을 함으로써 그 뒤를 이은 고려, 조선 등이 모두 한반도를 벗어나지 못하게 만들었다.

668년에 이루어진 통일도 만주지역에 고구려를 계승한 발해가 698년에 건국되면서 남북국시대로 접어들게 되어 그들은 겨우 30년간만 통일을 한 것이다. 엄밀히 따져서 675년의 매초성전투의 승리이후에야 대동강大同江이남을 차지하게 되었으니 23년밖에 되지 않는 것이다. 그래서 이러한 신라를 통일신라라고 부르기 보다는 '대신라' 또는 '후기신라'라고 불러야 맞는 것이다. 당나라는 포로로 끌고간 보장왕의 자손들을 이용하여 요동지역에 그들을 봉하여 고구려 유민들을 회유하려 하였다. 이것이 바로 소고구려국小高句麗國으로 일정 부분 독립적인 세력을 형성하였으나 발해의 제10대 선왕(818~830)에 이르러서 발해가 크게 팽창하면서 소고구려국이 발해에 병합되었다. 이 당시 당나라에 가서 있었던 소고구려국 승려 구덕丘德은 요동으로 가지 않고 827년 불경을 가지고 신라로 건너가기도 하였다. 그 뒤 요동의 고구려 유민은 발해의 현으로 편제되어 그 지배하에 들어가게 되었다.

2. 유민들의 활동과 진국(발해)의 건국

1) 진국震國의 건국과 남북국시대의 성립
• • • • •

거란의 이진충은 영주지역에서 당에 반란을 일으키자 고구려의 유민인 대중상은 말갈의 걸사비우와 함께 반란을 일으켜 만주지역으로 이동

대조영이 진국(渤海)을 세운 동모산

하였다. 당나라는 대중상大仲象에게 진국공震國公을 봉하여 회유하려 하였으나 이를 뿌리치자 이해고李楷固의 토벌군을 보내었다. 이에 고구려 유민을 이끌고 당군과 싸우다 대중상과 걸사비우와 전사하였다.

대조영大祚榮은 그의 아버지의 뒤를 이어 그 무리를 이끌고 이동하는 과정에서 천문령天門嶺에서 당나라의 군사를 격파하였고, 돈화의 동모산東牟山에 자리를 잡고 698년에 진국(발해)을 건국하였다.

이곳은 돈화의 성자산산성으로 그 아래에 영승유적이라는 유적과 육정산고분군이 자리 잡고 있다. 이 고분군에는 제3대 문왕의 둘째 딸인 정혜공주묘貞惠公主墓가 발굴되었다. 발해는 이곳에서 해란강의 중경(서고성)→두만강하구의 동경(팔련성)→목단강유역 경박호의 상경(상경성) 등으로 천도하였다. 특히 상경용천부의 크기는 동서 4,650m, 남북 3,530m의 거대한 규모였다.

발해란 산동반도와 요동반도로 둘러싸여 있는 매우 작은 바다를 말하는 것으로 원래 큰나라를 뜻하는 진국이라는 국호 대신 당나라는 '산동반도와 요동반도 안쪽 발해라는 작은 바다에 붙어있는 보잘 것없는 나라'라는 뜻의 발해渤海라고 부르고 있는 것이다. 그러나 선왕宣王 때에 5경 15부 62주에 이르러 만주 전체와 요동반도, 한반도 북부를 아우르는 대제국이 되자 '해동성국海東盛國'이라하여 '바다 동쪽에 대단한 나라'라고 극찬을 하고 있다.

2) 일본의 고구려왕 약광

· · · · ·

약광若光은 보장왕의 아들로 고구려가 멸망하기 2년 전인에 666년(보장왕 25년)에 고구려의 국상인 을상엄추를 부사로 천지천황 5년에 일본조정에 사신으로 왔다. 임신의 난 이후 그는 무장국武藏國으로 배치되었다. 그는 703년에 문무천황으로부터 고려왕高麗王의 대우를 받게 되고 716년

고려왕 약광묘

에 원정여왕이 설치한 무장국 고려군高麗郡의 대수령이 되었다. 현재 동경 바로 위의 사이따마埼玉현에는 그의 묘인 고려약광묘高麗若光墓와 함께 그를 모시는 고려신사高麗神祠가 있고 고려가, 고려천 등이 남아있다.

3) 당의 최대군벌 이정기와 제齊나라의 건국
· · · · ·

이정기李正己(732~781)는 고구려의 유민의 후예로 요동지방의 평로에 서 태어났다. 755년 안록산의 난이 일어나자 공을 세워 절충장군이 되었 다. 761년 부하들과 함께 배를 타고 산동반도의 청주로 이동해 자리를 잡 고 762년 안녹산의 잔당인 사조의를 쳤다. 765년에 평로치청절도사가 되 어 신라와 발해로부터 당에 오는 사신과 교류를 관장하였다. 그는 중국에 서 가장 비옥한 평야지대인 산동山東의 치, 청, 제, 등, 내, 기, 밀, 덕, 체주 등을 영향권 안에 두었으며 청주靑州(臨淄)에서 운주로 옮겼다. 그는 당에 서 가장 강한 번진으로써 거의 독립적인 태도를 취하여 소왕국과 같은 존

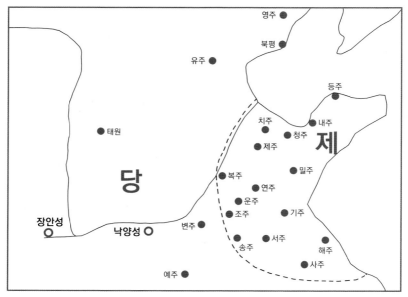

이정기의 왕국

재로 군림하였다.

781년에 이정기가 49세로 죽자 그의 아들인 이납李納이 뒤를 이어 절도사가 되었는데 그는 782년 11월 제나라를 선포하여 당나라에 대항하였다. 792년 그가 죽자 아들 이사고李師古가 뒤를 이었으며, 그의 뒤를 이어 806년 동생인 이사도李師道가 섰다가 819년에 죽임을 당하여 멸망당하기까지 이정기 가문은 4대 60여 년(765~819) 동안 산동지역에서 독자적인 세력을 유지하였다. 당의 헌종은 이사도의 반란을 평정한다는 목적을 내세우고 819년에 신라 헌덕왕에게 원군을 요청하자, 김웅원으로 3만 명을 거느리고 가서 돕게 하였다. 이사도는 아들 홍방과 함께 당군에게 잡혀 죽임을 당하였다.

4) 실크로드의 맹장 고선지 장군

• • • • •

　　고선지高仙芝는 고구려유민인 고사계의 아들로 20세에 아버지를 따라 안서로 갔다. 2천명으로 천산산맥 서쪽의 달해부達奚部를 정벌한 공으로 안서부도호가 되었다. 곧 사진도지병마사가 되었다. 747년 소발률국小勃律國(Gilghit)을 정벌하였다. 이때 토번吐蕃(티벳)이 사레센제국과 동맹을 맺고 당나라를 견제하였다. 이에 그는 행여절도사에 발탁되어 토번을 치기 위해 1만 명을 이끌고 오식닉국五識匿國을 거쳐 파미르고원을 넘어 토번의 군사요충지인 연운보連雲堡를 격파하였다. 계속 진군하여 세계적으로 험난한 힌두쿠시의 준령을 넘어 소발률국의 수도인 아노월성阿弩越城을 점령하였다. 이 1차 원정에서 불룸, 대식 등 72국의 항복을 받았다.

　　750년 제2차 원정을 하여 세라센제국과 동맹을 맺으려는 석국石國(Tashkent)을 토벌하여 그 왕을 잡았다. 그 왕이 장안에서 참살 당하자 서역의 각국이 세라센과 함께 연합군을 편성하여 탈라스 대평원으로 쳐들어왔다. 이를 막기 위하여 7만 명을 이끌고 3차 원정에 떠났다. 동맹을 가

고선지 장군이 넘은 파미르고원의 설산

장한 카랄루크葛邏祿가 배후를 공격하여 패퇴하였는데 이것이 유명한 탈라스Talas 전투로 이 당시 잡혀간 종이 만드는 기술자의 제지製紙기술이 사마르칸트와 바그다드를 거쳐 유럽으로 들어간 것이다. 755년 안록산의 난이 일어나자 토적부원수가 되었으나 부장인 변영성의 무고로 참살 당하였다.

필자가 파키스탄의 라호르, 페샤와르를 거쳐 인더강이 흐르는 히말라야 계곡을 통과해 카라코롬 하이웨이K.K.H의 고선지가 정복한 소발륙국인 길기트Gilgit를 지나 파미르 고원을 넘어올 때에 가이드가 파키스탄 쪽으로 가는 길을 가리키면서 고선지가 간 길이며 그 위에 설산이 그가 넘었던 산이라고 알려주었다.